JN272223

現代保険学

――伝統的保険学の再評価――

小川浩昭 著

九州大学出版会

はしがき

　私は，中途半端な人間である。簡単に自分の人生を振り返ると，次の通りである。大学時代は保険のゼミナールに所属し，大学を卒業して損害保険会社に就職し，損害保険会社を退職して現在は大学で保険論担当の教授をしている。一見，保険という点で首尾一貫した人生を歩んでいるように見えるが，実は，大学時代は経済学・福祉国家論の勉強ばかりをして保険の勉強をあまりせず，損害保険会社では資金運用のセクションしか経験していないので保険そのものを実務として扱ったことが一度もないのである。したがって，最近時折見かける実務家上がりの研究者とも違う。実務の経験を生かそうにも，保険の実務を知らないからである。サラリーマン上がりの研究者という点で研究者として中途半端である。損害保険会社にいたとはいえ保険学ではなく投資理論が仕事上は専門だったので，それなのに保険学の研究者をしているというのは，これまた中途半端である。このように色々な意味で自分が中途半端であることにほとほと嫌気がさすのであるが，人生やり直しがきかないので，最近は開き直って，この中途半端さゆえに他の人にはできないことがあるかもしれないなどと考えるようになった。本書は，そんな中途半端さを武器に，自分なりに開き直って保険に取り組んだ成果である。

　中途半端であるがゆえに純粋な研究者に対する憧れが強い。学問とは先人の業績を批判的に乗り越えることによって発展するものと考える。そこで批判的精神が重要であるが，本格的に批判をするためには謙虚に学ぶ姿勢が必要であろう。したがって，批判的精神と謙虚さという正反対のものをいかに統合するかが重要である。こうした研究姿勢からすると，今日のわが国の保険学界の動向には，批判的にならざるを得ない。先人の業績＝伝統的保険学があまりに蔑ろにされているのではないか。中途半端であるがゆえに研究姿勢にこだわりが

あり，青臭いこのような問題意識から，本書は伝統的保険学の再評価に向けた体系的考察を行っている。伝統的保険学については，戦後のさまざまな論争で常に中心的な役割を果たし，量・質を圧倒する研究成果のある庭田範秋博士の保険学・庭田保険学を中心に考えている。庭田保険学を批判的に乗り越えるところに現代の保険学の進むべき方向があると考える。私の保険学のバイブルは石田重森＝真屋尚生『保険理論の新展開』であるが，主として石田，真屋両博士の保険分析によって庭田保険学を批判的に考察し，そのような考察を通じて現在の保険学をも批判するというのが本書の内容である。

　こうして本書を刊行するまでには，実に長い道のりがあり，大変多くの方々にお世話になった。中途半端ながらも保険に関係して一貫してやってこられたのは，周りの方々に恵まれたからであろう。サラリーマン時代，かなり異色のサラリーマンであったにもかかわらず，周りの方，特に直属の上司の方々に恵まれ，型破りな私の良い所を見るようにしてご指導頂いたような気がする。分けても勤務していた日産火災海上保険株式会社（現在，株式会社損害保険ジャパン）の歴代の部長の方々，日下輝光氏，赤瀬秀治氏，牧野周氏，川又章一氏，下山龍雄氏，石綿惇氏に大変お世話になった。特に，下山元部長には，一番お仕えした期間が短かったにもかかわらず，一番ご迷惑をおかけした。大蔵省を批判する論文を書いてご迷惑をおかけし，また，勝手に決めた九州大学行きでも，私の願いを聞き入れて念願をかなえて下さった。これらの方々に，心より感謝申し上げます。

　新入社員のときの社長，本田精一氏にも大変お世話になっている。新入社員にとって社長といえば神様みたいな存在で，直接お話をすることなど一生できないと思っていたところが，業界の懸賞論文（東亜火災賞）に入賞した折に直接お話をする機会に恵まれ，しかもそこで本田元社長がお若いときに書かれた論文を頂戴して，自分の論文のレベルとの違いに愕然としたことを今でも覚えている。本田元社長は九州大学経済学部（現在，九州大学大学院経済学研究院）ご出身で，私が九州大学経済学部に出向するとき，「社長をしていたときの新入社員が母校にくる」と言って大変喜んで下さった。現在，南宋のご研究をされ，研究者としてご活躍で，時々ご労作をお送りくださり，私を刺激して下さってもいる。日産火災勤務時代から今日までのご指導に，心よりお礼申し上

げます。

　約20年間勤めた日産火災では，取引先の方々を含めて，多くの方々にお世話になった。一々お名前をあげないが，心より感謝申し上げます。

　研究者となる大きな転機は，なんといっても九州大学経済学部での客員助教授としての2年間である。九州大学とのはじめての出会いは，下山房雄先生と塩次喜代明先生による学士会館での面接であった。両先生が，私の論文を評価して下さったおかげで九州大学への道が開けたと言え，心より感謝申し上げます。客員助教授としての2年間，経済学部長として大変充実した環境を整えて下さった森本芳樹先生，西村明先生にお礼申し上げます。また，私がお世話になった保険学講座の運営の責任者でいらっしゃった丑山優先生には，客員助教授の2年間ばかりでなく，生活経済学会での活動にも道を開いて頂き，現在も同学会においてご指導して頂いている。さらに，九州大学では保険金融論というテーマで研究を進めたため，金融論ご専門の川波洋一先生には九州大学における私の研究会の運営の労をおとり頂き，保険金融に関してご指導頂いたのみならず，金融学会への道を開いて頂き，現在も同学会においてご指導して頂いている。丑山先生，川波先生には九州大学時代の2年間はもとより今日まで色々とご指導頂き，心よりお礼申し上げます。九州大学経済学部の先生方，事務の方々に大変お世話になった九州大学での2年間は，私の人生にとって最も実りの多かった「最も多産で肥沃の2年」であった。お世話になった先生方，事務の方々に，心より感謝申し上げます。

　九州では，日本保険学会九州支部で西南学院大学名誉教授後藤泰二先生，福岡大学教授石田重森先生にご指導して頂いている。お二人とも，私にとっては運命的な出会いを感じる先生である。私の保険学のバイブルは，前述のとおり，学生時代に読んだ石田重森＝真屋尚生『保険理論の新展開』である。また，保険会社に入って資金運用のセクションに配属され，保険金融についてバイブルとしたのが馬場克三＝後藤泰二『保険経済概論』であった。つまり，九州に来て，自分がバイブルとしていた書物を書かれた先生お二人にお会いできたのである。日頃のご指導に対して，両先生に感謝申し上げるとともに，このめぐり合わせに感謝したい。九州支部では，熊本学園大学教授林裕先生，山口大学教授石田成則先生，久留米大学准教授伊藤祐先生をはじめとする多くの先

生方，保険業界の方々にもご指導して頂いている。心より，お礼申し上げます。

　現在，西南学院大学商学部に籍を置いて，同僚の先生方や事務の方々にお世話になりながら，大変充実した研究生活を送っている。日頃お世話になっている，同僚の先生方，事務の方々に，心よりお礼申し上げます。

　このように，実に多くの方々にお世話になったものである。しかし，最も感謝しなければならないのは，恩師日本大学教授真屋尚生先生である。先生との出会いがなければ，ろくに書物も読まなかった私が，研究者を志すことはなかったであろう。20代後半に拙稿が活字になるようになり，先生にお送りすると，その度に「中途半端な物書きになるな。本格的なものを読んで本格的なものを書け」と注意をされた。30代に入って，先生の保険学説「予備貨幣再分配説」に出会い，中途半端な批判をすると，「批判は大いに結構。ただし，相手の息の根を止める覚悟でやること」とのご注意を頂き，改めて先生の学問に対する厳しさを知った思いがした。また，保険の金融的側面に偏った私の見方に対して「保障なくして保険なし。されど，金融なくとも保障はなし得る」とのご指導を頂いた。思えば，30代は先生のこの言葉を噛み締めながら，学説提唱者である先生以上に先生の学説を自分のものにしようと，予備貨幣再分配説を軸に保険の勉強に励んだ。それが現在も続いている状況で，本書はその葛藤の産物ともいえる。在学時代のみならず卒業後の先生のご指導に，衷心よりお礼申し上げます。

　なお，本書は西南学院大学学術研究所より出版助成を受け，九州大学出版会に出版をお引き受け頂いた。記して皆様に感謝の意を表します。

　最後に私事にわたって恐縮であるが，妻千早に感謝したい。転職，基盤のない福岡への転居等かなり波乱な人生に巻き込んでしまった。妻の協力なくしては，本書の刊行に漕ぎ着けることはできなかった。

2007年師走　百道浜にて
小川浩昭

目　次

はしがき …………………………………………………………… i

第1章　保険学の課題 ……………………………………………… 1
　1．問 題 意 識 …………………………………………………… 1
　2．保険学の課題 ………………………………………………… 7
　3．考察の体系 …………………………………………………… 12

第2章　保険の本質 ………………………………………………… 15
　1．問 題 意 識 …………………………………………………… 15
　2．保険本質論の意義 …………………………………………… 16
　3．保険学説の変遷 ……………………………………………… 20
　4．経済準備説の検討 …………………………………………… 23
　5．経済的保障説の検討 ………………………………………… 27
　6．予備貨幣再分配説の検討 …………………………………… 33
　7．保険の原理・原則と社会保険観 …………………………… 40
　8．現代における保険の本質 …………………………………… 43

第3章　保険の歴史と分類 ………………………………………… 47
　1．問 題 意 識 …………………………………………………… 47
　2．保険の歴史 …………………………………………………… 48
　3．保険の分類 …………………………………………………… 59
　4．経済的弱者の保険 …………………………………………… 69

第4章　保険の相互扶助性 …………………………………… 79

1. 問 題 意 識 ……………………………………………………… 79
2. 保険相互扶助制度論 …………………………………………… 79
3. 保険学界の保険相互扶助制度論(1)──保険相互扶助制度論争 …… 82
4. 保険学界の保険相互扶助制度論(2) …………………………… 92
　　──庭田保険学における保険の相互扶助性
5. 保険学界の保険相互扶助制度論(3)──庭田保険学と連続説 …… 98
6. 保険の本質と保険企業の本質 ………………………………… 102
7. 保険の原理・原則 ……………………………………………… 105
8. 保険企業と保険技術 …………………………………………… 109
9. 保険の相互扶助性とは ………………………………………… 116

第5章　保険学と隣接科学 ……………………………………… 117

1. 問 題 意 識 ……………………………………………………… 117
2. 従来の金融論における保険 …………………………………… 121
3. 新しい金融論における保険 …………………………………… 129
4. 情報の経済学の保険 …………………………………………… 132
5. 金融工学の保険 ………………………………………………… 154
6. 伝統的保険学の再評価 ………………………………………… 157

第6章　相互会社の考察 ………………………………………… 161

1. 問 題 意 識 ……………………………………………………… 161
2. 相互会社の理念と現実 ………………………………………… 164
3. 相互会社の現実的把握 ………………………………………… 166
4. 保険金融と保険の近代化 ……………………………………… 171
5. 安全割増＝保守性の考察 ……………………………………… 174
6. 保険金融と運用収益 …………………………………………… 178
7. 相互会社の現代的意義 ………………………………………… 182

目　次

第7章　保険金融論 ……187
1. 問題意識 ……187
2. 保険金融論の課題 ……192
3. 保険金融論の埋没 ……212
4. 保険金融論の体系 ……214

第8章　保険代替現象 ……217
1. 問題意識 ……217
2. 代替（alternative）とは ……219
3. イノベーションとは ……221
4. 金融イノベーション ……225
5. リスクマネジメントのイノベーション ……231
6. 保険事業のイノベーション ……244

第9章　Alternative Risk Finance ……249
1. 問題意識 ……249
2. ARTとARF ……255
3. 保険の機能・方法 ……258
4. 保険の発展と代替手段の生成 ……262
5. 保険代替手段の範囲 ……266
6. 保険代替現象の流れと理論的分類 ……268

第10章　今後の保険学 ……273
1. 問題意識 ……273
2. 現代の保険分析の問題 ……278
3. 異質性の議論に向けて ……280
4. 今後の保険学 ……285

参考文献 ……291
初出一覧 ……303

第1章
保険学の課題

1. 問題意識

　現代の社会には非常に多くの保険が存在し，好むと好まざるとにかかわらず，保険はわれわれの生活に密接に関連している。わが国は押しも押されぬ保険大国であるが，しかし，日本人の平均的な保険観とは，「身近ではあるがよく分からないもの」となるのではないか。理論的にも保険をどう捉えるかということは困難な問題であるとされる。それは，「保険という経済制度にはいろいろなものがあり，それぞれ異なった役割をもっているにもかかわらず，これを一つの概念で把えようとするからである」（近藤［1963］p.68）とされる。近藤文二博士はこのような認識に基づき，保険と呼ばれるものを共通の概念で規定しようというのであれば，保険を一つの技術と捉える以外にはないとし，「保険とは，危険にさらされている多数の場合を集めて全体としての収支が均等するように共通の準備金を形成し，そのことによって危険の分散をはかる技術である」（同p.68）という，一種の「保険技術説」を展開した（庭田［1973］p.168）[1]。近藤博士の見解は，保険を経済制度と捉えることを前提としつつも，保険を経済制度として捉えたのでは一つの概念では捉えきれないので，技術として把握するというものであろう。

　民間の保険会社が経営する保険の他に，協同組合が運営する保険や公的機関が関わるあるいは直接運営する保険などがあり，そのため保険という経済制度

---

[1] 引用した近藤博士の保険学説自体は準備金の形成を重視しているため，「共通準備財産説」ともいわれるが（園［1961］pp.25-26，本田［1978］p.34），技術を重視していることも特徴の一つであるといえる。

はいろいろな役割を持ち，共通概念で把握できず，共通の技術で把握できるとするのであろう。しかし，保険はあくまで特殊な技術である保険技術を使った制度と把握すべきであり，各種保険に共通する何かがあるはずである。また，保険技術が共通するといっても，保険の運営主体・経営主体によっては使い方が異なるかもしれない。「保険という経済制度にはいろいろなものがある」というとき，保険技術の適用の仕方の違いによって，同じ保険と呼ばれる制度でも異なる役割を果たすいろいろなものが存在しているのかもしれない。これは，保険の運営主体・経営主体と保険技術の関係が重要であることを示唆するのではないか。いずれにしても，多様な保険の運営主体・経営主体の存在により保険現象が複雑になっているという側面があるが，そのことをもって技術としてしか保険を捉えられないとするのではなく，あくまで複雑な保険現象を貫く共通の要素を見出す研究姿勢を保持すべきではないか。そのような研究姿勢を保持しつつ，保険技術について考えてみたい。

　技術とは，字義通り解釈すれば，「物事を巧みに行うわざ」（新村編［1994］p.619）であるが，経済的な問題を考える場合の技術とは，ある経済制度または経済取引に合理性を発揮させる業であるといえよう。技術の適用，そして，その機能の発揮により，ある経済取引は合理性を有し，永年にわたる経済取引・経済活動が蓄積されていく過程で人々の間に受け入れられ，継承されることによって，経済制度として社会に定着していく。このように制度とは人々に受け入れられ，継承されることによって定められた決まりと言え，習俗や習慣が自覚化されるという側面と合理的な社会技術として自立化するという側面を有する。いずれにしても，制度は何らかの合理性を有し，制度の社会技術としての合理性を支えているのがその制度特有の技術である。そして，経済制度の社会への定着は，われわれの生活する社会が資本主義社会であることから，資本の下に経営される供給者と需要者の市場での取引・売買形態をとるのが一般的である。保険という経済制度は，保険技術という特殊な技術により社会的合理性を有した制度として社会に定着するが，資本の下に経営される保険企業の他に，前述のとおり，多様な運営主体・経営主体が見られるのである。

　それでは，保険技術とは何であろうか。技術を社会的合理性を発揮させている業とすれば，保険に社会的合理性を発揮させているのが保険技術である。日

常生活の中で人々が保険に加入するのは，少額の貨幣である保険料を支払うことによって，万が一保険事故が発生した場合（そのような場合には，通常，まとまった貨幣を必要とするような経済的困難が発生する）にまとまった貨幣である保険金を受け取ることができるようにして，不測の事態に備えるためである。何もなければ（保険事故が起きなければ），支払った少額の貨幣である保険料分は戻らないが，そのことによって万が一の場合に備えるのである。したがって，保険という制度に加入するものにとって，少額の保険料を保険事故が発生した場合多額の保険金に転換する制度が保険であると言えよう。不確実な経済的困難への対応を少額の貨幣で置き換えてしまうという点に保険の合理性がある。それこそが保険の本来的な機能であり，経済的困難が発生しても一定の経済状態を確保するという「経済的保障」機能と言えよう。そして，そのようなことが可能となるのは，各保険加入者にとって保険事故の発生が不確実であっても，同様な危険に晒されている人を多数観察すれば，そこに保険事故発生の確率が算出されるので（大数法則の適用），そのような確率計算を応用して制度としての保険は成立している。多数の保険加入者のうち保険事故に遭遇するのは一部の者であり，多くの保険加入者から集めた少額の保険料により集積された保険資金を使って，少数の保険事故に遭遇した保険加入者に多額の保険金を支払うのである。いわば，保険的な再分配がなされているのである。〈多数×少額〉の貨幣を〈少数×多額〉の貨幣に転換しているのが保険制度であり，不測の事態に備えるための貨幣に適時性・適量性をもたらすことにより，保険はミクロ経済的にも，マクロ経済的にも資本主義社会において社会的合理性を有することになる。したがって，通常，保険は保険料——保険資金——保険金として現象し，「保険技術とは〈多数×少額〉の貨幣を〈少数×多額〉の貨幣に転換する業である」と言えよう。

　先に引用した近藤博士の保険学説との関係では，近藤博士は〈多数×少額〉の貨幣を〈少数×多額〉の貨幣に転換するということよりも，保険料——保険資金——保険金という保険現象において，保険資金蓄積を特に重視し，保険によって危険分散がなされることから，すなわち，保険の機能を危険分散として，保険技術を共通の準備金の形成によって危険分散を図る技術としている，と理解することができよう。しかし，これでは保険料——保険資金——

保険金という保険現象の保険金支払過程が軽視されることになるのではないか。保険料——保険資金——保険金という保険現象を把握するためには，「保険技術とは〈多数×少額〉の貨幣を〈少数×多額〉の貨幣に転換する業である」という捉え方をすべきであろう。

このような捉え方に対しては，賭博，宝くじなどにおいても同様な業が見られることから，独自の保険技術を捉えたことにならないとの批判がなされるかもしれない。ここで重要なことは，この技術の発揮が特定の目的に向けて発揮され，保険で言えば保険独自の社会経済的機能を発揮させ，保険という経済制度に合理性をもたらすことである。したがって，単に「〈多数×少額〉の貨幣を〈少数×多額〉の貨幣に転換する業」という文言そのものを取り上げた場合，なるほど，独自の技術とは言えないが，いかなる目的のためにその業が発揮されるかというところに独自性があるのである。そして，文言ないしは貨幣の流れという現象形態としては同じでも，その目的に応じて技術が働く原理があるはずで，原理という次元で見れば，明らかに異なるのである。保険の目的は経済的保障の達成にあるといえ，むしろ目的からするならば，賭博，宝くじと保険が対照的な制度であることは，極めて明白であろう。

さらに重要な点は，保険は経済的には資本主義社会として特徴づけられる近代社会において生成・発展してきた制度と捉えられることである。この点を強調すれば，「近代保険」と表現できるであろう。保険の把握においては，保険という制度が近代という特定の段階で現れたことから，近代社会との関わりを考察することが重要である[2]。近代社会は，それ以前の封建社会が近代化によって崩壊し，成立した社会であり，優れて西洋的な現象であった。しかし，西洋先進諸国の植民地政策によって非西洋にも伝播し，一般化したといえる。社会の内部で成員の欲求充足手段のすべてが基本的に調達されるような社会を「全体社会」とすれば，封建社会は共同体が全体社会で，社会に存在する各種集団の機能的分化が見られなかったが，近代化は集団を多くの機能集団に分化

---

2) 近代化については，主として，富永［1996］を参照。また，佐波［1951］において，「保険は人間が個人として独立することのできた近世以後の社会経済制度である」（佐波［1951］p. 1）とされている。

し，資本の下に組織化が図られる。資本の下の組織により，物質的財貨の生産・分配がなされるため，近代化は経済的には資本主義化であり，資本主義の特徴は「商品化の徹底」(馬場[1997]p.33) である。この点に着目して言えば，保険は，資本の下に組織化された保険企業が，保険技術を使いながら保険団体を形成して成立する制度であり，商品および商品の売買に擬制されて保険取引が行われている面がある。したがって，保険は営利性を帯びた企業によって事業として展開され，制度として生成・確立したという面が強い。保険事業ほど多様な運営形態・経営形態のある分野は珍しいと言ってよいが，近代資本主義社会における制度として確立するに当たって，営利的な企業が果たした役割を重視しなければならない。しかし，物質的財貨の生産・分配が完全に資本の下に組織化されるわけではなく，「商品化の徹底」といってもすべてのものを商品化できるわけではない。さらに，社会が商品経済的関係のみで成立することも不可能であり，このような点が資本主義の発展とともに資本主義の矛盾として現れ，当初の「安価な政府観」とは逆行して，公的部門の経済介入が行われることとなる。資本主義と一口に言っても，資本主義自体も変化してきたといえる。

　保険はこのように変化してきた資本主義社会における経済制度であることから，保険の生成・発展は資本主義社会の発展の諸段階と対置して把握する必要がある（庭田[1960]p.7）。しかし，それのみでは不十分である。なぜならば，制度にはある時代またはある社会に特有な制度と，人類の歴史のあらゆる段階または複数の段階に共通する制度があるからである。保険については，「原始的保険」，「保険類似制度」などが指摘され，保険そのものは資本主義社会の制度であるが，保険的な制度は太古の昔から存在したとされることから，後者の制度と言える。したがって，現存する保険には，資本主義社会に特有なものとあらゆる社会形態に共通するものとが含まれている点に注意をしなければならない（同p.9）。そこで，保険という制度を把握するにあたって，保険の超歴史的な要素と歴史的・資本主義的な要素とが正しく把握される必要がある（印南[1956]pp.25-26）。超歴史的要素を前面に出せば，抽象的，一般的な議論に陥ってしまう。むしろ，超歴史的要素を踏まえた上で，保険の歴史的要素を重視すべきであろう。この点から，保険の歴史性・資本主義性の把握は，

重要である。通常，資本主義せいという場合，資本主義制というのが一般的なのであろうが，保険学上は資本主義性も重要である。資本主義の下部構造が資本主義制とすれば，上部構造が資本主義性といえよう。保険の資本主義性を問うことによって，資本主義制が保険にどのように反映しているかが明らかにされるであろう。保険の資本主義性把握は，保険学の重要な課題の一つである。しかも，資本主義自体も変化していることからすれば，前述の通り，保険の生成・発展は資本主義の発展の諸段階と対置し，いかに資本主義制が反映されているかといった視点を基軸に把握する必要がある。このような認識が保険技術を把握する上でも必要であり，当然資本主義性が保険技術に反映しているであろう。保険技術の基礎として数理的技術が大きな比重を占めているが，そのような技術に土台としての経済関係がいかに反映しているかを考察しなければならない。そして，その反映として制度としての保険が社会に存在するのであろう。

　あくまで制度としての保険の視点を保持すべきであり，そのためには保険の本質が明らかにされる必要があろう。これが，保険学の中心的な課題である。保険学の考察対象である保険現象の特徴は，多様な保険企業による多種の保険の供給・提供と言えるため「多種多様な保険による複雑な現象」と言うことができよう。多種多様な保険の存在にもかかわらず，ある制度が保険と呼べるのは，保険と呼べるにふさわしい要素があるからであり，共通点があるからであろう。保険技術説は，前述の通り，こうした共通性を安易に技術に求めるものと言えよう。しかし，保険現象が複雑であるが故に，その共通性を探るということがより一層重要となるのではないか。加えて，現代の保険は大きく揺れ動いていると言え，そのことがさらに保険現象を複雑なものとし，ますます本質論的な考察を重要にしている。

　保険が大きく揺れ動いているのは，土台の社会経済の変動が大きいことからすれば当然とも言えよう。しかし，それにしても公的保険，私的保険いずれの分野にも見られる保険の動揺は，社会経済の変動の縮図といえるほど大きなものである。こうした保険の動揺において，改めて保険とは何かという本質的な問いかけが必要とされているのではないか。わが国保険学界ではかつて華々しい保険本質論争があり，その論争に対する評価が否定的であるため，残念なこ

とに，誰もがこうした本質的な問いかけの必要性を感じながら，そのようなことは意味のないものとするアレルギー症状が見られる観がある。確かにかつての保険本質論争が陥った，各自が独自の学説を提唱する必要があるかのごとき保険本質論争は，21世紀のわが国保険学において必要とはされないであろう。しかし，かつての保険本質論争を成果のないものとしてまったく無視し，それでいながら保険の本質を意識せざるを得ないため，つまみ食い的に無難な保険学説を用いて済ませるかのような研究姿勢では，現代の保険現象を分析することは困難なのではないか[3]。

2. 保険学の課題

　複雑な保険現象を考察する上で，保険は経済制度であるが事業として営まれることにより成立している点に注意をしなければならない。すなわち，「制度としての保険」に対する「事業としての保険」の視点である（石田［1979］p. 56）。保険は一つの制度として経済体制により規定され，制度として共通の本質が各種保険にはあるものの，事業として営まれる過程で，運営主体・経営主体の性格が反映される。そして，運営主体・経営主体の性格の反映は，保険技術の適用の仕方によるのではないか。もちろん，そのような保険の運営主体・経営主体自体も経済体制によって規定されてはいるが，それぞれの運営主体・経営主体の性格が保険に反映し得るということである。すなわち，保険の運営主体・経営主体は社会経済・国民経済を一般的に支配する法則に媒介された経営体であるが，独自の一定の組織原則を有した経営体でもあり，そのような組織原則が保険技術の適用を通じて保険に反映し得るということである。したがって，個々の保険の性質は，体制関係における保険の性格と制度的環境の影響を受ける保険の運営主体・経営主体の主体性によって規定される，といえよう。

　ここで，企業について言及したい。企業とは，「生産・営利の目的で，生産

　3）保険法の最近の文献（山下［2005］）においても最初に保険の本質的議論が見られるが，これも保険の本質を意識せざるを得ない時代の反映ではないであろうか。

要素を総合し，継続的に事業を経営すること」（新村編［1994］p.609）といわれるように，営利組織体として把握されることが多いのであろう。しかし，本書では，「事業」を「一定の目的と計画に基づいて経営する経済的活動」として，企業を「事業を営むための組織」と捉え，保険事業を営むための組織（運営主体・経営主体）を「保険企業」とし，必ずしも営利組織体に限定しない。

制度としての保険と事業としての保険に関し以上のような認識を持った上で，現代の保険は多様な保険企業によって，多種の保険が供給されていることを認識しなければならない。多種多様な保険があるからこそ，さまざまな保険を貫く共通性が重要であり，それが保険学の土台としての保険本質論となろう。必ずしも独自の学説提唱の必要はないが，何を保険の本質と捉えるかを明らかにしなければ，土台のない建物に等しいことになるのではないか。現代の保険の本質を何に求めるかを明らかにすることが，まず現代の保険学の課題として指摘できよう。

共通性と同時に重視されなければならないのは，保険の個別性である。それは現実に存在する個々の保険にはそれぞれの役割があり，それぞれの社会経済的意義があるからである。保険の個別性を重視するためには，現存する保険を何らかの方法によって分類し，各種保険の意義と限界が考究されるべきである。ただし，それは単なる保険の個別的な断片的考察ではなく，各種保険の関連を明らかにし，総体としての保険の社会における成り立ちを明らかにするものでなければならない。このような観点から保険を分類するに当たっては，多種多様な保険を社会経済との関係で俯瞰的に把握するのに役立つ分類でなければならず，そのためには経済的保障制度としての保険という視点が軸となるであろう。すなわち，経済的保障制度全体系の中での保険の位置づけを把握するのに資する保険の分類である。このような保険の分類のためには，保険の土台である社会経済との関わりにおいて保険がどのように変遷しているかという視点が不可欠であろう。そこで，保険史の考察が重要となる。経済的保障制度自体はいかなる時代にも必要とされると言え，資本主義社会では保険が支配的な経済的保障制度と言える。したがって，保険史は経済的保障制度の歴史という側面も有する。経済的保障制度の歴史において，経済的保障制度を成り立たせる超歴史的な原理として，自助・互助・公助が中核に据えられよう。いわば保

険史，保険の分類それぞれが縦糸，横糸となって現代保険を織り込むような考察が必要とされよう。これも現代の保険学の課題である。

　しかも，通常保険現象は，直接的には，保険料——保険資金——保険金として貨幣の流れで把握することができる。保険者の手許に蓄積された保険資金は金融市場に投資され，ここに保険は金融的機能を発揮する。保険の金融的機能は，このように保険の経済的保障機能から派生したと言えるので，ここに経済的保障機能を保険の本来的機能・本質的機能，金融的機能を保険の派生的機能・付随的機能とできよう。しかし，保険の発展は大量の保険資金の蓄積をもたらし，金融的機能を単純に派生的・付随的とはできないほどである。保険の経済的保障機能と金融的機能を保険の二大機能として把握すべきであり，この二大機能は密接に関連しており，両機能を個々バラバラに把握するのではなく，密接に絡み合ったものとして把握する必要がある（笠原［1977］pp. 355-356）。保険料——保険資金——保険金の過程における保険料——保険資金の過程は，保険資金蓄積の過程にして保険金融の発生契機と言えるが，この過程のみを取り上げた考察では不十分であり，両機能を絡み合ったものとして考察することにより，保険料——保険資金——保険金という保険現象全体の考察となるのである。事業としての保険の展開に対する考察においても，かかる視点が重要である。しかし，保険の金融的機能に関する考察を行う学問を保険金融論とすれば，保険会社の投資運用については，明確な方法論もないため，両機能を分断して安易に運用収益極大化を保険会社の投資運用の目的として歴史的な考察を行うものが多い。また，損害保険金融の展開について，損害保険・短期保険は保険資金の蓄積に乏しく，保険金融は重要ではないというような理解が支配的と思われる。そのような理解の裏返しとして，わが国では積立保険が登場し，それが増大したため損害保険においても金融が重視されたとの見解が一般的であるが，短絡的な理解の仕方であり，保険資金の蓄積基盤でさえも十分に解明されているとは言えないのが，保険金融論の現状であると言わざるを得ない。この点から，学問としての要件を備えた保険金融論の構築が必要である。これも，現代の保険学の課題である。

　保険は保険金融の側面のみならず，保険自体が貨幣の流れであり，一種の金融といえるため，学問的には，保険学は金融論を隣接科学とすると言える。米

谷隆三博士は，保険の金融的機能に関わる貨幣の流れを「対外的金融」，経済的保障機能に関わる流れを「対内的金融」としたが（米谷［1960］p. 286），米谷博士の言葉を借りれば，保険は対外的にも対内的にも金融と言える。保険金融論の構築に当たって金融論が重要であるばかりではなく，金融論側にとっても巨額な保険資金は金融制度・金融市場の考察において重要な存在であるため，従来の金融論は，保険の対外的金融に着目して，保険者を金融機関として把握するというものであった。しかし，1990年代以降の市場経済化・金融グローバル化によって，デリバティブ取引・市場が急速に発展し，それを理論面で支えてきた金融工学も急速に発展・普及し，金融論においてリスクを処理するという側面＝リスクファイナンスが重視されてきた。保険は一種の金融であるが，経済的保障機能に着目すれば，リスクを処理するということが経済的保障ともいえる。保険はリスクと密接に関わるといえ，初期のリスクマネジメントは実質的に保険マネジメントといっても過言ではないほどであった。同時に，保険は通常保険金という貨幣を支払うことによって経済的保障を行うので，保険加入者から見れば一種の資金調達（ファイナンス）であり，リスクを介したリスクファイナンスと言える。そこで，保険の対外的金融にもっぱら注目していた金融論は，金融工学の発展を背景として，保険の対内的金融と言える経済的保障機能に着目するようになった。実際現象面でも，バンカシュランス（Bancassurance），アルフィナンツ（Alffinanz），金融コングロマリット化といった金融事業面における経営統合の次元のみではなく，保険リスクを処理する代替手段が登場し，保険リスクが金融市場に転嫁される現象が見られる。保険学サイドではART（Alternative Risk Transfer）として近年注目されているが，こうした現象は「保険と金融の錯綜現象」と言え，保険を代替する「保険代替現象」とも言える新たな保険現象の一つと言えよう。この保険現象は，私的保険の動揺とも言え，改めて保険学に保険とは何かという問題を突きつけているのではないか。保険と金融の錯綜現象・保険代替現象の考察も，現代の保険学の課題である。

　動揺しているのは私的保険のみではない。市場経済化・金融グローバル化によって，公的保険も大きく動揺しているといえよう。特に，社会保障制度が市場経済化・金融グローバル化によるメガ・コンペティションの中で大きな負担

とされ，また，財政赤字，高齢化との関係からそのサスティナビリティ（sustainability，持続可能性）が世界的に問題とされている。世界に例を見ない速度で少子高齢化が進んでいるわが国では，社会保障制度は非常に大きな問題であり，特にその中核である社会保険が大きく動揺している。しかし，社会保障や社会保険を専門分野とするはずの社会保障論や社会政策学では，情報の経済学等の安易な適用による社会保険の理解や社会保険を継子扱いするような態度が見られ，保険学の成果を軽視している。確かに保険学の成果は豊富ではないかもしれないが，保険学軽視の社会保険理解には限界があると思われ，保険の意義と限界を見定めつつ社会保障・社会保険の議論に積極的に関わることも現代の保険学の課題であると考える。また，公的保険の動揺は，改めて経済的保障体系はいかにあるべきかという問題を突きつけていると言え，この問題の考察も現代の保険学の課題であると考える。

　このように，市場経済化・金融グローバル化によって私的保険，公的保険いずれにおいても動揺が見られる。個々の保険の性質は，体制関係における保険の性格と制度的環境の影響を受ける保険企業の主体性によって規定されるとしたが，市場経済化・金融グローバル化は体制関係，制度的環境両面に大きな影響を与えていると言えよう。体制関係における保険の性格という点では，土台である資本主義社会の市場経済化の動きによって，政策性を持つ公的保険・社会保険が効率性の面から大きく動揺していると言え，公的保障と私的保障との関係，あるいは，しばしば指摘される経済的保障の三層構造などに動揺を与えていると言える。市場経済化は金融グローバル化と呼応し，制度的環境として経済社会の金融化という変化があげられる。これは，社会に効率性を求める動きが金融を介して進んでいる面が強いということでもある。こうした制度的環境の変化を背景として，ARTに象徴的な「保険代替現象」が生じ，より広く捉えれば，「経済的保障のデリバティブ化」，「保険の金融化」が生じていると言えよう。以上のような体制関係，制度的環境両面における保険の動揺は，効率性・金融性／政策性・福祉性を軸に保険を捉えることを要請していると考える。これを軸に考察を深めるために，金融との関係で金融論，福祉との関係で社会保障論・社会政策学などが，保険学の隣接科学として非常に重要であると言えよう。保険学は，隣接科学である金融論，社会保障論・社会政策学との間

に，生産的な関係を築く必要があるだろう。これもまた，現代の保険学の課題であると考える。

3. 考察の体系

本書ではこれらの保険学の課題達成に向けた全体像をできるだけ理論的，体系的に考えたい。個々の問題の考察を深める作業は，筆者の今後の課題としたい。本書では，次のような論旨の展開によって，全体像を考える。

まず，保険の本質重視の立場から，第2章では保険本質論の考察を行い，筆者の保険本質観を示す。保険の本質の考察は，保険の性格の考察とも言え，その点で体制関係における保険の性格の考察と位置付けることができる。保険学の土台に匹敵する部分の考察でもある。ここでは，経済的保障説，予備貨幣再分配説の比較検討が中心となるが，保険本質論重視の研究姿勢はわが国保険学界の通説に反するため，保険本質論考察の意義についても検討する。また，保険学説は従来の学説の批判的形態として登場すると言え，この点を重視する。経済的保障説は経済準備説の批判的形態と把握することができるので，保険学説としては経済準備説から考察を行っている。本章での考察により，「経済的保障」，「予備貨幣」を保険把握のキー・コンセプトとして導入する。結論として，経済的保障説の予備貨幣蓄積概念よりも予備貨幣再分配説の予備貨幣再分配概念の方が優れているとし，予備貨幣再分配説支持の立場を明らかにする。

続く第3章では，保険の歴史的考察と分類を行う。多種多様な現代保険の把握は，共通性を重視した保険本質論につながり，各種保険がどのような関連に立ち，保険制度が総体としてどのような役割を果たしているかを考察することである。そのために現代の保険に至る歴史を考察し，保険史を踏まえて保険の総体把握に資する分類を行う。なお，隣接科学としての社会政策学の社会保険の捉え方を批判しつつ，「経済的弱者の保険」なる範疇が重要であることを呈示する。

第4章では，「個々の保険の性質は，体制関係における保険の性格と制度的環境の影響を受ける保険の運営主体・経営主体の主体性によって規定される」ということを，保険の相互扶助性に対する考察を通じて論証する。ここでは，

わが国で根強い保険相互扶助制度論を批判し，保険の二大原則を中心とした考察を行う。保険の本質と保険企業の本質は分けて考えるべきであり，両者の関係の中に保険をめぐる相互扶助の問題を解く鍵を求める。第2章に続く保険理論の核心部分の考察である。

第5章では，第4章までの考察で明らかにした筆者の志向する保険学に対して，現在の保険学の方向性が異なることから，その点について批判的検討を加える。方向性が異なる理由は，隣接科学としての金融論の影響が大きいためであると考える。特に，情報の経済学の影響が大きく，それは社会保障論へも影響を与え，そのことが一つの要因となり保険学と社会保障論の関係が分断されている観がある。そこで，情報の経済学による保険の考察を批判する。具体的には，情報の経済学による逆選択，モラルハザードの概念，保険会社のコーポレート・ガバナンスについての考察である。そして，伝統的保険学との関係から，既存理論の再評価，相互会社の考察，保険金融論の構築，ARTの理論的考察などの課題を導き出す。

第6章以下では，第5章で導き出した課題について考察する。第6章では，相互会社について考察を加える。ここでの焦点は，脱相互会社化が進み，相互会社に現代的意義があるのかという問題意識に基づきながら，相互会社の現代的意義を探ることである。また，本章の考察によって，第5章で批判したコーポレート・ガバナンス論に対して適切な相互会社の分析方法を提示する。なお，本章でも保険金融論の必要性が確認される。

第7章では，前章でもその必要性が確認された保険金融論の考察を行う。わが国の保険学における保険金融をめぐる考察の動向をフォローし，高度成長期の生命保険金融をめぐる議論を取り上げて，それまでの生命保険業界人中心の自画自賛的な考察から1990年代には保険研究者による研究も見られ研究が高度化したように一見見られるが，本質は変わらないとし，この考察を通じて保険金融論の課題と方法論を提示する。保険金融論の課題をその体系化とし，目指すべき方向性を示す。

第8，9章では，保険代替現象について考察する。保険の資金調達機能を代替する形で保有に関する保険代替手段が1980年代に発達し，1990年代は保険のリスク移転機能を代替する保険代替手段，ARTが発達する。両者が合流す

る形で保険代替手段としてのリスクファイナンス手段が保険と補完的関係に立ち，高度なリスクファイナンスが指向されるが，こうした一連の流れにはイノベーションが重要な役割を果たしていると考える。一連の流れの土台を1980年代の金融イノベーションが用意し，純粋リスクマネジメントのイノベーションが1990年代に発生したと考える。それは，保険事業のイノベーションという側面ももったと考える。また，同時期には銀行を中心とした保険会社も含む金融機関にリスクマネジメントが要請された。それは財務リスクマネジメントであり，その分野のリスクマネジメントの発展のために投機的リスクマネジメントのイノベーションが生じたと考える。こうしたリスクマネジメントのイノベーションによって，企業全体のリスクマネジメントを指向するエンタープライズ・リスクマネジメント，または，総合的リスクマネジメントが指向されるようになった。保険代替現象ではARTなどの保険代替手段が注目されるが，総合的リスクマネジメントが指向される中で，それらの手段は単なる保険代替手段ではない効率的・効果的リスクマネジメントのためのARF（Alternative Risk Finance）といってよいものに質的変化を遂げていると言えよう。第8章では，ARFの生成に関わる考察をイノベーションの展開で把握し，第9章では理論的分類などの考察を試みる。

　第10章では，本書の結論として今後の保険学に対する筆者の見解を述べる。

第2章
保険の本質

1. 問題意識

　市場経済化・金融グローバル化の基調の中で，金融技術の発達，リスクの増大，保険市場のキャパシティ不足が生じ，保険と金融に錯綜が生じている。また，市場経済化・金融グローバル化による国民国家の動揺は，保険の福祉性をめぐる展開を通じて経済的保障制度全体に大きな影響を与える可能性がある。さらに，こうした保険の金融面，福祉面の動きが密接に関連してくる可能性もあり，保険現象の複雑さは増すばかりである。保険と金融，保険と福祉の複雑な関係の中で，多様な保険企業による多種の保険の供給により複雑となっている保険現象の解明が，いわば現代の保険学の課題である。このような保険現象の複雑さから，改めて「保険とは何か」ということを考えることが重要となっている。

　近年の保険の動揺を受けて改めて保険とは何かと考えると，公的保険であれ，私的保険であれ，ある貨幣の流れを形成して経済的保障機能を果たしているということが重要な共通項であると思われる。その貨幣の流れとは，特定の原理に従って貨幣を徴収してそれを給付する仕組みといえ，経済全体の中での貨幣の再分配に核心があるのではないかと考える。動揺し，非常に複雑となっている保険現象に対して，保険の核心をこのように把握することは，保険の構造を貨幣の再分配と捉え，保険の機能を経済的保障機能として把握するということになる。

　このような保険の理解に結びつく先行業績がわが国にはあり，その起点はかつての保険本質論争において，論争を終結させた最高位の学説との評価（本田

[1978] p.38) もある庭田範秋博士の「経済的保障説」(新予備貨幣説) と言えよう。論争が下火となると久しく学説提唱もなされなかったが，その後新たな学説として，この経済的保障説を批判的に継承したとされる「予備貨幣再分配説」が真屋尚生博士によって提唱された。この学説も有力な先行業績と言える。両学説の争点の中心は，予備貨幣蓄積概念と予備貨幣再分配概念いずれを重視するかという点にあると考えるが，両学説とも予備貨幣，経済的保障を共に重視する学説と言えよう。すなわち，両学説は貨幣に関わる制度として保険を把握し，その機能を経済的保障に求めるという特徴を有すると考える。本章では両学説を中心に考察を行い，保険学の重要な課題の一つである保険の本質について考察する。

2. 保険本質論の意義

保険の本質を規定することは，認識対象を特定するという点で保険学の最初の課題であるが，同時に保険学の核心的課題でもあり，保険学全体系で取り組むべき最後の課題とも言える (印南 [1956] p.15)。保険の本質を規定するのが保険本質論であり，諸学者によって寸言のうちに与えられる保険の概念規定・定義が，保険学説である。しかし，保険本質論などは，およそ実際には役に立たない抽象議論との批判があろう。このような批判は実務界から向けられることが多いのであろうが，保険本質論については，保険学者からの批判も多い。保険の定義は保険学者の数だけあるといった評もあり (佐波 [1951] p.42)，特にわが国では保険の本質規定を中心に活発な論争が展開され，莫大なエネルギーがかけられた。過去の保険学説を比較検討し，それに自説を展開するといったことは，労力の割に実りは大きくないともされ，より重要なことは，生きた制度としての保険が，現実の経済社会の中でどのような働きをしているかを見極めることである (水島 [2006] pp.1-2)，との批判もある。

確かにわが国保険学界が保険の本質規定に偏重していた時期があったと言えようが，それは，「ほとんどの社会科学が，その創始・創成の時期には，方法論や学説研究，本質論の偏重に陥るのが学問発達上の一般的傾向であって，保険学においてもこの現象が現れた」(庭田 [1966] p.23) ということであろう。

2．保険本質論の意義

 それでは保険学も保険事業もそれなりに発達した現代において，保険本質論を考察することの意義はどこに求められるのであろうか。「保険現象の発展と矛盾は不断に保険学の新しい展開を要請」(真屋 [1991] p. 20) し，また，新たなる学説・理論は，従来の学説・理論で説明が困難になるに至った状況において，それに対する批判的形態をとって現れる (庭田 [1960] p. 5)。したがって，保険本質論考察の現代的意義は，保険現象の発展と矛盾の中に求められなければならない。

 保険現象は現代経済の動向に規定されている。現代経済の動きで特筆されるのは，市場経済化の動きであろう。この動きは，福祉国家の動揺と捉えることができるのではないか。福祉国家は戦後の資本主義国のコンセンサスといってよい存在であったが，1970 年代のスタグフレーション (stagflation) によって危機に陥り，1980 年代には新保守主義政権による反福祉国家政策がとられるまでに至る (Mishra [1990] p. 1)。さらに，米ソ冷戦終結後の 1990 年代は，資本主義社会の勝利が声高に叫ばれ，市場経済化・金融グローバル化が生じ，福祉国家の柱である社会保障制度はこれらによって国際競争に晒されつつ持続性が問われ，国民国家としての福祉国家は大いに動揺しているといえる。しかし，福祉国家は崩壊することなく，その特徴である混合経済は依然として継続している。そこで，福祉国家の不可逆性が指摘されるが (Abel-Smith [1985] p. 10, Pierson [1994] p. 179)，少なくとも福祉国家は変容したとされ (安保 [1994] pp. 363-364, 東京大学社会科学研究所編 [1993] p. iii)，市場経済化・金融グローバル化によって社会は金融が肥大化した投機的な社会，ファイナンシャリゼーション (Dore [2000] pp. 2 - 6，藤井訳 [2001] pp. 3 - 8) した社会へと変化しつつあり，自己責任を大いに問う自己責任が肥大化した社会となりつつある。それはまた，リスクをとることを強制されるリスクあふれる社会への移行といえ，自然災害増や地球環境問題が加わり，世はまさに「リスク社会」(Bech [1986]，東＝伊藤訳 [1998]) の様相を呈している。

 福祉国家は高度成長を経験したが，それは経済成長と経済的保障が補完的関係に立ったことによって実現されたと言える。福祉国家の特徴である混合経済は経済的保障にも見られ，公的保障と私的保障を軸に経済的保障制度が体系化されていったと言える。したがって，福祉国家の動揺は経済的保障制度の動揺

でもあり，経済的保障制度の中核を占める保険の動揺でもある。福祉国家の高度成長を上回る勢いで成長し，リスク社会への移行によってますます必要性が高まりそうな保険ではあるが，大いに動揺していると言えよう。

社会保障の中核を占める社会保険はその持続性が問われており，政府は自己責任を肥大化させ，社会保険の保障を縮小させることで財政危機を乗り切ろうとしている。自己責任の肥大化は小さな政府を求める中で生じており，社会保険のみならず，公的保険全般に縮小が指向され，ここに混合経済下の経済的保障体系である経済的保障の三層構造（公的保障，半公的・半私的保障，私的保障）が大いに動揺している。もともと生活自己責任原則の資本主義社会で成立した自助的な制度の保険は，こうした動向に対して特に私的保険の発展が期待できるが，単純に私的保険に好ましい展開とはなっていない。金融肥大化・自己責任肥大化社会で私的保険は大いに拡大しそうであるが，金融商品的な保険・年金が選好され，保険を代替する金融手段によるリスクマネジメント手段が発達するという現象も生じ，まさに保険現象の発展と矛盾の現れと言えるのではないか。この発展と矛盾は，保険が金融の一種ではあるが，金融の本流ではなく傍流であることから生じており，金融肥大化という投機化した社会で保険は時代の寵児とはなれないということであろう。

学問においてもこの傾向が当てはまる。投機化する社会は，それだけリスクが大きい社会と言え，世はまさにリスクマネジメントの時代とも言える。こうした時代文脈の中で，リスクに関わる学問としての保険学は一斉を風靡してもよさそうであるが，保険学ではなく金融論・金融工学が時代の寵児となった観がある。それはなぜか。それは，保険はリスクに関わると同時に，その本質はあくまで投機と対極にある経済的保障にあるからであろう。ある意味で，保険の歴史は賭博性・投機性排除の歴史であったとも言える。保険はある種の「貨幣の流れ」（＝金融）を形成させながら独自の機能を発揮している。特に金融工学は，投機であろうが保障であろうが，効率的な貨幣の流れ自体を問題としている点において，グローバル化・投機化する時代文脈に合致して時代の寵児となり，それ自体がグローバル化・投機化を促進している。そして，社会生活におけるリスクはますます増大し，保険学の隣接学問であるリスクマネジメント論は金融工学に歩調を合わせているかのようである。社会保障もリスクとい

う言葉を軸に把握すれば，社会的リスクをマネジメントすることと言えよう。社会的なリスクをマネジメントするために色々な技術が必要であろうが，理念・目的をもって技術を活用しなければならない。むろん，社会的リスクのマネジメントであっても，効率性・合理性を無視することはできないであろう。特に，福祉国家の危機は財政危機の側面があったという点を重視しなければならない（O'Coner [1973]，池上＝横尾監訳 [1981]）。しかし，同時に，およそ福祉は効率性・合理性といった尺度には馴染まないということも無視できない。財政危機を経験した福祉国家における社会保障は，福祉性と効率性の狭間に置かれている。狭間に置かれて不安定であるからこそ，その理念が確認されるべきである。現状はこうした理念を省みるどころか，小さな政府が国是とされ，国家責任の個人への転嫁，すなわち，自己責任化によって，ますます個人にとって自助が強制されるリスク社会へと進んでいる。

　このように市場経済化の影響は大きいが，国家の経済過程への介入は必至といえる。これを保険の側面においてみるならば，なんらかの政策的意図をもって存在する公的保険の動向は依然として重要である。規制緩和，民間活力の利用が叫ばれながらも，自由化自体は問題の根本的解決手段とはならず，公的保険と私的保険とが密接に関係しながら，保険は引き続き経済的保障体系の重要な構成要素となっていこう。ただし，保険を代替する現象が見られる中で，保険代替手段を経済的保障体系の中に位置づける必要はあろう。いずれにしても，現代における経済的保障体系は，公的保障，半公的・半私的保障，私的保障の三層よりなり，保険が各層において中心的役割を果たしているのである[1]。したがって，現代の保険本質論は，混合経済下の保険本質論でなくてはならない。

　現代の保険は，公的保険，半公的・半私的保険，私的保険が複雑に絡み合い，相互補完的に，あるいは競合しながら存在している。かかる現代保険の本質把握において注意すべきは，各保険の共通性を重視しすぎると各保険が不当に同質化し過ぎて形式主義に陥る恐れがあり，他方個別性を強調しすぎれば偏

1）半公的・半私的保障の中核である企業の保障について，否定的な見方が登場したことが注目される。橘木 [2005] を参照されたい。

狭な個別主義に陥る危険性があるということである。重要なことは，各保険の中に潜む共通性と個別性を適確に認識するとともに，共通性と個別性との関連を明確にすることであろう。「ある現象における必然的，本質的なものとは，その現象が存在するかぎり，反復されるものだけであ」(印南 [1956] p. 23) り，「一定不変の，反復される連関だけが，無限に複雑な事象を貫きうる導きの糸を与える」(同 p. 23) のである。保険本質論における中心的概念が，まさにこの「導きの糸」であり，保険現象において反復されるものが各保険に共通するものであり，それは各保険を統合するとともに，各保険に個別性を与えるものでなくてはならない。しかも，本質とは「現象の根底にあって，その特質と発展方向を規定するもの」(庭田 [1972] p. 290) であることから，その中心的概念は，将来に対する見通しを与えるものでなければならない。そして，保険現象は，決して特定の時点での特殊な現象に即して，便宜的に非歴史的に規定されてはならない。

保険本質論がこれらの要件を兼ね備えることによって，本質と現象，保険経済と保険経営等の関係が整理され，複雑な現象を解き明かすことができよう。ここに現代の保険本質論の意義がある。

3. 保険学説の変遷

現代の保険本質論の歴史的な位置を把握するために，保険学説の歴史を簡単に振り返ると，次のようになろう（図2.1参照）。

商業資本主義の段階では，商業資本による投機的海上取引の一種として，原始的海上保険が取引されていた。保険理論は，保険契約を中心とする法律解釈論であって，保険学説は損害概念で保険を把握するという損害説であった。損害説には，損害塡補契約説，損害分担説，危険転嫁説などがある。生命保険が誕生すると，生命保険を考慮した人格保険説，生命保険否認説，統一不能説が登場し，生命保険の取扱いが保険本質論の重大テーマになった。

産業資本主義の段階では，近代保険が確立し，新種保険の発展も目覚ましかった。保険加入者の立場から見る主観的な保険理論と数理技術を中心とする保険技術が発達した。保険学説としては，技術説，入用（欲望）充足説，所得

3．保険学説の変遷

図 2.1 保険学説

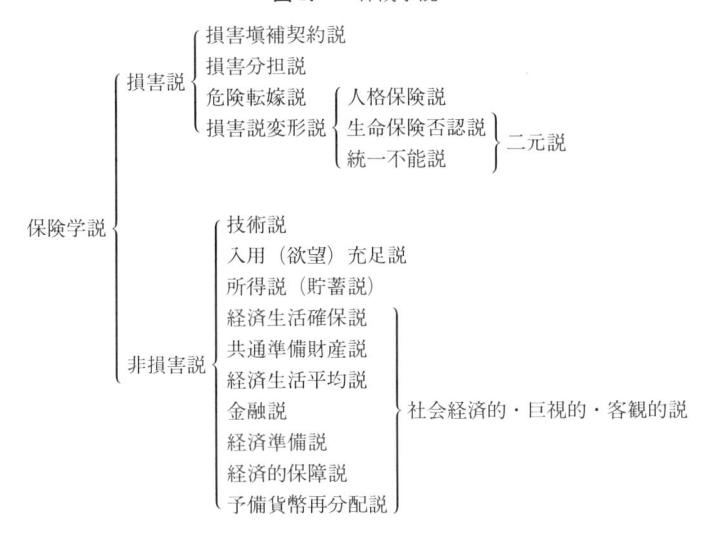

```
                  ┌ 損害填補契約説
            ┌ 損害説 ┤ 損害分担説
            │      │ 危険転嫁説    ┌ 人格保険説
            │      └ 損害説変形説  ┤ 生命保険否認説 ┐
            │                     └ 統一不能説    ┘ 二元説
保険学説 ┤
            │       ┌ 技術説
            │       │ 入用（欲望）充足説
            │       │ 所得説（貯蓄説）
            └ 非損害説 ┤ 経済生活確保説 ┐
                     │ 共通準備財産説 │
                     │ 経済生活平均説 │
                     │ 金融説       ├ 社会経済的・巨視的・客観的説
                     │ 経済準備説   │
                     │ 経済的保障説  │
                     └ 予備貨幣再分配説 ┘
```

(出所) 庭田 [1995] p.32 を参照して，筆者作成。

説（貯蓄説），経済生活確保説，共通準備財産説などが華々しく登場した。労働者階級の成立を背景としながら，簡易生命保険などの経済的弱者の保険が登場した。

金融資本主義の段階では，自由競争から独占へと移行するとともに，国内的には労使間の階級闘争が激しくなり，国際的には帝国主義的対立が激化し，社会保険が登場した。その他，簡易生命保険，協同組合保険，団体生命保険といった経済的弱者の保険が本格的に登場し，デモンストレーション効果をもって世界に普及していった。社会保険を保険に包摂するか否か，あるいは，いかに包摂するかが保険本質論の重大テーマとなった。

福祉国家主義の段階では，社会主義国との対立を背景としながら資本主義国の福祉国家化が図られるが，国民の生存権確保が国家の責任とされ，社会保障制度が確立する。しかし，石油危機によるスタグフレーションで福祉国家は行き詰まり，反福祉国家的な動きも生じる。保険経済学が重要となり，保険学説では，経済準備説，予備貨幣説・経済的保障説（新予備貨幣説）が登場した。

社会保障制度の確立・社会保険の発展から，経済的保障制度の三層構造的把握がなされるとともに，社会保険を保険に包摂させる学説が優位となった。もっとも，保険本質論自体は下火となった。その後，米ソ冷戦の終結によって大きな変化が生じ，保険にもさまざまな影響が出て，保険の本質的な問いかけが重視される環境となっている。米ソ冷戦終結の局面で，予備貨幣再分配説が登場した。

このような保険学説の展開を保険学説の発展の方向という観点から整理してみよう。まず，保険が海上保険として成立したことから，損害概念による保険の把握で始まったが，生命保険が誕生すると，損害保険と生命保険の統一的把握が問題となった。当初，統一的把握が試みられたが，それが困難であるため，生命保険は保険ではないとする学説（生命保険否認説），損害保険と生命保険を二元的に把握しようとする学説（二元説）などが登場し，色々と諸説が試みられた。しかし，損害以外の概念で両者を統一的に把握しようという方向に発展する。現代では，社会保障の重要な構成要素へと発展した社会保険，私的保険に対するアウトサイダーとも言える協同組合保険を保険に包摂させた保険本質論であることが必要である。また，原始的保険の成立段階では保険団体は形成されず，保険料率も非合理的であった。そこでは保険という制度の形成よりも，契約当事者間にとっての保険契約としての把握が中心であり，そのため保険は法律的に捉えられた。しかし，保険が発展し，保険団体の形成，保険技術の進歩を通じた合理的な保険料率の算出が実現したことから，経済制度としての保険の把握が重視されることになった。

こうして，保険学説は法律学的解釈から経済学的解釈を重視するようになり，しかも，保険加入者の目的効用に即した経営経済的観点に基づく機能論的把握から，社会経済的観点に基づく制度論的把握へと発展した。多くの学者によって保険の概念規定が試みられ，このような保険学説の流れが形成されてきたが，論争が繰り返され，定説をみるに至っていない。それは，保険現象は静止しているのではなく，変化しているので，学説の妥当性検証において修正が要求され，より完全な概念規定に昇華すべき学問の必然性が働いているのであろう。そこで，新たなる学説の展開は，通常，従来の学説に対する批判的形態をとって現れた。従来の学説を批判し，客観的・社会経済学的立場からの保険

本質論に新たな途を開いた学説として，印南博吉博士の「経済準備説」があげられよう。筆者が支持する予備貨幣再分配説の起点となる経済的保障説は，この経済準備説を批判的に乗り越えている面があるため，まず経済準備説を手掛かりに，保険学説について考察を進める。

4. 経済準備説の検討

印南博士は当初，経済準備説として保険を次のように定義した。

　保険とは一定の偶然事実に対する経済準備の社会的形態であって，多数の経済体が結合し，確率計算に基いて公平な分担を行う経済施設である。(印南［1956］p.1)

その後次のように修正した。

　保険事業とは，一定の偶然事実に対する経済準備を設定する目的に対し，多数の経済体を集め，確率計算に基づく公平な分担を課することにより，最も安価な手段を提供する経済施設である。(印南［1972］p.1)

　主な修正点は，「保険とは」を「保険事業とは」としたこと，「社会的形態」という文言を削除したこと，「最も安価な手段を提供する」という一条を加えたことである。印南博士は修正の意義を次のように説明する。
　偶然の準備として保険を選ぶということは加入者の立場に関する事柄であり，偶然を利用して偶然を除くということは保険施設自体に関する事柄であるが，両者とも当たっているので，両者の関連について妥当な解決を与える必要がある。この点を解決するために，『資本論』の「貨幣取扱業は，蓄蔵貨幣を形成するのではなく，この貨幣蓄蔵を経済的最小限に縮小するための技術的手段を提供する」という考え方を保険事業に当てはめ，保険事業の立場に立ち，経済準備の設定を「経済的最小限に縮小するための技術的手段を提供する」ことに重点を移し，かつこれをモメントとして，保険事業に特有な機能と加入者

の利用目的との結び付きを明白にした。また，旧説では保険を「経済準備の社会的形態」と捉えることにより，保険の機能を「経済準備の社会化」としているが，そうすると社会化の目的が問題となるので，新説では保険に特有な機能を特定の偶然な場合に対する最も安価な経済準備を提供することと明記した（印南 [1970] pp. 4 - 8)，ということである。

必然的，本質的なものとは，現象が存在する限り，反復され再生産される一定不変の連関のことである。保険現象において，反復再生産されているものが，保険の本質である。そして，社会現象には，一つの社会的発展段階に特有なものと，複数の発展段階に共通なものとがあるが，すでに保険については，保険史において，太古の昔から保険的制度の存在が明らかとされているので，後者になる。この点からすれば，保険の本質規定においては，複数の発展段階に共通な恒常的要素すなわち超歴史的要素と，資本主義的要素としての歴史的要素が把握されなければならない（印南 [1956] pp. 25-26)。印南博士は，従来の客観的・社会経済学的立場からの保険本質把握について，ひたすら保険を資本主義社会下における特殊な存在と捉え，歴史的意識は明確でありながらも，資本主義社会以外の段階における保険的存在との間における共通な実体について，なんら考えられていないと批判した。そして，印南博士は，不変資本に対する保険に限られるものの，『資本論』における保険に関する論述から，マルクス（Karl Marx）の保険本質観を「保険基金説」とし，客観的・社会経済学的立場から的確に保険を把握しているとして，高く評価している（同 pp. 459-475, 印南 [1972] pp. 113-122)。結局，歴史性，客観性，一元性という3つの関門を首尾よく通過した学説はないとし，保険基金説を発展させたものとして「経済準備説」を提唱した。

したがって，保険を一元的に把握できない保険学説はもちろんのこと，一元的把握はできていても主観的立場に立つもの，さらに，客観的・社会経済学的立場に立つが，いまだ独立の学説とは認知されていない保険本質論に対する批判の形となって現れたのが経済準備説と言え，同時にそれは「保険基金説」を発展させたものと言えよう。印南博士は，保険の定義は，「保険を単に変化し進化するものとしてとらえるだけでなく，保険の進化に関する歴史的法則を根本的に理解した上で，その本質を理解し，その本質を把握し規定」（印南

[1956] p.24) する歴史的定義でなければならないとする。そして, 主観的観点に立った保険学説が多いと批判し, 保険の定義であるためには, 生命保険, 損害保険を統一的に把握しなければならない (同 pp. 2 - 3)[2], とする。経済準備説は, あらゆる歴史的段階で見られる経済準備の設定が, たまたま資本主義社会においては保険という形をとるとみるのであるが, このような捉え方は, 「保険基金説」に沿うものと言えよう (同 pp. 405-406)。なぜならば, 印南博士によるマルクスの保険本質観は, 超歴史的な性格を持つ保険基金の一形態・資本主義形態として保険を把握しているというものであるからである。

印南博士の経済準備説は, 大著『保険の本質』において詳細に展開されたが, 同書および経済準備説はわが国における保険の社会経済学的研究の発展にとって, 画期的な貢献となった。しかし, 経済準備なる概念は, あらゆる歴史的段階にみられる超歴史的概念と言えるので, その資本主義社会における形態が保険であるといっても, そこには依然として, 保険とはなんであるかという問題が残るのではないか。つまり, 保険を歴史的要素, 経済準備を超歴史的要素として, 保険を定義付けていることになるのではないか。保険自身を歴史的要素とするのではなく, 保険の歴史的要素, 超歴史的要素が正しく認識され, 定義付けられなければならない。経済準備説では, 保険自身を歴史的要素としてしまっているから, 結局, 保険を「経済準備の資本主義的形態」と把握するのみとなり, 一種の同義反復に陥り, しかも経済準備という概念が超歴史的概念であるから, 経済準備説自体が, 保険の本質の歴史性を減却してしまうのである。そして, 経済準備という概念が広すぎる概念であるため, 本質の同質性において協同組合保険や社会保険を包摂できるが, 本質の差異性において貯蓄その他の経済準備との区別を失っているという致命的欠陥を有するのである。

この点については, 田村祐一郎博士による適切な経済準備説批判がある。田村 [1979, 1990] では, 保険本質論重視, 保険史軽視の伝統的保険学を批判しているが, その中で印南博士の経済準備説を取り上げている。すなわち, 保険

---

2) ここで詳しく触れる余裕はないが, 印南博士の主観的保険学説批判には大きな問題がある。この点について, 広海 [1971] p. 128, 庭田 [1960] pp. 248-252 を参照されたい。

の歴史性を重視した歴史的定義の正当性を主張しつつも普遍の要素こそ歴史的定義の本質を構成するものとして，「経済準備」という超歴史的概念で保険を把握したとする印南博士の保険本質観に対して，結局，歴史性を意識して保険の超歴史性を重視するに過ぎず，歴史性は軽視されていたという批判である。印南博士は経済準備説以前の保険学説に対して歴史的把握ができていないと批判するが，伝統的保険学と印南博士の唯一の相違点は，「歴史性を意識した上で超歴史的要素を本質とみたか，それとも歴史性を意識しなかったかの違いではないだろうか」（田村［1979］p. 80）と批判する。まさに，指摘の通りである。

　ところで，印南博士は普通保険の定義として経済準備説を提唱したとする（印南［1978］p. 14）。定義文で考えれば，「確率計算に基づく公平な分担」との一条から，給付・反対給付均等の原則の適用を想定しているようで，通常，給付・反対給付均等の原則が成立していない社会保険は，この一条によって除外されることになる。そうであるならば，経済準備説は社会保険と生命保険，損害保険の一体的把握がなされていないことになる。従来の保険学説に対する批判点として，生命保険と損害保険の一体的把握を重視した印南博士が，社会保険の包摂を放棄していることは興味深い。生命保険と損害保険との二元的把握に対して，科学的認識の統一性から許されず，生命保険と損害保険の共通性を看破しえていないと痛烈に批判した印南博士であるが，社会保険の包摂を放棄する姿勢も，科学的認識の統一性から許されず，生命保険・損害保険，社会保険の共通性を看破し得ていない，との批判が向けられることになるのではないか。さらに，経済準備説の新説をみると，それは保険の定義ではなく，保険事業の定義となっている。したがって，経済準備説は，私的保険事業の定義を試みたものと言えよう。この点から，保険の一元的把握を重視し，経済準備という広い概念で保険を把握しながら，実は私的保険事業の本質把握に終わっているというのが経済準備説であると言えよう。しかし，保険が保険事業として運営されるにしても，保険と保険事業は区別すべきである。なぜならば，保険には制度としての固有の性質・特質があり，その保険が事業として営まれる過程において，運営主体・経営主体の性格によって，異なった属性が現れてくるからである（石田［1979］pp. 56-57）。

経済準備説は，徐々に現れだしていた客観的・社会経済学的立場からの保険本質論に対して，それらが資本主義社会下における特殊制度として保険を把握する傾向にあったことを批判して，保険の超歴史的要素に対する考察に途を開いたと言える。この点は保険本質論上画期的な貢献といえるが，しかし，その点に関心を奪われたためか，保険の歴史的要素が欠落することになったと思われる。

5．経済的保障説の検討

経済的保障説は，庭田範秋博士によって提唱された保険学説であり，経済準備説に対する批判的形態を有すると思われる（庭田［1960］p. 291）。

庭田博士は当初，「予備貨幣説」として保険を次のように定義した。

> 保険とは，偶然の災害に対する予備貨幣を，社会的形態で蓄積する制度であって，多数の経済主体が結合し，確率計算に基づく公平な分担額の拠出をその方法とする。（庭田［1960］序）

その後，「経済的保障説」（新予備貨幣説）として次のように修正した。

> 保険とは，家庭ならびに企業が，その経済的保障を達成するための予備貨幣を，社会的形態で蓄積する制度であって，多数の経済主体が結合し，確率計算に基づく合理的な分担額の拠出をその方法とする。（庭田［1970］はしがき p. 1）

経済的保障説では，「予備貨幣」，「経済的保障」の2つがキーワードと言えよう。予備貨幣とは不測の支出に備えるもので，特に定められた使途はなく，支出されるまでの間あるいは支出されずにすむときは非使用の貨幣であって，貸付資本となりうる（庭田［1960］p. 281）。また，経済的保障とは現在または将来における一定状態を保持しているものが，これを侵害されないように防護・保全することである（庭田［1973］p. 116）。

さて，予備貨幣説から経済的保障説への主な修正点は，保険の目的を「経済的保障」という概念で把握した点，「確率計算に基づく公平な分担額」を「確率計算に基づく合理的な分担額」というように「公平」を「合理的」に修正した点である。庭田博士は，修正の意義を次のように説明する（庭田 [1972] pp. 293-295）。

経済的保障は，損害塡補はもとよりリスク転嫁も含み，損害保険，生命保険は言うまでもなく，社会保険，協同組合保険も含まれ，私保険・個人保険・普通保険と社会保険，協同組合保険を同一的に意義付けることができる。「経済的保障の達成」には，近代的感覚があるとする。

「公平」を「合理的」に修正した点については，給付・反対給付均等の原則で分担額の拠出を求めれば，それは公平であり，合理的ともなろうが，たとえば，平均的に，平均額の分担であっても合理的とし，「ここでいう合理的とは，ただ一般的・文化的な意味での合理的ではなく，保険料と保険金との間における合理的すなわち保険的合理的である。個別保険料はもとより平均保険料でも，リスクの平均的存在に相当程度準拠している限り合理的である。しかしたとえば保険料がリスクの存在形態や程度とは完全に無関係に，所得に応じて決定されるなどの場合には，ここでいう合理的には反する」（同 p.295）と説明する。そして，合理的という文言で，社会保険の多くと協同組合保険を保険の定義の中に取り込み得るとするのである。このような意義を有する修正がなされた経済的保障説は，貨幣で保険を把握するがゆえに資本主義的であり，保険資金の集積とその運用過程が明示されているため，保険の経済的保障機能と金融的機能との一体的把握が可能であるとする。以上から，経済的保障説は，生命保険，損害保険，社会保険，協同組合保険としての保険の総合的定義であり，保険の経済的保障機能と金融的機能との融合的定義であるとする。

なお，その後次のように修正しているが，表現の変更が加えられているのみで，保険本質論上の重要な修正は加えられていないものと思われる。

> 保険とは家庭ならびに企業が，経済的保障を達成するための予備貨幣を，社会的形態で蓄積する制度であって，多数の経済主体が提携し，確率計算に基づく合理的な分担額の拠出をその方法とする。（庭田 [1985] p.232）

5. 経済的保障説の検討

ところが、庭田 [1995] において、次のように修正した。

　保険とは、家庭ならびに企業が、その経済的保障を達成するための予備貨幣を、社会的形態で蓄積する制度であって、多数の経済主体が相互扶助的に結合し、確率計算に基づく合理的な分担額の拠出をその主たる方法とする。
（庭田 [1995] p.36）

修正点は、「相互扶助的」という文言が追加されたこと、「合理的な分担額の拠出」について「その方法」を「その主たる方法」というように、「主たる」という文言を追加していることである。後者の修正は、「主たる」という文言を追加することによって、より正確を期して保険料徴収方法に多様性を含意させるためと思われ、保険本質論上の重要な変更点ではないと思われる。しかし、前者の修正点は、保険本質論上どれほどの意義を有するのか、気になるところである。この文言追加は、庭田博士の保険本質観の修正を意味するのであろうか。庭田博士は、かつてわが国保険学界に「保険は相互扶助か否か」の論争があったとし、この論争を「少しく重要度と次元において劣る」論争（庭田 [1995] p.39）としていることから、保険の相互扶助性をめぐる問題は決着済みとの考えのようであり、この点からするならば、「相互扶助的」という文言追加にはあまり重要な意義はないのかもしれない。しかし、研究初期の 1960 年代の庭田 [1960, 1962, 1964] では保険の相互扶助性については否定的であったとも思われる。1970 年代になり庭田 [1973, 1974, 1976b, 1979a, 1979b] などで保険の相互扶助性を指摘し、1980 年代になると庭田 [1983, 1987, 1988, 1989] などで一般的な相互扶助に対する理解を逸脱した独特の保険の相互扶助観を示し、1990 年代になると庭田 [1990, 1993] などで保険の相互扶助性を前面に出し、庭田 [1995] で相互扶助が保険の定義文にまで昇華したように思われる。庭田博士の保険の相互扶助性に対する見方がどのような変遷を辿ったのかというのは、庭田保険学を考察する際の興味深い点の一つであるが、本章の考察の焦点からはずれてしまうので、相互扶助に関する論争とともに第4章で考察することにして、前述の予備貨幣説から経済的保障説への修正の意義について考察することとする。

まず,「公平」を「合理的」に修正した点について,考察を進める。庭田博士が,保険学説を修正したのは,社会保険,協同組合保険をも保険に取り込むためと言える(真屋［1987］p. 48)。経済的保障という概念の採用の理由も,一つにはこの点にあったものと考える。前述の庭田博士の説明によれば,合理的とすることで,平均保険料方式も含まれるということである。すなわち,公平という文言が給付・反対給付均等の原則,個別保険料方式の適用を意味することで,経済準備説と同様に社会保険が除外されることになるので,社会保険を取り込むために,個別保険料方式を保険の要件または保険本質論上の保険の手段とはせず,合理的という文言で平均保険料も包摂させることにより,社会保険も保険に取り込めるとするものであろう。したがって,そこには,個人保険＝個別保険料,社会保険＝平均保険料との見解が横たわっていると言える。しかし,もともと個別保険料には,技術的・経済的・実際的限界があり,個人保険＝個別保険料,社会保険＝平均保険料とは,単純に整理できない。したがって,保険の原理・原則と保険の本質との関係において,このような単純化は問題を有するのではないか。

次に「経済的保障」という用語について考察したい。経済的保障という用語の使用は,保険の超歴史的要素を明確にした点において,非常に意義がある。しかし,経済的保障自体を保険本質論の唯一の核心とすることはできない。なぜならば,それは経済的保障という超歴史的概念での保険の把握,広すぎる概念での保険の把握となり,経済準備説に対するのと同様な批判が当てはまるからである。庭田博士は予備貨幣説を提唱した際に,経済準備説を次のように批判した。「経済準備説には,その経済理論としての資本主義的歴史性が希薄である。経済準備なるものはあらゆる社会に必要なるものであって,これをもって保険の本質とすることは,保険を人類の経済発達の全段階でとらえながら,さて純粋の資本主義社会における保険として規定せられるべきその本質の歴史性を滅却してしまうのである」(庭田［1960］p. 281)。庭田博士が,経済的保障なる概念で種々の保険を包摂し得るとし,これを保険本質論の唯一の核心とするならば,庭田博士自身に同様な批判が向けられることとなろう。経済的保障説の優れている点は,保険の超歴史的要素と歴史的要素とが適切に把握されていることと考える。すなわち,超歴史的要素としての経済的保障,歴史的要素

5．経済的保障説の検討

としての予備貨幣である。

ここで，印南博士の「予備貨幣説」評価について，一言したい。印南博士は，「予備貨幣というのは，経済準備の歴史的形態の一つであり，さらにその特殊な集団的形態が保険なのであるとすれば，予備貨幣説は経済準備説の中に包摂されるのではあるまいか」(印南［1972］p. 127) とした。これは，印南博士が，予備貨幣なる概念を保険の歴史的要素として承認したとも解釈できるのではないか。そして，経済準備説に予備貨幣説が包摂されるとしていることから，印南博士が超歴史的要素と歴史的要素との関係を混乱しているように思われるのである。前述の筆者の経済準備説批判を繰り返すが，印南博士はあまりにもマルクスに関心を奪われ，保険自体を保険基金の歴史的形態・資本主義的形態と把握しているが，保険の歴史的要素が資本主義社会に現存する何ものかに求められて把握される必要があるのである。そうでなければ，本質の歴史性が滅却されてしまう。この点こそが，庭田博士の経済準備説批判の核心であると考えるが，予備貨幣説の段階では，この批判点に関心を奪われたためか，保険の超歴史的要素が欠落することとなってしまったと思われる。なお，庭田博士は「経済的保障」が「経済準備」を上回る概念であると考えている。すなわち，庭田［1976a］において，「恐らく概念としては，経済的保障の方が高次元のものであり，経済準備の方が低次元のものたるであろう。経済的保障の中に経済準備が包摂されるであろう」(庭田［1976a］p. 45) との指摘がある。この指摘からは，経済的保障説の中に経済準備説は包摂されそうである。

さて，保険の歴史的要素を予備貨幣に求めたのが予備貨幣説と言えるが，それは歴史的要素がある点において経済準備説に対して優れているものの，保険の超歴史的要素が欠落している点において経済準備説に劣るのである。おそらく印南博士は後者の点に着目し，超歴史的要素＝超歴史的概念，歴史的要素＝歴史的概念から歴史的要素は超歴史的要素に包摂されるとして，超歴史的要素のある経済準備説に予備貨幣説が包摂されると考えたのであろう。より抽象度の高い超歴史的要素に歴史的要素が包摂されるとの捉え方は正しいが，保険の本質把握においては，前者が後者を包摂するという関係よりも，両要素が正しく把握されてこそ保険の本質が明らかになると考えるべきである。このような保険学説の構成要素という点からすれば，両要素の関係は対等とされるべきで

ある。否，保険が資本主義社会における経済制度であり，資本主義社会の生成・発展に伴い生成・発展してきたことからすれば，保険学説上は歴史的要素がより重視されるべきであろう。予備貨幣，経済的保障という2つのキー・ワードは二者択一的に捉えられるべきではないが，歴史的要素である予備貨幣の概念をより重視すべきである。資本主義社会は貨幣経済でもあり，保険を貨幣で把握したことの意義は大きいであろう[3]。

　資本主義社会で生成・発展した保険は，資本主義社会が貨幣経済であるがゆえに，貨幣と密接な関係を有する。むしろ，貨幣経済の成立は，保険の前提と言ってもよいであろう。貨幣は，一般的交換手段機能，価値尺度機能，価値蓄蔵機能を有する。貨幣は「諸商品が自分たちの価値をその商品で統一的に表現するようになった商品であり，こうしたことから貨幣はまず諸商品の価値表現に材料を提供するという機能をもつ」(三宅 [1979] p.138)。これが，貨幣の価値尺度機能である。この機能が発揮されることにより，ほとんどの事物・事例を金銭的に評価することが可能となり，保険金額・保険価額などの概念を導入できる。貨幣は商品流通を媒介し，あらゆる商品と交換可能であるという機能を有する。これが貨幣の一般的交換手段機能であり，この機能により現物給付の諸制約から解放され，現金給付が可能となる。貨幣のこの2つの機能により，保険は広範囲に適用可能となる。貨幣の価値蓄蔵機能は前払保険料制度を可能とする。貯蔵困難な物や生産即消費のサービスと異なり，貨幣は貯蔵可能であるから，事前に保険料を徴収し，保険資金を蓄積しておけば，保険事故発生の際に即座に保険給付が可能となり，経済的保障の適時性・適量性が達成される。

　このように，貨幣は近代保険成立の大前提といえ，かかる保険の把握を貨幣で試みている点において，すでに経済的保障説はそれ以前の保険本質論を超越し，保険の歴史性を明らかにしている。さらに，新たな学説は従来の学問に対する批判的形態をとって現れるという点に注目し，経済的保障説の経済準備説

---

[3] 庭田 [1960] において，「貨幣経済である現在社会における保険の経済現象の分析と解明からえられる保険本質論は，貨幣経済である現在社会における保険の経済現象の解析と解決に機能するためには，それはどうしても貨幣とのつながりをもつ，貨幣として測定される，貨幣において表現されるものでなければならない」(庭田 [1960] p.250)。

に対する批判的形態としての意義を示せば，次の通りであろう。社会保険，協同組合保険の存在や保険の金融的機能が無視できない保険現象に対して，経済準備説は「経済準備」という超歴史的な広すぎる概念で保険を把握しながら社会保険の包摂を放棄しており，また，保険の金融的機能についての把握は想定されていない。庭田博士が保険の金融的機能を重視するのは，保険利潤学説として「利差説」(庭田［1960］pp.79-85)を展開しているからであろう[4]。社会保険，協同組合保険をも包摂する総合的定義，保険の経済的保障機能と金融的機能の融合的定義という点に，経済的保障説の経済準備説に対する批判的形態としての意義がある。

ところで，もちろん予備貨幣そのものが保険ではなく，経済的保障説では保険を「予備貨幣の蓄積」と捉えている（庭田［1960］p.286)。したがって，経済的保障説をめぐる問題の核心は，「予備貨幣蓄積」概念にあると言えよう。予備貨幣蓄積概念に対する批判を中心として，経済的保障説の批判的形態として登場したのが，「予備貨幣再分配説」である。次に，この学説を取り上げて，考察を加えたい。

6. 予備貨幣再分配説の検討

真屋博士により提唱された「予備貨幣再分配説」は，庭田博士の経済的保障説を批判的に継承したものとされる。予備貨幣再分配説は保険を次のように定義する。

> 保険とは，多数の経済主体から，確率計算を応用した多様な方法で，予備貨幣としての分担金を徴収し，経済的保障に関わる各種の給付を行うことによって，これを再分配する社会的制度であり，その運営過程において，巨額の資金が，しばしば蓄積され投資運用される。(真屋［1991］p.20)

---

4) かつて，保険利潤をめぐっても論争があった。保険利潤源泉論争については，庭田［1966］pp.259-285 を参照されたい。

真屋博士の説明（同 pp. 20-23）に従いながら，予備貨幣再分配説の内容をまとめれば，下記の通りである。

① 多数の経済主体

この表現で保険加入者のみならず，公共団体や政府も含まれ，社会保険における費用負担者としての事業主（企業）と国庫（政府）も包摂され，社会保険の把握が容易となる。

② 確率計算を応用した多様な方法

この表現で大数法則を相対化させ，保険料・保険費用の徴収方法・分担方法についての多様性・可変性を示唆している。個別保険料・平均保険料，メリット・デメリット制，自然保険料・平準保険料，一時払い・分割払い，企業負担・国庫負担等を含意する。

③ 予備貨幣としての分担金

保険制度が成立・維持される方法を予備貨幣概念を使って把握することにより，保険本質把握のキー・コンセプトとして予備貨幣概念を導入している。

④ 経済的保障に関わる各種の給付

「経済的保障」という概念で給付の基本的目的・機能を明示し，また「各種の給付」とすることで，現金給付・現物給付・サービス給付，定額給付・比例給付・変額給付，短期給付・長期給付，一時金給付・年金給付などをすべて含意せしめうる。

⑤ （予備貨幣を）再分配する社会的制度

保険現象は，予備貨幣が，保険料――保険資金――保険金として運動していく全過程において把握すべきである。保険を予備貨幣の再分配と捉えることによって，このことが可能となる。

⑥ 巨額の資金の蓄積・投資運用

保険の金融的機能は付随的機能とされるものの，極めて重要な役割を果たしている。しかし，あくまでも保険の本来的機能は予備貨幣の再分配を通じた経済的保障の提供・実現にあり，しかも賦課方式の年金保険や財政赤字下の公的保険など保険資金の蓄積が困難な保険もあり，金融的機能は必須のものとは言えない。そこで，「しばしば」という言葉で金融的機能に対して制限を加え，保険の金融的機能は重要なものではあるが必須のものではないことを示してい

以上が予備貨幣再分配説の内容であるが，真屋博士の経済的保障説に対する批判点は，主として，予備貨幣蓄積概念に関する点と保険の原理・原則についての二点と思われる。まず前者について考察しよう。真屋博士の予備貨幣蓄積概念に対する批判の中心は，次の二点にあると思われる。
　①経済的保障の達成について十分に把握できない。
　②予備貨幣の蓄積が見られない保険もある。
　以下，それぞれの点について検討を加える。

(1) 経済的保障の達成

　前払保険料方式の下では，保険料が前払いされているがゆえに貨幣の蓄積がみられ，保険金として支払われるまでに遊休状態におかれる。遊休状態にある保険資金は新たな利殖部面を求めて投資・運用される。保険料として払い込まれる貨幣を予備貨幣と捉えれば，保険現象は，予備貨幣が，保険料——保険資金——保険金として運動していく過程として現れる。予備貨幣の蓄積とは，この過程における保険料払い込み——保険資金蓄積の過程を示すが，保険給付過程の把握がなされておらず，保険料——保険資金——保険金という全過程での把握ができない。しかし，保険を予備貨幣の再分配と捉えることによって，多数の経済主体から保険料として払い込まれ保険資金を形成した予備貨幣が，保険事故にあった少数の経済主体に保険金として分配される過程，すなわち保険による再分配の把握が可能となり，予備貨幣の運動の全過程で保険現象を把握できる[5]。経済的保障説は，予備貨幣の運動過程のうち，保険料——保険資金の過程を重視し，かかる保険資金の蓄積，すなわち予備貨幣の蓄積を保険と捉えていることから，実際に保険事故が起きた場合に保険金が支払われる状況が確保されること，換言すれば，保険の事前準備的性格を重視した保険本質論と言えるであろう。これに対して予備貨幣再分配説は，保険を予備貨幣の

5）保険の再分配機能を重視するものとして，近藤［1963］pp. 64-65，Dorfman［2005］p. 2 を参照されたい。前者では「保険的所得再分配効果」という用語が使用されており，後者では保険の定義文（金融的定義）において「再分配」（redistribute）という用語が使用されている。

運動全過程で捉える保険本質論と言える。

　真屋博士は,「予備貨幣の蓄積をもって保険と捉えたのでは,保険料蓄積——保険資金形成にいたるまでの過程の説明にはなっても,その後における保険金給付すなわち基本的・現実的・実際的な,保険が有する経済的保障機能についての把握が,必ずしも十分にはなされていないことになる」(真屋[1991] p.22) と批判する。保険を予備貨幣の運動全過程で捉えれば,保険の事前準備的性格,基本的・現実的・実際的な経済的保障機能の同時的把握が可能となる。

(2) 予備貨幣の蓄積がみられない保険

　予備貨幣再分配説の従来の保険本質論に対する特徴の一つは,社会保険・公的保険を積極的に取り込もうとしている点である。社会保険・公的保険が重視されるので,賦課方式の年金保険や財政赤字下の公的保険のように予備貨幣の蓄積という概念で把握し難い保険があるとして,予備貨幣蓄積概念が批判される。もっとも真屋博士は社会保険・公的保険以外も問題とし,「短期保険・損害保険の中には,金融的機能を果たしうるほどの保険資金の蓄積が到底困難なもの」(同p.23) があるとする。そこで,以下では,短期保険・損害保険と賦課方式の公的年金保険に分けて考察する。

　大量な予備貨幣の蓄積が保険においてみられるのは,前払確定保険料方式の下で,制度としての保険の安定性から本質的に大量な契約が要求されるからである。この点は短期保険・損害保険,長期保険・生命保険も変わらないであろう。しかし,生命保険では通常契約は長期であり,しかも平準保険料方式がとられるため,予備貨幣の蓄積量は短期保険・損害保険に比して巨額となる。さらに量が質を規定するという点から考えれば,巨額な資金量は保険の金融的機能の重要性を高めると言えよう。しかし,これらの関係は,契約期間の長さと資金の蓄積量には重要な関係があるということ,資金量が保険の金融的機能の重要性の大きな要因の一つであることを示しても,短期保険・損害保険における予備貨幣の蓄積を著しく軽視したり,無視してよいことを示すわけではない。しかも,ゴーイング・コンサーンとしての保険企業(保険者)を前提とし,保険加入者の契約更新を考慮すれば,短期保険・損害保険であっても予備貨幣

6．予備貨幣再分配説の検討

の蓄積を十分期待できる場合のほうが多いのではないか。仮に，極めて少量の保険資金の蓄積しかできなかったとしても，そのことで保険の金融的機能を軽視することはできないであろう。保険の金融的機能の意義は，新たな利殖部面を求めて金融市場に保険資金を投資運用することではあるが，保険金支払いに支障をきたすようでは本末転倒である。したがって，金融的機能発揮の基本として確実な保険金支払いという業務があり，保険の金融的機能は確実な保険金支払いのための円滑な資金繰りという資金管理を不可欠とする。「金融的機能を果たしうるほどの保険資金の蓄積が到底困難なものがある」との批判には，金融的機能の利殖の面が重視され，資金管理的側面が軽視されているのではないか。しかし，資金管理が確実になされなければ，真屋博士の主張する保険料——保険資金——保険金という全過程での把握における保険資金——保険金の流れに支障を来し，肝心の予備貨幣の再分配も行えなくなる。保険の金融的機能に資金管理の側面を含むならば，保険資金の蓄積が困難な短期保険・損害保険による金融的機能も軽視できないのではないか。また，短期金利の水準や保険市場の競争状態によって，短期保険・損害保険にキャッシュ・フロー・アンダーライティングが発生するのは，短期保険・損害保険においても金融的機能が重要であることが示唆されていないであろうか。たしかに，絶対量としてあまり大きくない保険資金しか蓄積できない短期保険・損害保険の存在から，保険の本質の核心としての予備貨幣蓄積概念を批判できようが，その批判は短期保険・損害保険の金融的機能の軽視とは直接結びつかないのではないか。真屋博士の批判を単純化すれば，保険料——保険金の過程で保険現象を把握できる短期保険・損害保険が存在することになるが，資金管理を考慮すれば，たとえ保険資金の蓄積に乏しくても保険料——保険資金——保険金の過程として把握すべきである。この点から，定義文において，「しばしば」という文言を追加して保険金融に制限を設ける必要はないと考える。そして，より根本的には次のように考える。

　契約期間の長さは極めて重要ではあるが，予備貨幣蓄積量に影響する重要な要因の一つとして把握すべきである。予備貨幣蓄積の基底的要因は，前払保険料方式に求められるべきで，保険の一般性・同質性において，短期保険・損害保険の予備貨幣蓄積の可能性を認めるべきであり，その特殊性・差異性におい

て長期保険・生命保険との比較がなされるべきである。これが保険金融論上の正しい損害保険金融の捉え方ではないだろうか。予備貨幣の蓄積については，その基底的要因とそれぞれの保険の特徴から派生する要因などを踏まえた上で，論じられなければならない。しかも，保険の金融的機能の発揮については，金融市場の発展度，保険者に対する資金運用・調達についての規制や金融市場における保険者の位置付けなどが密接に関連している。たとえ保険資金の絶対量が少額であったとしても，保険現象は保険料――保険金という過程では把握できず，保険の経済的保障機能，金融的機能という二大機能が密接に絡み合ったものとして保険料――保険資金――保険金という全過程で捉えるべきで，それは短期保険・損害保険も例外ではないであろう。

　次に，賦課方式の公的年金保険について考察を進める。保険加入者より払い込まれた保険料により蓄積される保険資金から年金が支払われる方式が積立方式であり，賦課方式とは積立金を保有せず，各時点での給付支払額の所要額をその時点の拠出金でまかなうという方法である。したがって，積立方式では予備貨幣の蓄積は見られるものの，賦課方式では予備貨幣の蓄積は見られない[6]。しかも「公的年金については積立方式の制度が徐々に時間の経過とともに賦課方式に近づくのを自然の姿とし，この間40年がところを要するとする見解がある」(庭田［1973］p.141)とされ，現実にも諸外国の公的年金保険の多くが積立方式から賦課方式へと移行したことを考えると，賦課方式は年金財政の一方式としてはすませられない重みがある。もともと賦課方式は原始的保険に見られた。保険の歴史的な発展からすれば，賦課方式は原始的な方式であり，むしろ近代保険の特徴としては，確定保険料方式，保険料前払方式があげられ，賦課方式とは逆行する。こうした原始的保険に見られた方式が公的保険に見られるのは，公的保険においては政策性が優先し，保険の技術性がしばしば軽視され，保険技術的に低次元になるからである。公的年金保険における積立方式から賦課方式への移行は，長期のインフレにより積立方式が困難とな

---

[6] 賦課方式をめぐる評価，したがってまた，準備金の設定を保険（技術）の本質的要素と捉えるか否かについては，従来から見解が対立している。真屋博士と同様な見解として，印南［1956］p.251, 広海［1989］p.18, 反対の見解として近藤［1963］p.81を参照されたい。

り，インフレの影響を受けずに現状に見合った高水準の年金給付を行うということを契機とする。しかし，積立方式から賦課方式への移行は，社会保障が資本主義国で確立するに伴い，社会保険の有する政策性と保険性において，保険性が後退し，政策性が強まるという過程で生じていることを重視すべきであろう（運営委員会 [1984] pp.19-20）。この点を重視するならば，公的年金保険における賦課方式の定着は，単純に保険技術的に低次元な方式の定着と捉えるのではなく，世代間の所得再分配という政策性の反映と解すべきである。社会保険・公的保険を保険に含めるならば，賦課方式を無視することはできない。しかし，社会保険のサスティナビリティが問題とされる状況で，賦課方式から積立方式への見直し機運が高まっていることも事実である。また，賦課方式でも資金管理の面を考慮すれば，厳密に保険資金がゼロということはない[7]。このように考えると，賦課方式の公的年金保険も保険料――保険金の過程として捉えることはできない。賦課方式は政策性が反映した社会保険の一つの重要な方式と位置付けられるものの，賦課方式を根拠とした予備貨幣蓄積概念への批判はあまり重要ではないのではないか。また，この点においても保険金融を相対化させる必要はないのではないか。

以上の考察から，予備貨幣の蓄積・保険資金の形成は前払保険料方式を基底的要因とするものの，保険料を原資として保険金を支払うという貨幣の流れにおいて，制度の円滑な運営のためには資金管理を必須のものとし，予備貨幣の蓄積に乏しい保険であっても保険料――保険金という保険現象はなく，すべての保険が保険料――保険資金――保険金として現象すると考えるべきである。それはまた，保険現象を保険の二大機能が絡み合ったものとして捉えるということである。そのために保険料――保険資金――保険金という全過程での把握が必要であり，この点において予備貨幣蓄積概念は不十分であり，予備貨幣再分配概念の優位性は明らかであろう。したがって，35頁であげた批判点①については真屋博士の批判どおりと考えるが，批判点②については予備

---

7) 庭田 [1988] において，「制度を円滑に運営し続けるためには，ある程度の財政的な余裕つまり資金のプールが不可欠であって，ここに賦課方式のもとでも支払準備金または支払備金と性格が把握されもする一定量の積立金が存在せざるをえなくなる」（庭田 [1988] p.171）。

貨幣の蓄積がみられない保険を強調することに大きな意義は見出し難く、また、わざわざ保険金融を相対化させる必要もないと考える。むしろ、問題の核心は、保険と金融、保険と福祉の複雑な関係の中でますます複雑となっていく保険現象に対して、予備貨幣蓄積概念では捉えきれないという点である。それは、予備貨幣蓄積概念では金融一般に保険が消化されかねず、保険と保険代替手段との違いが明確にできない、したがってまた、保険と金融の錯綜現象・保険代替現象を十分分析できないからである。さらに、保険の福祉性をめぐる問題が重要となる中で、予備貨幣蓄積概念では私的保険、公的保険の違いが十分に把握できない。予備貨幣蓄積概念は統合性に優れるが、個別性に限界があると言えよう。批判点①、②として行った考察は、予備貨幣蓄積概念の理論的な欠点や厳密性に欠ける点を指摘しつつ予備貨幣再分配概念がそれを乗り越えていることに関わる考察と言えよう。いわば、予備貨幣蓄積概念に対する予備貨幣再分配概念の相対的な優位性に関わる考察と言え、これを予備貨幣再分配概念の消極的意義とすれば、予備貨幣再分配概念の現代保険の把握に優れている点を積極的意義とできよう。重要なことは、この予備貨幣再分配概念の積極的意義である。この点を明確にするために、真屋博士の経済的保障説に対するもう一つの批判点、保険の原理・原則を考察する。

7. 保険の原理・原則と社会保険観

庭田博士の保険本質観は初期のものから変化がみられるが、給付・反対給付均等の原則を保険の第1原則とし、収支相等の原則を保険の第2原則として、保険の技術を重視するという点では終始一貫している。庭田[1995]において、「保険の原理と社会保険への修正」として、以前に比べて給付・反対給付均等の原則の適用を柔軟に把握していると思われるが、やはり給付・反対給付均等の原則を第1とする見解自体には変化がないようである（庭田[1995] pp. 267-268）。すなわち、当初は保険団体の運営・経営における収支相等の状態を想定し、そこから保険料率を割り出す行程をたどり、そうするうちに保険事故発生の確率が大数法則的に把握され、本格的な給付・反対給付均等の原則が確立されてくるとする。かくして、新しい保険の初期には〈収支相等の状態→給

付・反対給付均等の状態〉と捉え，保険が定着してくると〈給付・反対給付均等の状態→収支相等の状態〉と捉え，あくまでも給付・反対給付均等の原則を重視する立場を維持している。このような保険の原則についての見解を踏まえた上で，庭田博士の社会保険観について考察を進めよう。

　庭田博士は，給付・反対給付均等の原則を重視する立場から，保険団体が収支相等の原則を達成し得なかった場合には，「行き着くところは給付・反対給付均等の原則なのである」（庭田［1973］p. 141）とする。また，社会保険の政策性と保険性について，社会保険財政の悪化は，社会保険の有する政策性，保険性の関係について，政策性が保険性を圧迫し，歪めた結果である（庭田［1982］p. 265）としていることから，社会保険の保険的合理性・効率性はあくまでも保険性の追求に依存し，社会保険収支とその保険性には密接な相関関係があるとの見解と言えよう。したがって，「社会保険には常に政策性と保険性をめぐるジレンマがある」というのが，庭田博士の社会保険観ではないだろうか。そして，それは給付・反対給付均等の原則重視の社会保険観と言えよう。このように，保険の原則の捉え方と保険本質観・社会保険観は密接に関係していると思われる。

　真屋博士は，庭田博士の保険の原則の捉え方に対して批判的である。したがって，それはまた，庭田博士の社会保険観に対しても批判的であるということを意味するものと思われる。真屋博士は，「保険の原理とされるものは，いずれも社会経済的制度としての保険の技術的仕組みの一端を説明するものではあっても，それ自体，絶対的な真理を表すものでも絶対的に守らなければならないものでもない」（真屋［1991］pp. 7-8）とし，庭田博士ほど保険の原理・原則を重視していないようである。あるいは，まず多数の契約が獲得できないことには保険は成立しえないという，保険が常に社会的性格を帯びる点を重視しているようである（同 p. 12）。また真屋博士は，「社会保険における保険原理・保険技術の活用・応用は，収支相等の原則との関連において顕著に見られる。社会保険が，一種の保険としての合理性を保持しつつ永続していくには，最低限度，収支相等の原則を維持する必要がある」（真屋［1989］p. 20）とし，収支相等の原則の達成方法としてリスクの分散，リスクの混合，リスクの相殺，リスクの平均などがあり，そのために社会保険が強制保険として実施されること

が多くなることから,「社会保険は,強制保険であるために,保険性に乏しいかの印象を与えるかもしれないが,実は逆に,強制保険であるために,任意加入の私的保険では時に困難な保険原理・保険技術の活用・応用が,社会保険において比較的容易となることがある。社会保険は,保険経営の観点からしても,十分に合理的・効率的でありうる」(同 p. 252-253) とする。この点において,社会保険自体の保険的合理性・効率性に否定的な庭田博士とは真っ向から対立する (庭田 [1982] pp. 265-268, 真屋 [1992] pp. 119-124)。社会保険自体の保険的合理性・効率性を積極的に評価している点に真屋博士の社会保険観の特徴があると思われ,それはまた,保険の原理・原則を相対化させた社会保険観と言えよう。

さて,両博士の保険の原理・原則についての見解,社会保険観の比較・検討を通じて言えることは,社会保険を積極的に保険に包摂させるならば,保険の原理・原則をかなり相対的なものと把握し,少なくとも,給付・反対給付均等の原則の達成にはあまり固執しないということになろうか。前述したとおり,庭田博士が予備貨幣説を経済的保障説へと修正した大きな理由の一つは,社会保険(さらに協同組合保険も)を保険に包摂させるためと思われる。しかしその内容は,「公平」という文言を「合理的」に修正し,平均保険料方式を包摂させることで社会保険を包摂させようとし,しかも,応能負担の保険は包摂させないというものであった。いわば制約のある保険の外延の拡大と言えよう。しかし,庭田博士が社会保険を「新組織原理に基づき,新運営体による新方法を採用する保険である」(庭田 [1964] p. 131) としつつ,応能負担の保険を除外しようとするのは,なぜなのであろうか。それは,庭田博士の保険学説修正には,公平=給付・反対給付均等の原則から合理的=収支相等の原則へと,保険の本質把握に当たって保険の原則の適用を緩和させようとの意図がみられるが,給付・反対給付均等の原則を第1原則とし,保険技術を重視する保険本質観を放棄しないためであろう。そのため,応能負担の保険を除外するという制約条件を課し,保険の原則の緩和がいわば中途半端に終わってしまったのではないか。また,保険の原則をさらに相対的なものと把握しているのが真屋博士の見解であり,両博士の保険本質観の違いは,保険原則観・社会保険観と密接に関連している点を見落としてはならない。

前述の通り，新たな学説は，通常，従来の学説に対する批判的形態をとって現れた。経済的保障説は経済準備説の批判的形態として現れたと言えよう。同様な形で，予備貨幣再分配説の経済的保障説に対する批判的形態という点に注目したとき，問題の核心はどこにあるのか。それは，社会保険のみならず公的保険を積極的に保険に包摂させる点にあり，その目的は混合経済下の経済的保障体系の中で保険の位置づけを考えようとしていることに求められるのではないか[8]。経済的保障説が，社会保険を包摂できず，保険の金融的機能についての把握のない経済準備説を社会保険・協同組合保険をも包摂する保険の総合的定義，保険の経済的保障機能，金融的機能の融合的定義という形で乗り越えたように，予備貨幣再分配説は，中途半端な保険の原理・原則の緩和で社会保険・公的保険を捉えきれていない経済的保障説を保険の原理・原則を柔軟に把握し，保険料徴収――保険給付の全過程を予備貨幣再分配概念として捉えて保険を把握することにより，混合経済下の経済的保障制度としての保険の把握という形で経済的保障説を乗り越えていると言えるのではないか。すなわち，予備貨幣再分配説の経済的保障説に対する批判的形態とは，混合経済下の保険の把握にあると考える。

8. 現代における保険の本質

経済的保障説と予備貨幣再分配説，さらに，庭田博士と真屋博士の保険原則観・保険本質観・社会保険観の比較・検討を通じて，予備貨幣再分配説の意義を指摘すれば，次の通りとなろう。

従来の保険学説には，保険の原理・原則を精緻に把握して保険の特徴を浮かび上がらせ，保険の本質把握に努めながら，結局多種多様な保険の把握に成功しなかった学説が多かったのに対して，予備貨幣再分配説は保険の原理・原則を相対化させ，多種多様な形態をとる現代保険を柔軟に把握しているというこ

---

8) 真屋[1991]において，「現代福祉国家にあっては，公的保障と私的保障が一体化しつつ，しかもそれぞれに固有の機能を発揮することが期待されている」（真屋[1991] p.142）。

とである。しかし，予備貨幣再分配説の意義は，このような点に止まるものではない。同説の積極的な意義について考察しよう。

　現代保険の特徴は，多種多様な保険が存在することであろう。これらの保険の共通項が保険の本質であり，それは各保険の中に潜む統合性と個別性を備えていなければならない。この点において，予備貨幣再分配概念は非常に優れているのである。前述したように，保険現象は，保険料——保険資金——保険金として現象する。これは，多数の保険加入者から払い込まれた少額の保険料により構成される保険資金から，不幸にして保険事故に遭遇した少数の保険加入者に多額の保険金が支払われることによって，経済的保障が達成されていること，換言すれば，〈多数×少額〉の貨幣を〈少数×多額〉の貨幣に転換し，保険において貨幣の再分配が行われていることを示している。これを「予備貨幣の保険的再分配」ということができよう。保険団体内の保険加入者間でのリスクの分散・リスクの平均化による予備貨幣の再分配である。これに対して，貯蓄性をもった保険の場合は，分割払いで考えると，〈多数×少額〉の貨幣を長期間にわたって定期的に拠出し続け，〈多数×多額〉の貨幣に転換するという「予備貨幣の時間的再分配」といえる。保険団体を構成する保険加入者間ではなく個々の保険加入者の時間におけるリスクの分散・リスクの平均化を中心とした予備貨幣の再分配である。したがって，全ての保険に共通しているのは，予備貨幣の再分配であり，予備貨幣再分配概念は，保険の統合的な把握において優れた概念と言える。

　一方，保険の個別性の観点では，たとえば社会保険と個人保険を比較した場合，その差は予備貨幣の再分配の基準にあると言えよう。社会保険はより平等が重視され，応能負担的な予備貨幣再分配基準が採用されることが多く，個人保険はより自由・経済合理性が重視され，応益負担的な予備貨幣再分配基準が採用されるということである。このように予備貨幣再分配概念は，保険の個別性把握においても優れた概念である。現代経済における保険の把握は混合経済下における保険として把握すべきとしたが，混合経済下の保険の把握においては，さまざまな分類基準に基づく保険の分類・把握のうち，経済的保障の三層構造を意識して，公的保険，半公的・半私的保険，私的保険が軸となろう。この保険の分類基準は，直接的には保険の経営形態や政策性の有無となるが，そ

の違いのポイントは，予備貨幣再分配の基準にあると言えよう。この点で予備貨幣再分配の基準は，混合経済下における保険の分類基準において基底をなすものと言え，それゆえ予備貨幣再分配概念が保険の個別性把握においても基底的な概念と言える。個々の保険の性質は，体制関係における保険の性格と制度的環境の影響を受ける保険の運営主体・経営主体の主体性によって規定されると言え，予備貨幣の再分配の仕方にまさに運営主体・経営主体の主体性が発揮されるであろう。予備貨幣再分配概念は，各種保険の個別的な把握においても優れた概念と言える。

　以上で予備貨幣再分配概念の意義は明らかにされているが，現代の保険本質論としての積極的意義という点では，まだ不足であろう。それは，前述の通り，「本質とは，現象の根底にあって，その特質と発展方向を規定するもの」であるからである。統合性・個別性の把握に優れているということは，「現象の根底にあって，その特質を規定する」こととは言えよう。残る問題は，発展方向との関係である。保険の発展方向を考える鍵を保険の動揺に求める。既述の保険の動揺に対する見解をここでの問題に引き付けて繰り返せば，市場経済化・金融グローバル化による国民国家としての福祉国家の動揺によって生じる保険の福祉に関わる面の動揺と，保険と金融の錯綜によって生じる保険の金融面の動揺である。前者については，文句なしに予備貨幣再分配概念が有力な規定要因と言えよう。予備貨幣再分配基準が保険の二大原則，特に，給付・反対給付均等の原則を重視する方向に進もうとしている。予備貨幣再分配説が，従来の社会保険のみならず公的保険をも積極的に取り込もうとしていることからも，前者については容易に充足されていると考えられる。後者についてはどうであろうか。保険の金融的な面が保険企業の金融機関・機関投資家としての面をもつのみではなく，経済的保障機能を果たす一連の貨幣の流れ・リスクを処理する面をもつため保険と金融が錯綜しつつ保険を代替する現象が生じており，何が保険であるかを特定することが非常に重要である。先に脚注5で取り上げたDorfman[2005]の金融的定義に「再分配」という言葉が出てきていることに示唆されているように，予備貨幣再分配概念は保険の金融的把握においても優れている。社会性を持ちながらリスクの分散，リスクの平均化を行っている保険は，予備貨幣の再分配を通じてリスクの処理を行っている。保険と

金融が錯綜し，何が保険で何が保険の代替かを見極めるのが困難であるが，保険を予備貨幣の再分配制度と捉えることによって，この困難を克服することができるであろう。保険の金融面の考察においても，予備貨幣再分配概念は有効である。

　今後保険は予備貨幣の再分配をめぐる基準を軸に変化していくであろう。ここに，予備貨幣再分配説の，将来に対する基本的視座を与える，現代の保険本質論としての積極的意義を見出すものである。

第 3 章
保険の歴史と分類

1. 問題意識

　多種多様な保険が存在する現代保険を把握するためには，共通性を重視した保険の本質把握のみならず，各々の保険がどのような関連に立ち，保険制度が総体としてどのような役割を社会に対して果たしているかを把握することが必要である。各々の保険の関連を把握するためには，保険の個別性を重視して，多種多様な保険が適切に分類される必要がある。また，各々の保険の関連は，個別の保険が生成・発展する中で歴史的に形成され，現在において把握できるものであるから，その生成・発展および社会的意義が明らかにされる必要がある。以上から，多種多様な保険の把握のためには，共通性を重視した保険本質論と並んで個別性も重要であり，各々の保険の生成・発展という歴史的な流れを踏まえた，保険の分類の考察が必要であると言える。保険の歴史を縦糸とすれば，保険の分類が横糸であり，縦糸と横糸で現代保険を織り込むことで，多種多様な保険の把握が可能となろう。

　保険史は，保険の起源，近代保険の成立を考察の中心としつつ，保険がいかに資本主義社会において生成・発展し，現在に至るのかを跡付ける。しかし，社会経済の発展段階の一段階である資本主義社会のみを考察するのでは不十分である。保険の本質の考察において明らかにしたように，保険は経済的保障制度であり，経済的保障制度は太古の昔から存在してきたことから，保険は資本主義社会における経済的保障制度と捉えるべきである。超歴史的な制度といえる経済的保障制度が，資本主義社会において保険という形態をとったと言え，この点から経済的保障制度の歴史の中で保険が把握されなければならない。

「分類はたんに対象についての理解を助ける手段であって、分類することによって対象の本質を解明することはできない」(鈴木譲一[1980] p.86)との指摘もあるが、「区別することが理解することである」(横尾[1965] p.83)との諺もあるように、考察対象への深い洞察と理解があってこそ適切に分類がなされ、分類を通じて全体像が明らかになると言えよう。したがって、分類することが考察対象の本質解明とはならないが、正しい本質把握がなされていなければ適切な分類は不可能であり、その点から分類自体が本質の表現の一つと言えるのではないか。保険の分類についてもこのことは当てはまり、「保険と類似保険を一定の基準に基づいて整理分類することは、保険をめぐる理論と実践をより高度化し、精密化していくために、換言するならば保険をめぐる諸現象を解明し、また社会経済の発展のために保険が資すべき方向を模索し、さらにこれを実行に移すにあたって緊要である」(真屋[1978] p.193)と言えよう。分類自体は本質と密接に関連し、個々の保険の機能把握において必要であろう。

　保険の歴史と分類は重要であり、両者を合体させることで、保険の時間的・空間的・立体的把握がなされ、保険の本質把握にも資することになろう。

2. 保険の歴史

(1) 経済的保障制度の原理

　人類は社会という集団を形成し、その中で経済活動を行ってきた。経済活動はさまざまな危険にさらされており、そのような危険にいかに対処するかということが、経済活動を営む上で無視することのできない問題となる。経済活動が混乱し、経済的困難が発生しないように、危険を「予防」したり、時には危険を「回避」することも考えられるが、完全な予防は不可能であり、また、危険を回避してばかりいては経済活動そのものが成り立たないので回避は抜本的な危険対策とはならない。したがって、時に危険が顕在化することが避けられず、そのため危険が顕在化し、経済的困難が生じることに対して、できるだけ混乱を最小限に留めようとする「鎮圧」も必要である。しかし、有効な鎮圧がとられたとしても、所詮鎮圧は事後対応であるから、経済活動の混乱自体を避けることができない場合もあり、また、常に有効な鎮圧がとられるとは限らな

2．保険の歴史

いであろう。こうして，危険に対応するために「予防」，「回避」，「鎮圧」は重要であるとされるものの完全ではありえないことから，発生した経済的困難に対応する制度が求められることになる。

発生した経済的困難に対応する制度とは，困ったことが起こっても一定の経済状態を確保するための制度と言え，これを「保障制度」と言う。経済的困難とは，何らかの形で経済的ニーズが発生することと言えるから，「経済的ニーズ発生の可能性」という意味での危険をリスク（risk）として，経済的ニーズが発生＝リスクが顕在化しても一定の経済状態を確保できるようにする制度，すなわち，現在または将来における一定状態を保持しているものが，これを侵害されないように防護・保全する制度が経済的保障制度である。経済的保障制度は善後策であり，いかなる社会においても求められるであろう。したがって，経済的保障制度は超歴史的な制度であり，経済的保障概念は超歴史的な概念である。しかし，各社会・各時代の経済的保障制度は常に同じ形態で形成されるとは限らず，各社会・各時代の仕組みに規定されながら形成されると考えるべきであろう。この点においては，経済的保障制度は歴史的概念でもある。経済的保障制度の有する超歴史性，歴史性を把握するにおいては，原理の考察が必要であろう。

およそ経済的ニーズ発生への対応方法としては，自分自身で対応する，他のものと連携して対応する，国家などの公的な機関が対応する，の3つが考えられるのではないか。自分自身で対応するとは，発生した経済的ニーズに対して，個人的・私的努力によって対応することであり，「自助」と言える。他のものと連携して対応するとは，相互に助け合う「相互扶助」・「互助」と言えよう。公的機関の対応は，公的な機関によってなされる救済と言え，「公助」と言えよう。個々具体的な経済的保障制度は各社会・各時代の性格によって規定され，さまざまな形態をとることが考えられるものの，経済的保障の原理自体は，普遍的な自助・互助・公助によって把握することができよう。経済的保障の原理自体が普遍的であるにもかかわらず，各社会・各時代の経済的保障制度が歴史的な存在であるのは，この3原理の組み合わせによって各社会・各時代の経済的保障制度が形成されるからである。ある社会・時代では，互助が前面に出され他の原理は背後に押しやられ，逆に別の社会・時代では自助が前面に

出て他の原理は背後に押しやられるというようにして,その組み合わせが各社会・各時代の経済的保障制度の形成原理となり,この点において経済的保障制度形成原理も歴史的概念となる。

(2) 資本主義社会以前の経済的保障制度[1]

社会の歴史をどのような時代区分によって捉えるかは,非常に重要な問題である。ここでは保険の歴史的考察に資する時代区分ということが求められることから,近代・資本主義社会以前と以後という分類が重要である。前述の通り,保険が近代・資本主義社会で生成・発展した制度であり,資本主義社会における経済的保障制度であるからである。そこで,近代を重視して,前近代と近代という二分法にしたがって考察を進める。

経済的保障制度の歴史の中でいかに保険が生成・発展してきたかを明らかにすることが重要であることから,まず前近代の経済的保障制度の原理がどのようなものであったかを明らかにする。前近代もさらに時代区分をすることができるが,保険との関係では,共同体の役割が大きな社会であり,原始的な社会を脱して国家の形成がみられた以降の時代で考えると,互助や公助が中心の社会であったという点が重要である。古代,中世の資本主義社会以前は,「多くの場合,共同体の土台の上に専制国家がのっかり,再分配という形での上からの救済によって,共同体の互恵関係を補っていたのが多かったのではなかろうか」(箸方 [1992] p.27) との指摘もあるように,少なくとも,自助は背後に押しやられていたと言えよう。そのような前近代の社会で保険に類似する制度として指摘されるものに,コレギア・テヌイオルム (collegia tenuiorum) や冒険貸借がある。

コレギア・テヌイオルムは古代の宗教的組合であり,組合員が死亡したときに葬式費用を支給したり,未亡人に年金を支給することを目的とするものがあったと言われる。中世ではギルドが組合員の病気・傷害の治療費や死亡の時には葬式の費用を負担していた。これらは生命保険の先駆的形態と言えよう。

---

[1] ほとんどの保険の入門書,教科書には保険史が含まれているが,ここでの考察は主として木村ほか [1993],安井 [2000],水島 [2006] による。

また，火災ギルドと言ってよい火災の損害に対応するギルドも存在したようである。いずれも社会・時代の仕組みに規定され，互助を原理とする経済的保障制度と言える。これに対して，古代に存在していたとされる冒険貸借こそは，近代に成立した保険に直接連なる制度と言えよう。

　冒険貸借は，共同体の外に存在し，その点から共同体の保護を受けられない商人の自助的な制度と言える。すなわち，互助が支配的な社会で自助が強制された商人が，海上リスクに対応するために考案した自助的な制度と言える。冒険貸借は地中海沿岸諸都市の間で行われていた貿易に関わる貸借として発生したと言われ，貿易貸借の一種である。借主である船主または荷主は，航海が無事済んだときは高率の利息をつけて資金を返済するが，海難にあって全損した場合は返済が免除されるという契約であった。いわば条件付資金の貸借であり，通常の金利よりも高い金利を払うことで，貸主に海上リスクの移転を行っていると言える。通常の金利を上回る金利部分が保険料に相当し，返済を免れる事由が保険事故に相当し，返済しないで済む資金が保険金に相当するので保険に類似した制度と言えよう。保険料に相当するものが含まれていたので，金利は22～34％にもなったと言われる。金融取引に保障が組み込まれているような形となっており，保険と金融の融合が声高に指摘される現代において，冒険貸借はしばしば保険と金融の融合したものとして取り上げられることもある。

　ところで，冒険貸借は1230年ごろに出された徴利禁止令に抵触するとされ，禁止されるに至った。長い貿易によって富を蓄積した貿易商人は，古代の頃のように貿易資金を必ずしも必要としたわけではないが，海難が発生すれば一瞬のうちに富が失われてしまうという海上リスクの大きさには変わりがないため，引き続きリスク移転のニーズは残った。そこで考案されたのが，利子の受け払いのない無償の貸借という形をとった無償貸借である。冒険貸借のように資金の融通は行われず，船主または荷主が貸主になり金融業者が借主になって資金の貸借が行われたかのように擬制し，海難に遭った場合に資金が返済されるものとする。この資金が保険金に相当するわけである。冒険貸借の金融機能とリスク移転機能の2つの機能のうち，リスク移転機能が純化されたのが無償貸借と言えよう。しかし，無償貸借としても貸借である限り金利の推定は免れ

ないということで，売買を仮装するようになる。これが仮装売買であり，船主または荷主が売り手，金融業者が買い手となり売買を仮装し，海難に遭った場合金融業者が代金を支払うという形をとる。この場合，この代金が保険金に相当する。これはもはや実質的に損害塡補契約と言え，14世紀の終わりごろには純然たる海上保険契約が登場する。

　近代に登場した保険を歴史的に登場した段階を明示して「近代保険」と呼べば，この海上保険は近代保険に対して「原始的保険」とでもすべき制度であった。原始的保険の原始性は，あるいは，近代保険とは呼べない要因は，簡単に言うと，原始的保険は契約的には保険であるが制度的には保険とは言えないということである。契約的に保険と言えるのは，保険契約に必要な登場人物がそろっていて，契約に必要な要件が充足されているからである。具体的に言えば，保険契約者と保険者との間で契約が締結され，保険料が支払われ，あらかじめ決めていた事由＝保険事故が発生した場合，保険者から保険契約者に保険金が支払われるという関係が構築されているということである。制度的に保険と言えないのは，保険が必須のものとする多数の経済主体の結合による保険団体の形成を充足していないからである。保険契約がただの1件，2件締結されても，保険制度としては成立しない。また，多数の経済主体が結合し，保険団体が形成され保険が制度として成立するためには，合理的な保険料の算出が前提とされるので，それを可能とする保険技術が成立しなければ，近代保険は成立しない。保険料の算出も非合理的であった。いずれにしても，自助が背後に押しやられていた資本主義以前の社会における自助的な経済的保障制度の流れで，近代保険に結びつく原始的保険が形成された。そこで，原始的保険から近代保険への流れおよび近代保険の生成過程を明確にするために，原始的保険と近代保険の違いを近代保険のメルクマールとして考察しよう。

(3) 近代保険のメルクマールと過渡期の保険

　田村［1980］では，原始的保険という用語に対して，厳しい批判が加えられる。原始的保険という用語を使用しているものは，原始的保険と近代保険の違いを技術の有無に求めているが，単に近代保険は技術をもつと記述するのみで，このこと自体が原始的保険概念の曖昧さを如実に示すとする（田村［1980］

p. 34)。さらに，その用語が示す範囲も不明確であるとする。たとえば，原始的保険の時代，14世紀から17世紀への保険形式成立時代，18世紀の近代保険成立といった区分をする見解があるが，保険形式成立時代の保険は原始的保険，近代保険のいずれに所属するのかが明らかではないと批判する（同p. 35）。

　これらの批判点は，極めて適切である。事前的にして合理的なる保険料の算定は近代保険成立の不可欠の要件と言え，保険技術は近代保険成立にとって非常に重要である。しかし，保険技術が発達したとしても，それ自体は合理的保険料算出の可能性，したがって保険経営の可能性を示すのみであって，そのことだけで制度としての近代保険が成立するわけではない。多数の経済主体が結合し，保険団体が形成されないならば，制度としての保険は成立しない。このような条件はいわば近代保険成立のための社会経済的条件といえ，社会経済的条件が満たされるためには，産業資本主義の成立が必要であろう（水島［1985］）。産業革命による生産の飛躍的増大および資本制的生産関係の成立を基本的条件とし，保険技術を使って，合理的な保険料に基づく大量の保険契約が集積されることによって，近代保険は成立する。近代保険のメルクマールを合理的保険料の算出に求めてよいと考えるが，この場合の「合理的」とは，単なる計算技術・保険技術としての合理性ではなく，保険技術を発揮できる社会経済的条件，基礎的条件を含意すると考えるべきである。このように考えれば，近代保険の成立は漠然と18世紀とする説もあるが，18世紀後半から近代化が始まり，その完了は19世紀であるとすべきであろう。水島一也博士は，保険技術の成立による合理的保険料の算出を近代保険のメルクマールとするそれまでの通説に対して，保険技術のみならず社会経済的条件を重視し，保険の近代化の開始を「成立」とし，完了を「確立」として，「近代保険の確立をその成立よりも重視する」としている（水島［1970］p. 92）。本書では，水島博士の見解を支持する。

　ところで，「保険事業の近代化と別に保険技術の近代化のみがみられたといった事情はほとんど見られなかった」（近藤［1965］p. 68）との指摘もあるが，確率論などの計算技術の成立が先行し，それが保険事業に適用されていき，生命保険における平準保険料の採用によって近代保険技術が成立したと言え，それが各種保険に応用されていったと考えるべきではないか。すなわち，

保険技術のみの近代化はないものの，保険技術の近代化が保険事業の近代化に先行したと考えるべきである。保険技術の発展は，次のように要約することができよう。

保険技術としては，まず確率論が土台であろう。そして，現実の保険へと確率論が生かされて制度としての保険の成立に結びつくためには，対象とするリスクの確率が計算されなければならない。そのためには，データが必要であろう。すなわち，保険技術としては，確率論のみでは計算の可能性を示すのみであって，制度としての保険には結びつかず，計算技術としての確率論とそれを適用して保険とするためのデータが必要である。そこで，保険技術史としての視点は，計算技術とデータの2つになる。

計算技術についてみてみると，確率論は17世紀半ばから始まった[2]。それには賭博が関連している。17世紀の偉大な数学者のパスカル（Blaise Pascal）の友人に賭博好きの貴族がいて，その貴族はサイコロの目がそろったらあらかじめ定めた倍数の賞金を払うという賭けを行ったが，自分の計算では儲かるはずが長い間損をしたので計算をパスカルに依頼した。パスカルはその計算結果をド・フェルマ（Pierre de Fermat）に手紙で示して，2人の間で行われた文通が確率論の出発点になったと言われる（安井 [2000] p.194）。他にライプニッツ（Gottfried Wilhelm Leibniz）なども確率論の基礎作りに貢献し，ウィット（Johan de Witt）は年金計算，ベルヌーイ（Daniel Bernoulli）が大数法則を打ち立てて，保険にとっての計算技術的なところが整ってくる（木村 [1993] p.38）。

データという点では，生命保険に関するデータは死亡保険のための死亡統計となるので，死亡の記録がとられなければ始まらない。死亡記録の始まりは，イギリスのペストによる大量死と言われる。ペストの流行による大量死が発生するたびに，それが誇張された噂となり，大衆の意気が消沈したため，政府は各教区ごとに死亡記録の発行を命じた。1562年に初めて発行され，1594年からはエリザベス女王の命令によって毎週発行されるようになった。しかし，この記録は一定期間の死亡数は記録されていたものの，死亡年齢は示されていな

2）確率の歴史については，主として，Boyer [1968]，加賀＝浦野訳 [1984] を参照。

かった。グラント (John Graunt) は死亡記録を分析し，年齢との関係を重視した分析を1661年に発表した。ペティ (William Petty) も1665-82年のロンドンの死亡記録を分析した。両者の死亡記録の分析は人口移動を考慮していないなどの欠陥があるが，死亡記録の高度化に大いに貢献した。正確な死亡分析には，人口移動が少なく，死亡年齢が明らかであることが必要であることがわかってきた。ブレスラウ市でノイマン (Caspar Neumann) が蒐集した資料には，死者の年齢，性別，死亡年月が記載されており，この資料をハレー彗星で有名なハレー (Edmund Halley) が分析し，生命表を作成し，生命保険料は被保険者の年齢によるべきと考えた。こうして，生命保険（死亡保険）の確率計算のためのデータがそろってきた。

そして，18世紀に入るとこれらの研究を土台として，合理的な保険料算出を目指す保険数学の研究がモアヴル (Abraham De Moivre)，ドドソン (James Dodson)，シンプソン (Thomas Simpson)，プライス (Richard Price) などによって進められる（木村 [1993] p. 38）。ドドソンは友人のシンプソンに死亡経験に基づく保険料の設定を提案し，生命保険会社の設立に乗り出した。ドドソンは1757年に死亡するが，彼の想いは実現し，1762年にエクイタブル社 (The Society for Equitable Assurance on Lives and Survivorships) が設立された。エクイタブル社の設立をもって，近代生命保険技術の成立と言ってよいであろう。なぜならば，同社は当初から平準保険料方式終身保険を実施したからである。さらに，申込者の選択，保険金額の制限，解約返戻金の支払いなど近代生命保険事業の特徴を設立後20年以内に整えた。こうしたことから，エクイタブル社の設立をもって近代生命保険の成立とする見解もあるが，それは近代保険技術の成立と言えるのみであって，近代生命保険の成立には，この近代保険技術を適用する社会経済的条件が整わなければならない。その条件は，産業革命が発生しないと充足されなかった。

それでは，以上の考察を踏まえて，原始的保険という用語について考察する。契約的には保険と言え，その点で近代保険と遜色ないが（白杉 [1954] p. 105），制度的には保険と言えない過渡期の保険を原始的保険とする。過渡期の保険として時間的な区分を入れる。この場合の過渡期とは，封建社会の崩壊から産業資本主義確立までの時期であり，主として商業資本主義の時代である。

原始的保険は，冒険貸借からの流れを引き継ぎ，商人間の自助的な制度として，原始的海上保険として成立したと言える。商業資本主義段階は前期的資本が近代的資本に活動の場を奪われる過程でもあり，前期的資本が副業として海上保険業を営んだと言える（谷山［1956］）。その背景には，保険の射倖性が前期的資本に対して親近性を有したことがある（水島［1975］p.53）。また，海上保険の保険期間は航海期間にあわせて定めることができ，不規則・不連続な取引形態でも保険取引に支障がなかったので，この点においても前期的資本に対して親近性を有した。この点，火災危険などへの対応は長期契約または年々の契約更新を必要とするので，海上保険と異なり成立しづらい（Raynes［1964］p.73，庭田監訳［1985］p.100）。保険は海上危険に関連する自助的制度の流れで生成・発展してきた（水島［1957］pp.229-230）。

　ところで，この過渡期は共同体的保障が解体する過程でもあった。共同体的保障が弛緩し，自助が強制されるようになったが，十分な保障を得られず，多くの貧民が発生した。保険は商人保険として社会の一部にしか存在しなかったといえ，大量貧民発生は社会秩序の維持にも関わり，公助としての救貧法がとられるようになった。これは，この過渡期に共同体に埋没していた個人が社会から独立することとなり，経済的保障のための制度が極めて不十分な状況になったことを背景としている。また，経済的保障制度が不十分な状況で，イギリスの友愛組合（Friendly Society）などの互助的な共済組合も見られた。公助，互助が見られたものの，経済的資力に関わりなく自助が強制される社会への移行によって，経済的弱者は大変厳しい状況に置かれることになった。共済組合は，あくまで相互扶助組織であって，保険ではない。ドイツにおける互助的な保険発展を重視してゲルマン的保険発展系列としたり，相互扶助の連続性が指摘されるが，相互扶助自体の連続性の主張はできても，それを保険の生成・発展とはできないであろう。あくまでも自助的な流れで保険の生成は考察されるべきである。

　以上のように，過渡期の商業資本主義段階の保険，すなわち，契約的に保険とできるが制度的に保険とできない保険を「原始的保険」とする。

(4) 資本主義社会における経済的保障制度

　資本主義社会を商業資本主義，産業資本主義，金融資本主義，福祉国家主義に時代区分して考察しよう。商業資本主義は，前述の通り，封建社会から産業資本主義までの過渡期と言え，近代保険の生成という視点で眺めると，合理的保険料算出のための保険技術は生命保険で成立するが，保険団体形成のための社会経済的条件は充足されず，原始的保険が支配的であった。

　産業資本主義段階では，資本―賃労働なる資本制的生産関係が確立し，労働者階級を含めて「生活自己責任原則」が一般化した。また，産業革命により生産力が飛躍的に拡大し，大量な財貨が生産された。これらは，保険需要側に人・物の大量な保険需要を発生させ，保険の原則の一つである「危険大量の原則」が保険需要側で充足される前提条件が整ったことを意味しよう。生命保険で成立した保険技術が海上保険や火災保険などにも応用され，ここに合理的な保険料に基づく大量な保険契約が締結され，近代保険が成立した。さらに，産業資本主義の発展は，新種の危険を発生させ，危険も巨大化したことから，新種の保険を登場させ，再保険制度なども生成・発展した。自助が求められる資本主義社会において，個人主義・自由主義に基づく，自助的制度である保険が広く利用されるようになったのである。

　しかし，これらの順調な発展は概して物保険・損害保険に当てはまり，人保険・生命保険の展開は，これほど単純ではなかった。保険そのものの発生という点では生命保険は海上保険に遅れるものの，保険技術的には生命保険が先行した。しかし，労働者の保険需要は潜在的需要に過ぎず，有効需要として顕在化しえなかった。産業革命の進展は，労働者階級の生活を困窮させ，営利的な保険への加入を不可能とした。しかし，自助的制度である保険を活用するという自助努力の道を塞がれている労働者＝経済的弱者に対して，経済的弱者向けの保険が登場する。経済的弱者の保険とできるのは協同組合保険，簡易生命保険，社会保険，団体生命保険である。近代保険はイギリスで成立し，あらゆる保険がイギリスで先行して成立した傾向があるものの，経済的弱者の保険全てがイギリスで発生したわけではなく，典型的に資本主義が発達したとされる先進資本主義国イギリスの影響と個々の後進資本主義国の特徴が影響して登場した保険があることが注目される。経済的弱者の保険によって保険が社会の隅々

まで普及することとなるが，これが主要国全般に見られるようになるのは産業資本主義段階の終わりから金融資本主義の段階である。いずれにしても，経済的弱者の保険の存在は保険史において重要であるが，これまでの保険史では協同組合保険，簡易生命保険，社会保険，団体生命保険を経済的弱者の保険という範疇で捉え，分析していない。しかし，この点を考察することが保険史の重要な部分を占めることから，後で「経済的弱者の保険」として考察することとし，ここでは結論的に経済的弱者の保険によって保険が社会の隅々まで普及したことを「保険の社会化」として，先に進むことにする。

　金融資本主義段階は，先進資本主義国イギリスに他の後進資本主義国が追いつき，欧米列強国が帝国主義的展開をし，二度の世界大戦，大戦間に世界大恐慌などを経験した。産業資本主義段階が保険の社会化の始まりの時期とすれば，金融資本主義段階は保険の社会化が進展する時期となった。世界大恐慌や第二次世界大戦によって，国家の役割や，国民に対する保障といったことが重視された。戦後の福祉国家主義段階では，先進資本主義国を中心に，社会保障制度が構築された。労働者階級＝経済的弱者の保険として登場した社会保険の性格が，国民の保険へと変化した。

　福祉国家への移行に伴い，社会保障制度の生成・発展という公助による経済的保障制度が拡充してくるが，福祉国家における経済的保障制度の特徴は，自助・互助・公助がそれぞれ前面に出ながら体系化しつつあるということである。いわば，保険・保障の混合経済化であり，資本主義社会の混合経済化に呼応するものと言えよう。保険・保障の混合経済化とは公的保険・保障，私的保険・保障が混合化することであり両者のどちらにも分類しがたい半公的・半私的保険・保障もあり，保険・保障は三層構造となってきた。しかし，一世を風靡した福祉国家も，慢性的財政赤字，スタグフレーションなどによって1980年代以降大きく見直され，反福祉国家政権なども誕生している。1990年代以降のグローバリゼーションや21世紀に入って急速に進展するIT社会化によって，福祉国家の国民国家としての側面も大いに動揺しているが，保険・保障の考察のベースは，依然として三層構造的把握でよいであろう。すなわち，福祉国家の動揺を経済的保障制度から眺めたとき，三層構造の動揺と捉えることができるのである。戦後拡充してきた公助が薄められ，自己責任を求める動きによっ

て自助がますます強制されてきているのが現代と言えよう。三層構造的な把握の妥当性を保険の分類の観点から考察してみよう。

3. 保険の分類

(1) 経済的保障の構造

保険学の教科書・入門書の類には，必ずと言ってよいほど，保険の分類について一項目が設けられている。種々の保険が存在し，さまざまな呼称が用いられていることからすれば，それらを整理し，保険について正確に把握するために保険の分類が重要であるということであろう。しかし，本書での分類はこのような意味での表3.1に示したような分類ではなく，現代保険把握のための体系性を有した保険の分類である。換言すれば，俯瞰的に保険を捉えるための分類である。保険史の考察で指摘したように，経済的保障が三層をなしていることから，保険の分類もこれに従わなければならないだろう。

まず，経済的保障の構造について，考察しよう。大林良一博士は，「経済保障の三形態」として，社会保障，福利施設として行われる退職金・退職年金制度・団体保険などの職場を主体とする職場保障，個人自身が貯蓄・保険等を任

表3.1 通常の保険の分類

分 類 基 準	分　　　類
保険事故の対象	人保険と物保険
負担する危険の内容	単一保険と総合保険
被保険者の選択方式	個別保険と団体保険
危険分担の関係	元受保険と再保険
保険給付の手段	現金保険と現物保険
保険給付の基準	定額保険と損害保険
保険経営の動機	営利保険と非営利保険
保険経営の主体	公営保険と私営保険
国家政策性の有無	経済政策保険と普通保険
責任の所在	社会保険と個人保険
保険加入の動機	強制保険と任意保険
保険期間	短期保険と長期保険
保険給付の仕方	年金保険と一時払い保険

図 3.1　経済的保障の三層構造(1)

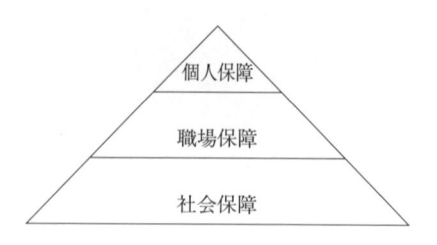

```
        /\
       /個人\
      /保障  \
     /--------\
    / 職場保障 \
   /------------\
  /  社会保障    \
 /----------------\
```

意に利用する個人保障を指摘し，それぞれの保障形態において保険が重要な地位を占めるとする（大林［1995］pp. 12-13）。図 3.1 のような三層を想定していると思われる。また，水島［2006］では，「生活保障の三重（層）構造」として同様な指摘がなされるが，「この三つの保障形態のいずれにウェイトがおかれるようになって，それぞれの国における生活保障体系の性格が決まる」（水島［2006］p. 210）としている点に注意したい。

　真屋［1991］においても，経済的保障の「三段階構造，三本柱構想」（同 p. 82），所得保障・経済的保障・生活保障の体系についての「三段階保障・三層保障・三本柱保障」（同 p. 142）として経済的保障の三層構造的把握に言及するが，基本的な考え方を展開するのは，同 pp. 163-166 においてである。すなわち，「ナショナル・ミニマムの確保に関わる公的努力たる公的保障・社会保障と，各個人およびその家族の自発性・自主性に基づく，ナショナル・ミニマムを上回る部分の保障についての私的努力たる私的保障・個人保障とがあり，さらに主として地域・職域などを単位・基盤に組織され，両者の中間に位置するとともに，両者に対して，それぞれ補完的機能を果たすとされる集団保障・団体保障がある」（同 p. 163）とされ，社会保障・集団保障・個人保障が三層を成して保障の領域を拡充するとともに，その水準を上昇させていくので三層的把握を一応肯定する。一方，同様な見解としての「三本柱保障説」については，それを唱える論者が柱の太さ・長さが何を意味するかを明らかにしておらず，例えとして三本柱説より三段階保障説・三層保障説のほうが論理的であるとする。しかし，「三段階保障・三層保障といい，三本柱保障といい，あまりに安易な空疎な議論が成されてきた」（同 p. 163）と従来の議論には批判的であり，「生活

図 3.2　経済的保障の三層構造(2)

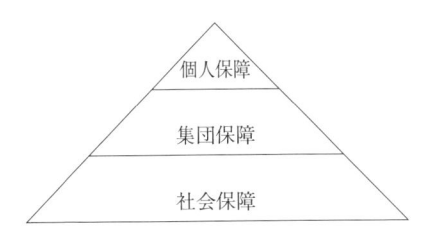

（ピラミッド図：上から「個人保障」「集団保障」「社会保障」）

保障ニーズの多様化・高度化への対応は，社会的な対応，個人的な対応，および，両者を媒介する地域的・職域的な対応が三者一体となって，初めて可能となる」（同 p.166）とする。三段階保障説・三層保障説を一応肯定するものの，従来の議論には批判的なようである。ここで注目されるのは，大林，水島両博士が「職場保障」として把握した部分を地域的な集団も含めて「集団保障」として捉え，その役割を積極的に評価していることである。おそらく，図3.2のように捉えているのであろう。

　この点については，真屋［1994a］でより鮮明となっている。協同組合保険をテーマとした真屋［1994a］では，集団保障の一つとして協同組合保険を取り上げ，社会保障，個人保障を結びつけるとしてその意義を高く評価しているが，このような捉え方は問題がないであろうか。そもそも，三段階保障説・三層保障説といった把握については，真屋尚生博士が指摘するとおり，「あまりに安易な空疎な議論が成され」，その意味をきちんと問いかけるということが十分行われていない[3]。しかし，協同組合保険を含めた集団保障を社会保障，個人保障を結びつけるものとして把握することも，三段階保障説・三層保障説の意味をきちんと問いかけていないことになるのではないか。

　三段階保障説・三層保障説は，主として，医療・年金をモデルとしていると思われ，各種経済的保障制度・保険を網羅する姿勢に乏しい。したがって，混合経済的な様相をとる経済的保障の傾向は示されているが，精緻な議論にはなっていない。たとえば，職場保障といっても，その意義・性格が十分に考察

　3）例外的なものとして，水島［1987］がある。

されていない。職場という保障が提供される領域が問題とされ，その目的は福利厚生とされるが，企業という保障主体が福利厚生という目的で行う職場保障の性格は，団体生命保険が社会保険の代替としてアメリカで生成・発展したことに示唆されるように，企業は本来私的な存在ではあるものの社会的影響力をもった存在として社会的責任が問われる存在でもあるという点を考慮して，半公的・半私的な保障という性格を有すると考えてよいのではないか。この点を踏まえて，真屋博士の「集団保障」概念について考察する。

(2) 三層保障と保険の分類

　集団保障[4]という捉え方であるが，これを社会保障と個人保障の間に位置するものと捉えることができるであろうか。まず，三層保障の中間層の保障主体を集団と捉えることの意味を考える必要があろう。この集団は地域・職域などを単位・基盤に組織されるとするが，集団が意識され，意味を有するのは，保険団体との関係で考えれば，そのような集団が何らかの社会的紐帯を持つ社会的集団であり，形成される保険団体と未分化で，社会関係と保障関係が未分化の場合であろう。個人保障・個人保険でも多数の経済主体の結合によって保険団体は形成されるが，通常の保険団体の特徴は，保険経営の要請から多数の経済主体を結合させた結果として形成される経済的利益集団に過ぎないという点にある。これに対して，集団保障を問題にする場合は，予め何らかの目的を持って構成される社会集団が存在し，その社会集団が保険事業をも営むということである。通常，このような社会集団が保険事業を営むのは，社会集団構成員が個人保障を確保しにくいため，あるいは，より合理的に個人保障を得るため，または，営利主義ないしは資本主義に批判的であるため，いずれにしても，互助の原理によってその保障ニーズを埋めるというのが歴史的に見ても一般的ではないか。したがって，このような集団保障と個人保障は代替的な関係にあると言える。そうであるならば，集団保障は社会保障と個人保障の間に位置して，三段階・三層の中での中間段階・中間層を占めるというよりも，個人保

---

[4] ここでは「集団保障」，「団体保障」を協同組合保険のような互助的な制度による保障として，考察を進める。

3．保険の分類

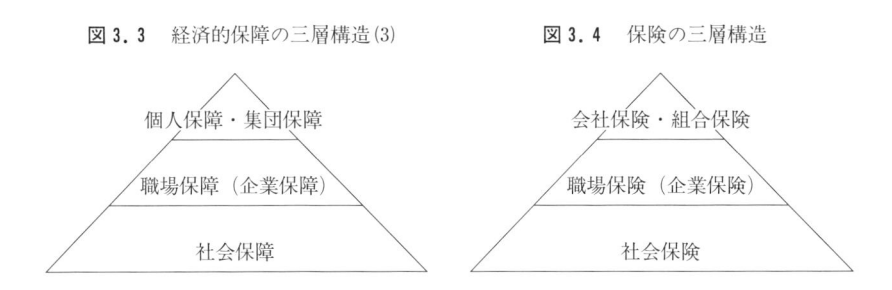

図 3.3 経済的保障の三層構造(3)

（ピラミッド図）
- 個人保障・集団保障
- 職場保障（企業保障）
- 社会保障

図 3.4 保険の三層構造

（ピラミッド図）
- 会社保険・組合保険
- 職場保険（企業保険）
- 社会保険

障と同一段階・同一層に位置付けられると考えるべきではないか。真屋博士は，「協同組合・共済組合などの集団保障・団体保障」と「企業を中心とした職場保障・企業保障」の性格の相違を指摘してはいるが，「両者が，その効果・機能において，公的保障・社会保障と私的保障・個人保障の中間にあって，これらを補足している」(同 p. 168) としていることから，三段階・三層の中での同一段階・同一層で把握している。しかし，職場保障・企業保障は他二者と相互補完的関係にあることで，三段階・三層の中での中間段階・中間層を占めると言えようが，個人保障と代替的関係にある集団保障は，図 3.3 のように個人保障と同一段階・同一層で把握すべきであろう。保険で考えれば，土台に社会保険，そのうえに職場で提供される職場保険（または，企業が提供するという意味で企業保険），その上に民間の保険会社と契約する会社保険（保険「会社」との契約という意味），協同組合等の互助組織に加入する組合保険がのるという図 3.4 のようになるのではないか[5]。集団保障として組合保険を中間層に位置づけたならば，会社保険と組合保険が補完的関係に立ってしまい，理論的に考えられる両者の代替関係，また，両者が保険市場で競合しているという実態と矛盾した捉え方になってしまう。

一般的に考えられる三層把握としては，これまでの考察から示唆されるように，図 3.5 のように公的保障，半公的・半私的保障，私的保障となろう。通説的な，社会保障，職場保障，個人保障という捉え方は，職場保障は企業による福利厚生として展開される点が重要であり，保障の主体という面から見れば企

5）ここでの用語，図は庭田［1995］を参照している。

図 3.5　経済的保障の三層構造(4)

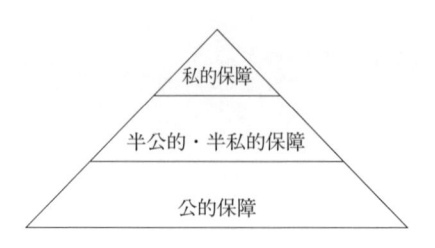

```
         /\
        /私的\
       /保障  \
      /--------\
     /半公的・  \
    /半私的保障  \
   /--------------\
  /   公的保障     \
 /------------------\
```

業保障といえ，半公的・半私的な性格を有すると言えるであろう。わが国の自動車保険で考えると，対人損害賠償に対して基本的な保障を行う強制の自動車損害賠償責任保険があり，その対人賠償損害の上乗せと対人賠償損害以外の損害に備えるための任意の自動車保険があり，保障・保険の体系が三層ではなく，二層となっているものもあるように，あらゆる分野の経済的保障制度が三段階・三層をなすわけではない。しかし，経済的保障における混合経済化を反映し，経済的保障制度の全体像としては三段階・三層として把握できるであろう。すなわち，土台の経済が混合経済であることからすれば，公的・私的という区分が軸となるが，両者の中間的な存在があり，それを含めて三層として把握するというのが基本となるということである。公的，私的という分類，あるいはその類の分類は保険においても一般的に使われるが，重要であるこの分類基準の明確な定義が，実は意外にきちんとなされていない。このようなところにも，安易で空疎な三層保障による把握がみてとれる。

　保険を公的，私的に明確に分類したのは，真屋博士であった。真屋博士は，保険の経営主体の性格，政策性を別個に把握してきた「公保険・私保険」，「公営保険・私営保険」，「個人保険・社会保険・経済政策保険」，「普通保険・経済政策保険」などのそれまでの分類の意義を認めつつも，これでは全ての公保険・公営保険を体系的に整理して理解するに難渋なので，政策性の有無と経営主体の性格を公的保険の要件とすることによって，公的保険の構造と機能を同時に把握し，公的保険の全体像を鮮明にできる，としている（真屋 [1991] p. 28）。したがって，この分類基準は「公営・政策性あり」の保険を公的保険，「私営・政策性なし」の保険を私的保険とすると言える。「政策性の有無」，「経

営主体」の2つの基準による分類は，「公営・政策性あり」，「公営・政策性なし」，「私営・政策性なし」，「私営・政策性あり」の4つの組み合わせに分けられ，このうちの「公営・政策性あり」＝公的保険，「私営・政策性なし」＝私的保険としているのであるから，「公営・政策性なし」，「私営・政策性あり」という残りの組み合わせについてどう考えるかという問題が残る。「公営・政策性なし」の保険は，具体例として日本郵政公社が民営化される前の簡易生命保険をあげることができよう。「私営・政策性あり」の保険としては，先に取り上げた自動車損害賠償責任保険があげられる。自動車損害賠償責任保険は，民間保険会社により提供されているが，ノーロス・ノープロフィットを原則とする保険であり，被害者救済のための社会保障的性格を有しており，政策性が反映されている。したがって，「私営・政策性あり」の保険と言えると考える。

真屋博士が無視する「公営・政策性なし」，「私営・政策性あり」の組み合わせは，公的保険・私的保険に対して中間的存在として位置付けることができるので，「半公的・半私的保険」として把握すべきであろう。たとえば，地震保険は地震リスクが保険技術的限界を超えた巨大リスクであるため，元受保険は民間企業によって政策性を帯びた保険として実施されており，自動車損害賠償責任保険と同様にノーロス・ノープロフィットの原則で経営されている。その元受地震保険を支えるために，国家による地震再保険（実質的には，再々保険）がある。元受地震保険は「私営・政策性あり」の半公的・半私的保険と捉えるべきであり，地震再保険は「公営・政策性あり」の公的保険と捉えることができよう。先に示した図3.5で考えると，中間層の半公的・半私的保障には企業保障の他に「公営・政策性なし」，「私営・政策性あり」を加えるべきであるということである。わが国の保険を前提としてこのような把握をすれば，その全体像は図3.6のようになろう。このような把握に基づけば，わが国の自動車事故に対する保障（対人賠償）は，任意の自動車保険・自動車共済（会社保険・組合保険）による私的保障と強制の自動車損害賠償責任保険・共済による半公的・半私的保障の二層により構成されると言えよう。ただし，これらの保障でカバーしきれずに生存権を脅かすような貧困に陥れば，土台の公的保障によって支えられるという関係で，経済的保障体系としては三層保障ということになろう。また，地震による建物・家財の損害に対しては，半公的・半私的

図 3.6　保険の体系

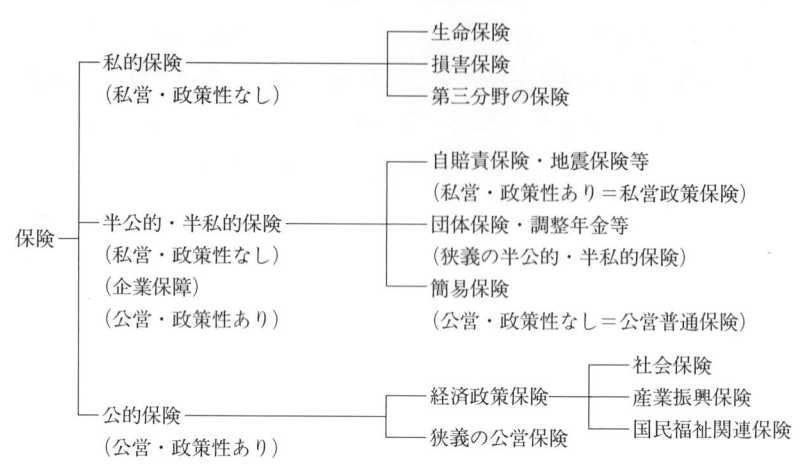

```
                 ┌─ 私的保険 ─────────────┬─ 生命保険
                 │   （私営・政策性なし）  ├─ 損害保険
                 │                        └─ 第三分野の保険
                 │
                 │                        ┌─ 自賠責保険・地震保険等
                 │                        │   （私営・政策性あり＝私営政策保険）
保険 ─┬─ 半公的・半私的保険 ───────┼─ 団体保険・調整年金等
      │   （私営・政策性なし）        │   （狭義の半公的・半私的保険）
      │   （企業保障）                └─ 簡易保険
      │   （公営・政策性あり）            （公営・政策性なし＝公営普通保険）
      │
      │                                                ┌─ 社会保険
      └─ 公的保険 ──────────┬─ 経済政策保険 ─┼─ 産業振興保険
          （公営・政策性あり）    │                    └─ 国民福祉関連保険
                                 └─ 狭義の公営保険
```

（注）日本郵政公社民営化前を前提とする。

保障としての任意（主契約の火災保険契約に原則自動付帯）の地震保険と上乗せ給付とは次元が異なるが元受保険である地震保険を支える公的保障としての地震再保険が存在し，実質的には二層になっていると言える。

　このような捉え方に対しては，自動車事故に対する保障は不十分であるとか，公的保障は土台として十分機能していないのではないか，などの批判がなされるかもしれない。しかし，重要なことは，不十分な現状からこの捉え方を批判することではなく，このような三層保障を軸に捉えて現状の不十分なところを改善していくことである。このような三層保障による経済的保障の把握，それに基づく保険の分類が，各保険を個々ばらばらにではなく総合的に捉え，より充実した経済的保障制度を考える基本的視座を提供すると考えるべきである。

　ところで，保険の分類，保障の三層把握の主たる先行業績として取り上げた真屋博士は，研究の初期から保険の分類を重視していた（真屋［1977, 1978］）。それは福祉国家化することで公的保険がますます重要となってきているにもかかわらず，その研究が遅れていたからであると思われる。そのため，公的保険の分類が既に初期の研究において考察されているのであろう。保険学の隣接科

学としての社会保障論においては，おそらく公的保険と社会保険の違いさえ理解されていないと思われる。換言すれば，公的保険の一種としての社会保険という発想さえないと思われる。このような状況の下で，一方では，逆選択，モラルハザードというもともとは保険学の用語を情報の経済学から輸入し，情報の非対称性から社会保険の存在理由を説明し，他方では，社会保障において保険を使うことは邪道とし，保険を悪として忌避するような態度であり，どちらにしても保険学はあまり顧みられることはないようである。社会保障制度の見直しがわが国のみならず世界的にも大変重要な時代において，このような状況は大変不幸であるばかりではなく，社会保障制度の改革を誤る危険性が高いのではないか。保険の分類は，公的保険の研究の重要性を浮き彫りにし，その研究の一つに公的保険の分類があげられるであろう。このような問題意識から，先行業績として真屋博士の公的保険の分類を取り上げよう。

(3) 公的保険の分類

真屋 [1977] では公的保険を社会保険，産業振興保険，国民福祉関連保険，狭義の公営保険に分類し（真屋 [1977] pp. 90-92），さらに詳細に公的保険を分類（同，巻末折込み）している。その分類の特徴は，経済政策を広い概念と把握して社会政策を包摂させ[6]，公的保険を広義の経済政策保険とし，「社会保険は，保険の原理，技術を利用して，社会政策目的を実現するところの経済制度」としていることである（同 p. 93）[7]。

産業振興保険とは，「各種産業の保護育成のために，保険の原理，技術が応用されるもので，特定の産業に固有な危険——損害に対して，国家的見地から経済的保障が与えられるもの」（同 p. 94）であり，農業政策，工業政策，商

---

6) 真屋 [1991] において，「経済政策とは，歴史的に規定された資本主義経済体制を維持・存続せしめることを究極の目的とし，国家が主体となって，選好・決定・実行する目標と手段の一貫性・統一性・斉合性を有する体系のことである」（真屋 [1991] p. 66）。
7) 真屋 [1977] では，社会政策目的＝社会保障目的とする。本書では，社会政策という用語については特に考察せず，社会政策＝社会保障政策とし，既に指摘しているように社会保険を社会保障政策を実現するための保険と捉える。

業政策,交通政策に基づき実施される農業共済再保険,原子力損害賠償責任保険,木船保険,輸出保険などが含まれる。これらの産業振興保険の意義や機能はというと,「要するに産業振興保険は,民間保険企業をもってしては消化し切れないような巨大な危険,不良な危険を有する,したがって巨額な損害の発生する可能性のある産業部門に対して,国民経済的な見地より,国家が経済的保障を提供し,間接的に当該産業の振興を図らんとするものであり,公的保険の中にあって経済成長保全機能のひときわ目立つものである」(同 p.95) とする。したがって,産業振興保険がとられるのは,市場メカニズムに任せていたのでは供給されない重要な経済的保障を提供するためといえ,保険技術的限界・保険市場の限界の超越に基づくものと言えよう。ただし,農林水産業,中小企業関係の保険は,間接的に国民福祉に関連すると言える。

国民福祉関連保険は,社会保険が主として労働者階級を対象に人的事故に備えての生活保障を提供するのに対して,不特定多数の国民を対象に,人的事故のみならず,物的事故にも保障を提供する。この保険には,社会保険を補完したり,社会保障的性格を有したものが含まれる (真屋 [1991] p.77)。一般福祉政策 (公共福祉政策) として実施され (同 p.73),「公的保障・公的保険と私的保障・私的保険の境界に位置しているので,今後の動向が大いに注目される」(同 p.77) 保険とする。典型的なものとして,簡易生命保険があげられ,特殊なものとして預金保険,住宅の確保・維持を推進するための住宅融資保険,地震(再)保険をあげる。

このように公的保険を分類するのであるが,産業振興保険にも,国民福祉関連保険にも社会保障性のある保険がある点に注意を要する。産業振興保険でも,農林水産業,零細企業などの経営と生計の分離が完全に行われていない産業・企業への保険は,社会保障的な生活保障の機能も果たすであろう。また,特に国民福祉関連保険は一般福祉政策に基づくとしているが,社会保障政策と一般福祉政策との違いは必ずしも明確ではないのではないか。むしろ,歴史的産物としての社会保障・社会保険から伝統的に医療保険,年金保険,労災保険,雇用保険が社会保険とされ,それ以外の福祉政策に関わるものが国民福祉関連保険とされている観がある。さらに,簡易生命保険が国民福祉関連保険の典型とされるが,わが国では戦前に社会保険の代替として発足した簡易生命保

険は確かに政策性を有したと言えるが，民間企業との競合が大問題とされ，民営化が叫ばれる状況となった時点では，政策性はほとんどなかったと言えよう。したがって，民営化前の簡易生命保険は「公営・政策性なし」の保険と考える[8]。

このような考察をしていくことで，経済的保障制度の体系の中で社会保障・公的保障，社会保険・公的保険の位置づけが明確とされ，本来あるべき姿から制度改革を論じるに当たって，議論に資することになると考える。それはまた，保険学を無視ないし軽視している社会保障論に保険学が貢献することでもある。こうした隣接科学に対する貢献の中には，社会保険の歴史などの歴史的考察も含まれるであろう。しかし，社会保険の歴史はおろか，保険史の研究自体が停滞しており，また，社会保険・公的保険の研究も停滞している。これらの研究の充実のためにも，保険の歴史と分類の研究が重要であろう。この研究を発展させることが保険学の課題として指摘できる。

なお，後で経済的弱者の保険について考察するとしたが，この考察は社会保険などの歴史的考察を行うにおいて，基本的視座を提供するので重要であると考える。このような問題意識も持ちながら，ここで経済的弱者の保険について，考察しよう。

4. 経済的弱者の保険

資本主義社会の展開と確立はすぐれて国民的規模で成し遂げられたため，各国の資本主義の発達があるのみで，世界資本主義の発達といったものがあるわけではない（大塚久雄［1969］pp. 421-422）。しかし，それぞれの資本主義社会

8）木村栄一博士は，政策性の観点からの保険の分類を公保険・私保険とし，経営主体による保険の分類を公営保険・私営保険として，公保険はほぼ公営保険となるとしているが，公営保険の簡易生命保険を政策性のない私保険の一種としている（木村ほか［1993］pp. 22-23）。すなわち，「公営・政策性なし」の保険と把握していると言える。ただし，真屋博士も簡易生命保険の存在意義については，疑問を提示していた。「今日では，国民福祉の観点から，国営簡易生命保険を不可欠の制度とするに足るだけの根拠は，既に見た通り，社会保障・社会保険，団体生命保険・企業年金保険，協同組合保険，民営生命保険などの普及によって，事実上なくなった」（真屋［1993］p. 129）。

は互いに絡み合いながら世界資本主義を形成していると言え，世界各国の資本主義は世界資本主義の発達の一環として捉えねばならない（同 p. 422）。ところが，イギリス資本主義は先導的地位にあったため，世界資本主義の発展過程における絡み合いの中で決定的な影響を与える側にあったと言える。したがって，イギリス資本主義の発達は，一応それ自体として取り扱うことができよう（同 pp. 422-424）。そこで，経済的弱者に対する保障が，資本主義社会ではいかに展開されてきたかをイギリスを例に考察してみよう[9]。

資本主義社会以前の社会では，一部の者を除いてみな一様に貧しい社会であり，社会・共同体による保障が得られた。たとえば，中世では，農奴と小作人は土地保有契約に縛られて荘園で働いており，事実上隷属していた領主の保護を受けていた。困窮状態が短期間の場合は，近隣の人々または領主によって扶助が与えられ，困窮の程度がひどいか永久的な場合には，教会が社会施設の役割を果たしたと言われる（今岡［1981］p. 3）。ところが，封建社会が崩壊し，資本主義社会へと移行するに伴い，人々には生活自己責任原則が貫徹してくる。換言すると，互助・公助を中心とした社会から自助が強制される社会への移行と言える。そのような社会では，自助を達成できない経済力のない者，つまり経済的弱者の保障が問題となる。イギリス救貧法などは，商業資本主義段階のこうした経済的弱者の保障という側面もあると考えられる。産業革命によって労働者階級が形成されてくると，労働者階級が経済的弱者として現れ，彼らの保障が問題となる。すなわち，経済的保障制度としては，自助が強制される資本主義社会で，資本主義社会に適した自助的な制度として保険が生成・発展してくるが，労働者階級はそのような保険に加入するための保険料を負担できないといった形で経済的弱者として位置付けられる。産業資本主義段階への移行は労働者階級の経済的保障の問題として経済的弱者の保障が大きな問題になったと言え，この問題に対応するためにいくつかの保険が登場してきたと言える。

イギリスで考えると，その背景には，1834年の新救貧法[10]によって公助が

9）ここでの論述は，主として，古川［1995］pp. 104-126 による。
10）水島［1961］において「1834年の新救貧法は，下層階級に対する生命保険制度成立の遠因を形づくっている」（水島［1961］p. 86）。

4．経済的弱者の保険

極めて制限されたこと，1793年のローズ法によりイギリスの共済組合である友愛組合（friendly society）が保護されてきたが，もともと近代的な保険技術を採用せず，非科学的・前近代的な運営のため運営困難に陥ったり，加入者も熟練労働者が主で限られていたため（社会保障事典編集委員会編［1979］p.85），労働者階級全体にとって互助である共済組合・友愛組合の保障が不十分であったことがある[11]。簡単に言うと，19世紀半ばのイギリス労働者階級は公助を極めて制限され，互助は当てにならず，自助的な制度からは締め出されているといった状況にあったと言える[12]。

一方，19世紀のイギリスにおいては，家族・近親の死に際し，可能な限り派手な葬儀を行うことが一般化しており，少なくとも世間並みの埋葬・葬儀を行うことが，独立した市民として地域社会で生活していく最低の条件であった。通常の生命保険には労働者階級は到底入ることができなかったため，労働者階級向けの埋葬費のための保険として，低額の保険料で集金制をとって無審査で簡易に入れる簡易生命保険が1854年に販売された[13]。これを販売したのはプルデンシャル社（Prudential Assurance Company）という生命保険会社であり，利潤動機にもとづいて労働者階級向けの保険を販売したといえる（水島［1961］p.96）。『ベヴァリジ報告』では，簡易生命保険が「貧民の死」という侮蔑を死者とその被扶養者が免れる手段として発足した（Beveridge［1958］p.266，山田訳［1969］p.384），としている。乏しい生活費を切り詰めて，寿命を縮めてまでも簡易生命保険料を準備したりすることさえあったと言われ，また，簡易生命保険の保険料の集金人が自宅を毎週訪れることが一定の社会的地位を保持していることの証であったとさえ言われる（真屋［2004 b］p.46）。アメリカで

---

11) 水島［1961］は友愛組合を「大衆の自助的施設」（水島［1961］p.81）とし，またその歴史的役割を「ギルド・システムの衰退と，近代的簡易保険会社成立の間のギャップに求めることができる」（同 p.86）としている。

12) 近藤［1952］において，イギリスでは共済組合＝友愛組合が発展していたため社会保険が出現しなかったとし，ドイツでは共済組合が社会保険の生成を容易ならしめたがイギリスでは逆に遅らせたとするが（近藤［1952］pp.64-69），簡易生命保険などの他の保険制度・保障制度が視野に入らない社会政策学的な見方ではないか。

13) ここでのイギリスの状況および簡易生命保険については，主として，真屋［2004 b］を参照。

は1875年にドライデン (John F. Dryden) が簡易生命保険を販売するために，イギリスのプルデンシャル社を参考にして，ニュージャージー州にプルデンシャル・フレンドリー・ソサイエティ (Prudential Friendly Society) を設立した。ドライデンはイギリス・プルデンシャル社の簡易生命保険事業の成功を見てアメリカでの設立を思いたったと言われているので (Chapin＝Oursler [1950]，原監訳 [2003] pp. 29-30)，イギリス・プルデンシャル社の簡易生命保険事業は比較的順調に発展していったものと思われる。

また，労働者階級の形成によって協同組合が発生し，協同組合保険が登場したことも重要である。イギリスでは1800年頃に協同組合が発生していたと言われ，1820-30年代に労働者を構成員とする消費協同組合が盛んになったと言われる。しかし，通常，1人1票制，政治・宗教・人種の自由，市価による現金取引，剰余金の利用高による配当などの協同組合の組織的原理を確立した1844年設立のロッチデール公正開拓者組合 (Rochdale Equitable Pioneers Society) をもって協同組合の嚆矢とされる。協同組合が保険事業に進出するのはこれからしばらく後の1867年で，消費協同組合によって協同組合保険会社 (Co-operative Insurance Company Ltd.) が創設されたことに始まる (木下 [1959] p. 28)。協同組合保険も互助的な経済的弱者の保険と言えるであろう。友愛組合による非科学的・前近代的相互扶助を原始的保険とすれば，協同組合保険は近代保険の一種と言える。ただし，協同組合保険会社は生命保険，火災保険，信用保険で免許を受け，当初は火災保険と信用保険を扱い，生命保険は1886年より普通生命保険を扱ったため，低所得者である労働者のニーズにあわず，あまり振るわなかったと言われる (同 p. 29)。これは既に簡易生命保険が定着し，保険料短期払い制度から組合員が離れようとしなかったからと思われる。多くの議論の末，協同組合保険会社でも簡易生命保険事業を導入することとし，1899年に保険協同組合 (Co-operative Insurance Society Ltd.) に改組して，簡易生命保険を含む全ての保険種類の実施が認められた (Barou [1936] p. 144，水島監修 [1988] p. 152)。しかし，協同組合保険の本格的な発展は，協同組合運動の主流である卸売り組合の支配下に運営が移行された後の1913年以後と言われるので (木下 [1959] pp. 30-31)，この点で19世紀の協同組合保険は民間の簡易生命保険ほどの成績を収めることはできなかったようである。

4．経済的弱者の保険

このように19世紀後半には，経済的弱者の保険としてイギリスには，自助的な簡易生命保険，互助的な協同組合保険があった。社会保険も労働者階級向けの保険として経済的弱者の保険と言え，1911年の国民保険法（National Insurance Act）に始まる。ここで興味深いことは，先進資本主義国イギリスは近代的制度の保険においても先進国であり，簡易生命保険，協同組合保険を含めて色々な新しい保険の多くはイギリスで登場しているにもかかわらず，社会保険についてはドイツが先行していることである。この興味深い事実は，どのように解釈されるべきであろうか。

まず，労働者階級はイギリスであれ，ドイツであれ貧しかったが，「世界の工場」といわれたイギリスの労働者はその恩恵にあずかったといえ，その点で後進資本主義国のドイツなどとは事情が異なった。そのため，イギリスの労使対立はドイツほど尖鋭化しなかったと言え，また，簡易生命保険や協同組合保険などで労働者階級に一応の保障が提供されていたと言えるので，ドイツのように社会保険が必要とされなかったと考えられるのではないか。そして，注意をしなければならないのは，労働者階級が経済的弱者の保険を利用できたのは，イギリス資本主義の経済力が背景にあるということである。社会政策学では，労働運動に基軸を置き，その点で労働運動の激しさの違いがドイツに社会保険を先行させたとするかもしれないが[14]，これは事態の半分を説明しているに過ぎない。イギリスの経済力は，労働運動において階級闘争よりも体制内改革を志向させると同時に，簡易生命保険による自助を可能とし，その分社会保険の必要性がなかったと考えるべきではないか。

一方，ドイツでは1867年にノルドステルン（Nordstern）という生命保険会社が簡易生命保険をはじめて販売した。しかし，あまり順調に行かなかったようである。また，イギリスの友愛組合に匹敵する扶助金庫（Hilfskasse）と呼

---

[14] 島崎［1991］において「『資本主義的生産の自然法則から生ずる社会的な敵対関係の発展度の高低』（『資本論』第1版序文）を示す一指標として，ドイツ社会政策の発生史を位置づけることが必要である」（島崎［1991］p.26）とされるが，少なくとも，社会保険の発生は，「社会的な敵対関係の発展度の高低」だけでは説明がつかないのではないか。あるいは，社会的な敵対関係の発展度の規定要因に，労働者という経済的弱者に対する経済的保障の状況が含められるべきである。

ばれる共済組合があったが,「工業,鉱山,鉄道などの重要産業に従事するものだけで,残された多くの労働者は,恥辱的な非救恤者としての救済を受けるより仕方がなかった」(近藤 [1963] p.104) と言われる。ドイツでは疾病給付のための任意組合が発展していたと言われるが,必要としている人の半分程度しか参加できず,疾病保険法 (1883年) から全賃金労働者が対象とされた (Henderson [1909] p.8)。通常言われているように,後進資本主義国としての強引な資本主義化は労使対立の尖鋭化をもたらし,そのことが飴と鞭の政策の飴としての社会保険登場の契機となっているのであろうが,その他の見るべき保障が労働者階級にはなかった,あるいは,簡易生命保険を普及させるほどの経済力さえドイツの労働者にはなかった,ということも重要な点として見逃すことはできない。特にイギリスとの対比においてこの点が決定的に重要であり,ここにドイツ社会保険がイギリス社会保険に先行した理由があると考える。

イギリスに話を戻すと,世界の工場として栄えたイギリスも1873年から1896年の大不況によって独占的地位が崩壊した。ブース (Charles Booth),ラウントリー (Benjamin Seebohm Rowntree) による貧困調査によって貧困の社会性が認識されるなどして,強力となった労働者階級の体制内包摂として,ついに1911年に社会保険が採られることとなったと考える。社会政策学では,社会保険が採られた背景を「社会保険,最低賃金制を中心とする国民的最低限保障策…(中略)…の物質的基盤は広大な植民地に支えられたイギリス独占資本主義の経済力に他ならない」(高島 [1995] p.120) としているが,そうすると,社会保険ではドイツが先行したことの説明がつかなくなると思われる。むしろ,イギリスでは経済力を背景として社会保険以外の経済的弱者の保険が生成・発展して社会保険が必要とされなかったとすべきで,経済力は社会保険を採る背景ではなく,逆に社会保険を採らなくてすんだ背景であり,そうでないとドイツが社会保険で先行したことの説明ができないのではないか。

経済的弱者の保険として,さらに,アメリカ団体生命保険も重要である。団体生命保険は,自立自助の精神の強いアメリカにおいて社会保険の代替手段として開発されたと言われ,「一種の社会保険」,「私的社会保険」,「第2の社会保険」(大林 [1961] はしがき p.2),「アメリカ式社会保険」(安井 [2000] p.

102）などと言われた。団体保険とは，「特定の共通な性格を持つ人間集団を，一括して，単一の保険契約において付保する」（大林［1961］p. 27）保険のことで，今日ではこの団体契約という画期的な危険選択・契約方法が色々と使われている。身近なところでは住宅ローン借り入れ時の生命保険にも利用されており，社会保険の代替的な機能を持たない純粋に私的保険のものも多いが，最初にアメリカで登場した団体生命保険は社会保険を代替する職場保障として位置付けられる点が重要である。なお，ドイツの団体生命保険は1923年に登場しているが，その発展はアメリカのように労働者を対象とするものではなかったと言われる。その理由は，ドイツの労働者には社会保険があったので，社会保険の対象外の商工業の職員や各種の組合が組合員のために利用するといった形で発展したからである。逆に，この団体生命保険の存在を主因として，アメリカでは1935年の社会保障法（Social Security Act）制定まで社会保険が採られなかったと考える（Lubove［1986］pp. 8-9）。こうしたアメリカの社会保険の後進性は，自立自助の精神が強いことによる。自立自助の精神の強さは，建国以来の伝統とも言えるが，特に18世紀後半から約100年間続いた西漸運動が公助の代替的な役割を果たした点が重要である。西漸運動が終わり，公助が求められる中で，自立自助の精神の強さが反映して公助の代替として団体生命保険が登場したと言える。経済的弱者の保障という資本主義社会の共通の課題に対して，各国資本主義の状況が反映して，同じ保険でも展開の仕方が異なると言えるが，団体生命保険の展開も各国の社会保険の生成・発展において，経済的弱者の保険の展開という視点が不可欠であると考える。

　ドイツ社会保険の先行理由を考えながら経済的弱者の保険の展開についてまとめると，イギリスでは経済力を背景に社会保険を必要とせず自助の簡易生命保険が登場し，またそれを補完するものとして協同組合保険も登場した。これに対して，急激に資本主義化を進めながらも経済力に劣るドイツでは，体制維持のために公助としての社会保険を実施した。一方，ドイツと同じ後発のアメリカでは自立自助の精神が強く，ドイツと異なって社会保険の代替としての団体生命保険が登場した，とすることができよう。

　以上のように，労働者階級が形成されて，彼らの経済的保障が経済的弱者の保障として問題となり，保険史的に言えば，いわば「経済的弱者の保険」が

19世紀半ばから20世紀初頭にかけて登場してくると言える。前述の社会政策学の社会保険の位置づけは，資本主義の発展と社会政策の展開との関係において社会保険が把握されるが，労働者保護立法，解放立法，最低賃金制などとの関係だけで社会保険の生成・発展は説明がつかないのではないか。なぜならば，労働者保護立法，解放立法，最低賃金制等の社会政策諸制度のいずれを採用するかは，それぞれの国の資本主義の性格とその発展段階に照応して決まる（西村 [1989] p.14）としても，社会保険が有する経済的保障機能を他の社会政策諸制度が持たない限り，経済的保障制度としての社会保険の生成・発展の説明において，経済的保障制度としての展開という核心部分が抜け落ちるからである。少なくとも，経済的弱者の保険という保険史的視点を入れなければ，世界史的な社会保険史は描ききれないと考える。このように，社会保険の経済的保障の側面，特に，経済的弱者の保険としての把握が重要であり，保険史における考察が社会政策学における社会保険の考察に役立つ面があるのではないか。

　それでは，保険学上経済的弱者の保険を考察することの意義は何か。それは，保険史における経済的弱者の保険の意義を明らかにすることであろう。自助が強制される社会で自助的に経済的保障を達成することができない者，それは保険史的には保険料を負担できない経済的弱者と言える。19世紀から20世紀にかけて経済的弱者の保険が生成・発展したと言え，それは国家，協同組合などに保険の運営主体を多様化させながら経済的弱者にも保険を広げることで，社会の隅々まで保険を普及させた。これを「保険の社会化」と言えるだろう。すなわち，経済的弱者の保険の保険史における意義を保険の社会化と捉える。社会保険はこの経済的弱者の保険の一つとして位置付けられ，自助，互助では不十分なところに，労働運動を重要な要素としながら公助として展開されたものと認識すべきであり，保険史的には，保険の社会化をもたらした経済的弱者の保険の一つとして位置づけられると考える。また，経済的弱者の保険は，自生的に資本主義が発展したイギリスの展開を基礎理論とできるが，各国の事情を反映し[15]，特定の国で発生した保険もある。しかし，先進資本主義国

15）もちろんその事情の一つとして先進資本主義国イギリスの影響が重要であり，その意味でイギリスの歴史はその他の国とは違った特別な重要性を持つ。

で生成・発展した保険のみならず，特定の国で発生した保険も，一種のデモンストレーション効果をもって他国にも普及していったということが重要である。「経済発展の世界史的同調化」（毛利［1991］p.64）が生じる中で，経済的弱者の保険にもその傾向が当てはまると言え，この点で「社会保険が報道価値があるため国際的に普及した」（大林［1952］p.50）という見解は不十分である。

　経済的弱者の保険を軸とした保険史の考察を行い，隣接科学である社会政策学に貢献できるような社会保険史を作ることが必要なのではないか。しかし，社会保険の歴史はおろか，保険の歴史自体の研究が停滞しているので，保険史・社会保険史の研究が保険学の課題として指摘できる。

第4章
保険の相互扶助性

1. 問題意識

　過去の保険学説を比較し，それに自説を展開するといった形の保険本質論争に対しては，前述のとおり，重要なことは生きた制度としての保険が現実の経済社会の中でどのような働きをしているかを見極めることであるとの批判がある。確かに学説提唱自体が目的化して，肝心の生きた制度としての保険の分析がなおざりにされてはならない。しかし，保険の本質を考察することが，生きた制度としての保険の分析とはならない，単なる抽象的な議論であるとすることもまた誤りであろう。保険現象が複雑となり，何を保険とすべきかが問われている現代は，まさに生きた制度としての保険を分析するために，保険の本質が重視されるべきである。生きた制度，すなわち，まず制度として保険を把握するならば，保険の本質が最初にして，土台の分析となろう。この土台の分析に拠りながら，個々の生きた制度としての保険の分析を行うのでなければ，十分な分析はできないのではないか。個々の生きた制度としての保険の性質は，体制関係における保険の性格と制度的環境の影響を受ける保険の運営主体・経営主体の主体性によって規定されると考える。この点を保険の相互扶助性の考察を通じて，明らかにしたい。

2. 保険相互扶助制度論

　英米流の現実的・実際的な保険の考察に対して，わが国では保険の本質などの抽象論議が一時期盛んとなり，その反動もあって現在は英米流の分析が主流

となっている。そのような中で興味深いのは，英米ではほとんど問題とされない保険の相互扶助性の主張が一貫して見られることである。しかも，かなり広く主張されており，これを「保険相互扶助制度論」とすることができよう。

保険相互扶助制度論は，保険業界にみられる。損害保険業界でもみられるが，何と言っても生命保険業界では徹底している。そのようなものを代表するものとして，生命保険文化センターの『生命保険物語——助け合いの歴史』（生命保険文化センター［1977］）がある。生命保険文化センターは1976年に民間生命保険会社20社の総意の下に財団法人として設立され，その事業活動の一つに生命保険の広報活動があり，生命保険を相互扶助とする生命保険各社の日頃の発言と併せると，生命保険文化センター［1977］を生命保険業界の見解としても大過ないであろう。生命保険文化センター［1977］では，古代・中世・近代・現代という人類の歴史の流れの中で，いかに助け合いの制度がとられてきたか，そして，そのような助け合いの制度が生命保険であり，「生命保険は，集団生活をいとなむ人間社会において，相互扶助の仕組みとして，必然的に生まれ，人類の歴史とともに発達したものです」（同［1977］おわりに）と大変強い調子でその相互扶助性を主張している。この冊子は学校教育用副教材（副読本）とされており，大変わかり易く，約30分のアニメーション・ビデオにもなっている[1]。このビデオも大変よくできた面白いもので，文部省選定第29回東京都教育映画コンクールで金賞に輝いている。もちろん，わかり易いということや面白いこと，あるいは，コンクールで金賞を取ったことをもって真理とすることはできない。また，金賞授与によって文部省が保険相互扶助制度論にお墨付きを与えたともできないだろう。しかし，こうした一連のことは，保険を相互扶助とする考えが一般にもあまり問題にされることなく，わが国では受け入れられていることを示唆するのではないか。この点において，わが国における保険相互扶助制度論は根深いものがあると言えよう。

次に，保険行政の見解をみてみよう。大蔵省時代の古いものとなってしまうが，次のような興味深い指摘がある。生命保険事業を監督した銀行局保険1課の課長が編者となった『図説日本の生命保険』（二宮編［1997］），損害保険事業

1）この冊子は現在でも販売されており，ビデオの貸出しもされている。

を監督した銀行局保険2課の課長が編者となった『図説日本の損害保険』(滝本編 [1994]) における論述である。二宮編 [1997] では，「『一人は万人のために万人は一人のために』という言葉は，個人の力ではなし得ない経済的損失または経済的必要に対する備えは，多数人の集団の中の一員となってはじめて達成できるという相互扶助に立脚した保険の思想を表したものである」[2] (二宮編 [1997] p.90) とする。また，滝本編 [1994] でも，「損害保険は，国民生活又は企業活動上において偶然な事故によって被る経済上の損失を，目的を同じくする者が多数集まって相互に救済しようとするもので，換言すれば，生命保険同様『一人は万人のために万人は一人のために』の相互扶助の精神に立脚してできあがった制度である」(滝本編 [1994] p.146) とする。『図説日本の生命保険』は 1997 年版以降，『図説日本の損害保険』は 1994 年版以降改定がされておらず，現在の保険事業の監督官庁である金融庁が同様な文献を出版していないので，金融庁がどのような立場に立っているのか明らかではない。しかし，金融庁のホームページに金融の仕組みについて小学生向け，中学・高校生向け，社会人になる人向けにそれぞれイラストつきのわかりやすい解説があり，そのうちの社会人になる人向けの解説に「はじめての金融ガイド」(金融庁 [2006]) というのがあり，そこに次のような保険についての解説がある。「病気になった。大切な物が壊れた―。そんなときに備えて多くの人がお金を出し合っておき，実際にそうなった場合に一定の保険金を受け取れるよう助け合う仕組みが保険なんだ」(金融庁 [2006] p.10)。この記述からは，保険行政が大きく転換して金融庁行政になったものの，保険の相互扶助性の認識は変わっていないものと思われる。いずれにしても，大蔵省が非常に力を持っていた護送船団体制下において保険行政が保険を相互扶助制度として認識していたということ，現在の監督官庁である金融庁にも同様な見解がみられるということは，これまたいかに保険相互扶助制度論がわが国において根深いものであるかを示すと言えよう。

---

2) 二宮編 [1997] では「(保険の目的は…筆者加筆) 偶然の事故の発生に伴う経済的必要の充足を確保するという経済的なものであって，それ以外ではない。したがって各経済単位がこの集団に参加するということは経済的な取引にすぎない」(同 p.3) という保険の相互扶助性を否定する指摘も見られる。

3. 保険学界の保険相互扶助制度論(1)——保険相互扶助制度論争

　保険学界に目を転じよう。まず，既述の「保険は相互扶助か否か」の論争についてみてみよう。論争の経緯は次のとおりである[3]。1977年度の日本保険学会大会の共通論題は「日本の保険業を考える」で5名（水島一也，森松邦人，塗明憲，北本駒治，広海孝一）が報告し，その司会役を笠原長寿博士が行った。笠原博士は報告後討論に移った冒頭で「現在の民間保険事業は助け合いの制度かどうか」という問題提起を行い，5人の報告者に見解を求めた。5人の報告者の見解は，「表現上のニュアンスはあったが，助け合い論を否定する点では一致していた」（笠原［1978］p. 37）とのことである。その後『インシュアランス』編集部でこの問題の重要性を認識し，多くの保険研究者を対象としたアンケートを行い，その回答が『インシュアランス』生保版において特集された（インシュアランス編集部［1978 a, b］）。アンケートの結果をまとめれば，表4.1の通りである。

　笠原博士によれば，レクシス（Wilhelm Lexis）が給付・反対給付均等の原則を明らかにした20世紀初頭以来，保険は助け合いの制度ではないというのが学問上の定説になっている，とのことである。それにもかかわらず，先に取り上げた『生命保険物語』を含めて保険を助け合いの制度とする主張は，「1970年代に入ってから，政府，財界，官庁エコノミスト，大蔵官僚，保険行政，保険会社を軸にして，一部の学者，労働組合，野党までを巻き込んで一大キャンペーンが展開されている。"福祉見直し論"，"自前の福祉論"，"保険会社福祉産業論"と基礎を同じくするものであって，社会保障の，私的営利保険による代替を通じて，国家や資本（企業）による社会保障費用負担を節約させる目的を本質的に帯びているものであ」（笠原［1978］p. 35）る，とのことである。アンケートによれば，民間保険事業を助け合いの制度と考えているものが6名，そうでないと考えているものが16名で，助け合いの制度と考えていないもの

　3）論争の経緯については，笠原［1978］pp. 37-44 による。また，庭田［1987］pp. 82-88 も有益である。

表4.1 『インシュアランス』アンケート結果

『インシュアランス』における設問は，次の2点である。
1. 民間保険事業は助け合いの制度としてとらえられるか。
2. 保険業界（主として生保）また保険事業者が，助け合いの制度であることをPRすることの可否について。

	回答者	設問1の回答	設問2の回答	設問1の回答のポイント
1	野津　務	○	○	保険そのものに相互性があるといわれ，この意味で保険は助け合いの制度である。
2	藤田　楯彦	×	×	保険数理的相互性は互助性とは異なる。助け合いは給付と拠出の経済的因果関係分断の容認が必要である。
3	三輪　昌男	×	×	助け合いは心の問題。保険は人のつながりではなく，金のつながり。
4	金子　暁実	×	回答なし	民間保険業を特に助け合いの制度とみる必要はなく，結果においてその役割を果たしている。
5	末高　信	△	×	生命保険は相互扶助を発祥とし，それに保険技術が加わって企業として成立して発展したという2つの側面がある。
6	青谷　和夫	○	○	意識すると否とに関わらず，経済的には助け合いの精神のもとに結ばれる。
7	気賀真一郎	○	○	生命保険事業の実質は，慈善ではない自助の「助け合い」の仕組みである。
8	横尾登米男	△	×	「助け合いの制度」をどう定義するかにかかる問題である。
9	印南　博吉	×	×	愛情の結合でなしに，金銭の結合集積が見られるだけである。
10	水島　一也	×	×	保険が結果として助け合いの効果を生むことはあるが，それは保険のメカニズムの結果であって制度の目的ではない。
11	椎名幾三郎	○	○	保険の相互性は疑う余地なし。
12	塗　明憲	×	×	「助け合い」という言葉には，精神的な相互性が感じられる。保険の相互性は技術的な，「組織された相互性」に過ぎない。
13	松本浩太郎	○	○	保険事業こそは福祉の現代商品であり，福祉は正しく，助け合いから成り立っている。
14	笠原　長寿	×	×	助け合いの制度であるためには，助け合いを目的とした精神的連帯の存在が前提となる。

	回答者	設問1の回答	設問2の回答	設問1の回答のポイント
15	根立　昭治	×	×	保険の仕組みを捉えて助け合いの制度とすることはできない。
16	今田　益三	×	△	保険は読んで字のごとく危険の引受であって，助け合いではない。
17	庭田　範秋	○	○	民間保険事業は，経済的機能や効果として助け合いの制度であり，このことの結果が加入者各人の経済的保障を達成する。
18	田村祐一郎	×	×	助け合いの精神を機械たる保険が訴えることは，ラーメンの自動販売機が口をきいて「私は食事を提供するから，あなたの母親代わりです」というのとして異なるところはない。
19	久木　久一	×	×	保険の仕組みとしては，事実上技術的な相互性は認められるけれど，精神的なものは存在しないのが現状ではないかと思う。
20	石田　重森	×	△	技術的な団体性・相互性はあるが，それに倫理的な意味での相互扶助・助け合いの精神が付加されるか否かは，保険制度の運営主体・経営主体の性格によって異なってこよう。
21	鈴木　譲一	×	△	保険本質論としては助け合いの制度であるが，現象形態では助け合いは消滅している。
22	駒崎　信次	△	△	「助け合い」もわかりやすいが慈善的性格が濃厚に過ぎると，近代的感覚を失いアピールも迫力もない。
23	本田　守	×	×	自助を有機的に結合させる保険の技術的要請からくる無意識的な助け合い。
24	黒田　泰行	×	×	技術的な相互性が保険を助け合いの制度たらしめることはできない。
25	吉川　吉衞	×	×	私営保険事業は基本的には保険資本であって，その活動の直接的目的・規範的動機は利潤の追求にある。

(注) 1. 設問1に対する回答は，民間保険事業を助け合いの制度とする回答を○，逆を×とした。色々と条件などがつき，必ずしも○，×に単純に分類できないものや結論が不明確なものもあったが，回答全体から判断する等して，できるだけ○か×に分類した。どうしても，どちらにも分類できないものを△とした。
　　2. 設問2に対する回答は，助け合いの制度であることをPRすることを可とするものを○，否とするものを×とした。どちらにも分類できないものを△とした。
　　3. 順番は『インシュアランス』誌に掲載されていた順番である。
(出所) インシュアランス編集部［1978 a, b］に基づき，筆者作成。

3．保険学界の保険相互扶助制度論(1)

が多数であった。保険相互扶助制度論否定者が数でかなり上回ったと言えるが，保険相互扶助制度論者にはわが国を代表する保険研究者も含まれており，笠原博士の主張する如く，保険が助け合いの制度ではないとするのが学問上の定説であるとは，少なくともわが国保険学界においては，必ずしも言えないようなアンケート結果ではないか。ここにわが国保険学界における保険相互扶助制度論の根深さが現れている。また，設問1のアンケート結果について，笠原博士は「『助け合い論』の積極的主張者の殆どが，保険概念を，法律解釈論と技術論（アクチュアリ学）の立場から把握されている方々であることを認識した」（同 p. 44）とし，庭田範秋博士は「概して当時中年以前の年齢層の学者間では『保険は相互扶助の制度に非ず』の立場が圧倒的に多く，中年以後のところでは『保険は相互扶助の制度である』の見解が多かったように推察できた。前者は保険を神話抜きで捉えようとするからであり，後者には保険を神聖視する心情が残っていたからとも見ることができる」（庭田［1990］pp. 25-26）とする。庭田博士の年齢を切り口とした分析も興味深いが，笠原博士の指摘する研究分野との関係が注目される。そして，何より保険相互扶助制度論者に法律解釈論，技術論の立場の者が多い中で，庭田博士自身が保険相互扶助制度論者であることがひときわ目を引くのである。庭田保険学における保険の相互扶助性についての考察は後で行うこととして，アンケートについての考察を続けよう。

　設問1, 2の回答の組み合わせをみると，○―○または×―×という組み合わせが圧倒的多数であった。設問1が保険の相互扶助性に対する問いで，設問2が保険の相互扶助性をPRすることについての問いであるから，設問1で保険を相互扶助とする者はそのPRも認めるであろうし，逆に保険を相互扶助ではないとする者は，そのPRを認めないであろうから，当然の結果である。

　このようにこの論争は笠原博士の日本保険学会大会での問題提起に始まったと言えるが，庭田博士はこの問題提起について，「この提案自体は時宜も得てもいたし，なによりも『保険は助け合いだ』と保険業界が主張・広報しだして，一面においては社会保障とのイメージ接近を図り，他面ではようやく目に付きだして，気になりだしてきた共済とのイメージ面での不利を埋めたいと思いだして，動きを見せだしたことにつき，まさに適切なる問題所在の指摘で

あって，高い評価を受けるに十分に価しよう」（庭田［1987］p. 86）と高く評価する[4]。しかし，「問題提起としては『さすが』との称賛に値するものの，その後の論争操作と進行のまずさもあって，学者のエネルギーと日時を費消した割には，最終的な学的収穫はさして多いものではなかったように思われる」（庭田［1990］p. 25）と厳しい評価をする。論争が実り少なく終わった理由を次の3点とする。第1に「保険は相互扶助の制度に非ず」をそのまま「保険は利潤追求の制度」と繋げてしまったこと，第2に保険の追求する使命・目的と保険という事業をあまりに一体的に把握しすぎていること，第3に相互扶助の正確なる把握がなされないままの論争過程であったこと（同 pp. 26-27），である。

第1の理由については，論争のどういった点を指しての指摘なのかよく理解できない。庭田博士は争点がどこにあると考えているのであろうか。アンケート結果から浮かび上がる争点は，相互扶助に精神的な面を含めるか否かという点であろう。保険相互扶助制度論者も含めてほぼコンセンサスに近いのが，精神的な意味での相互扶助を保険が必要としないという点と保険は「一人は万人のために，万人は一人のために」という貨幣の流れを形成する技術的な相互性を有するという点である。したがって，保険相互扶助制度論者は技術的な相互性をもって保険を相互扶助であると主張し，保険相互扶助制度論否定者は技術的な相互性は相互扶助に非ず，精神的な意味での相互扶助でなければ相互扶助ではないとして保険の相互扶助性を否定するのであろう。そこで，保険相互扶助制度論者では「自助の『助け合い』の仕組み」（表4.1の7．気賀真一郎）といった指摘が見られ，また，保険相互扶助制度論否定者からは「自助を有機的に結合させる保険の技術的要請からくる無意識的な助け合い」（表4.1の23．本田守）といった指摘がなされるのであろう。したがって，アンケートの回答

4）インシュアランス編集部［1978 a］には庭田博士の回答も掲載されているが，そこでは問題提起の仕方にも厳しい批判をしている。「学会のその場に居あわすことができなかったので，この問題が提起され，どんな結論の方向に流れたかは知らないがかかる重大にして規模の大きな質問を不意に，ダイレクトに5人の報告者に投げ掛けて，しかもごくごく短期間に答えを求めて，その場で意見をまとめたところが，あまり価値のあるものとはならないのではないかと思う。しかも座長の鮮明な否定的主張が事前に述べられて，その直後であっては，5人の方々の答えも何がしか規制されて，真意は出にくかったのではなかろうか」（インシュアランス編集部［1978 a］p. 45）。

からは,「保険は相互扶助の制度に非ず」をそのまま「保険は利潤追求の制度」と繋げてしまうような単純な保険相互扶助制度論批判は多くないのではないかと推察される。

　第2の理由は,換言すると,保険を考えるときに保険そのものと保険事業あるいは保険企業を分けて考えることが重要であるとの指摘と言える。これは保険の相互扶助性の議論の核心を突く指摘と考える。なぜならば,保険現象を把握するに当って,保険そのものの性質=保険の本質が単純に現象するわけではないからである。すなわち,制度としての保険が事業として営まれて個々具体的な保険として現象するので,保険の本質と具体的な保険の性質を次元の違うものとして分けて把握すべきである。また,具体的な保険はある特定の保険企業が事業として保険を運営することによって成立するから,具体的な保険の性質と保険企業との関係も考察されなければならない。保険の本質と具体的な保険の性質との関係,これらと保険企業との関係が保険の相互扶助性考察において非常に重要である。特に保険の相互扶助性の議論においては,社会保険や協同組合保険のように明らかに相互扶助と関わる保険が存在するのでなおさらである。もちろん,社会保険の相互扶助性については,社会保険は二面性を有し,扶養性ないしは政策性の反映であるといった形でその根拠が把握されているのであろう。しかし,協同組合保険をめぐる考察では,相互扶助性に対する否定的な見解もみられる。たとえば,佐波[1960]では,共済は保険である,保険は相互扶助を必要としない,ゆえに共済も相互扶助を必要としない,といった議論が展開される。しかし,共済=協同組合保険とすれば,保険そのものは相互扶助を必要としなくても,協同組合という組織が相互扶助を必要としたり,相互扶助と関わったりする可能性を否定することはできず,そのような協同組合という組織が運営する協同組合保険の相互扶助性を単純に否定することはできないのではないか[5]。このような捉え方になるのは,保険企業を保険に何ら影響を与えない,無色透明な単なる保険事業の運営者としてしか見ないからではないか。保険者・保険企業と保険の性質との関係についての考察が不十分である。社会保険の相互扶助性などの場合も含めて,保険企業の存在を考

---

5) 三輪[1960]では,佐波[1960]に対する有益な批判が展開されている。

慮すべきであり,保険の本質と個々具体的な保険の性質との違い,そうした保険の本質と保険企業との関係といったことが,十分に意識されていない。このアンケートについては,設問に民間保険事業という限定をつけているので,回答者が保険者・保険企業の存在をある程度自然に意識するようになっているものの,保険の本質と具体的な保険の性質との関係,これらと保険企業との関係といった点に回答者の注意が十分に払われているとは思えず,回答者の回答は総じて佐波［1960］と同じ弱点を有するものと考える[6]。そのため,保険の相互扶助性をめぐる議論において,争点が単に技術的相互性をもって保険を相互扶助制度と捉えるか否かとなってしまっている。それでは,論争の実りが少なくなったのは,争点が技術的相互性をもって保険の相互扶助とできるかという点にあるにもかかわらず,第3の理由にあるように,相互扶助の正確な把握がないままに論争に入ったからであろうか。

「相互扶助の正確なる把握がなされないままの論争過程」とはなんだろうか。正確な相互扶助を何に求めるかは別として,少なくとも,相互扶助の捉え方にコンセンサスのない状態を指していると思われる。しかし,この論争において,相互扶助についてはまったくコンセンサスがなかったのかというとそうではなく,第1の理由の考察において指摘したように,精神的な意味での相互扶助を保険が必要としないという点,保険は技術的な相互性を有するという点については,コンセンサスがあったと言えるのではないか。したがって,この点からは相互扶助という用語の理解が論争の足かせとなることはなく,争点は極めて明確であって,それは技術的相互性をもって相互扶助とできるか否かという点にあったと考える。論争の実りが少なかったのは,相互扶助についての正確な把握がないままに論争に入ったからではなく,争点が極めて明らかであったのにもかかわらず,それを深めて本格的な論争に発展させる意思を論争の仕掛け人も保険相互扶助制度論者も保険相互扶助制度論否定者も持たなかったからであろう。おそらく,大半が保険相互扶助制度論否定者であることをもって

---

6) ただし,石田重森博士の回答（表4.1の20）は卓越している。庭田保険学における保険の相互扶助性を後で考察する際に,石田博士の見解を取り上げて,庭田博士の見解と比較検討する。

自らの正当性が確認されたとして、論争の仕掛け人および保険相互扶助制度論否定者はこの論争を深める価値も必要もなく、結果は出たと考えたのではなかろうか。一方、保険相互扶助制度論者は、たとえ少数でも、保険の貨幣の流れを見れば、その相互扶助性は火を見るより明らかであり、「何をいまさら」といった意識が強かったのではないか。しかし、技術的相互性をもって保険の相互扶助性とするのは、相互扶助の捉え方として社会常識を逸脱し、保険学的にも定着していないので、そのような捉え方をあえてする理由を保険相互扶助制度論者は明らかにする義務がある。したがって、この点に関わらせて論争の実りが少なかった理由を考えれば、技術的相互性をもって相互扶助とできるかどうかという争点に対して、何故そうできるのかについて説明義務を負う保険相互扶助制度論者が義務を果たさなかったことにある。また、争点をこのようにきちんと把握して、保険相互扶助制度論者に説明義務の履行を求めなかった保険相互扶助制度論否定者の取り組み姿勢にもあったと考える。すなわち、相互扶助の正確な把握がなく論争に入ったことにあるのではなく、争点が明らかになった後に議論を深めるための相互扶助の把握に努めなかったことにある。

以上から、この論争自体の実りは多くないかもしれないが、保険の相互扶助性をめぐる考察の問題設定に当って、保険企業の存在が重要であるという示唆を含むという点で注目すべき論争と言えよう。その後小規模ではあるが、「連続説」、「非連続説」の間で論争が戦わされている。次に、連続説、非連続説の論争を考察する。

箸方幹逸博士は、保険史において、連続説、非連続説という対立した見解があるとする（箸方 [1992]）。箸方博士は自らの見解を「連続説」とし、それは保険を相互扶助・互恵の近代化と捉えることであるとする。そして、このような見解と対立する田村祐一郎博士の見解を「非連続説」とし、海上保険では非連続説が当てはまりそうだが、少なくとも、家計保険に関しては連続説が妥当であるとする（同 p. 24）。また、保険と相互扶助との関連を否定する非連続説に対する積極的な批判点として、相互組織の保険企業や協同組合保険を説明できないとする（同 pp. 24-25）。そこで、両者の対立を解消する鍵をポランニー（Karl Polanyi）の経済人類学に求め、キー概念を互恵、再分配、交換（交易）とし、互恵―近代共済・相互主義保険、交易―営利＝会社保険、再分配―社会

保険として保険と対応させ，互恵は今でも社会統合の有力な行動パターンであり，このように捉えることによって，保険史の難問である相互組織の保険企業や協同組合保険を説明できるとする（同 p. 29）。

一方，田村博士は，保険学において原始的保険，近代保険といった保険史把握がみられ，原始的保険に合理的保険料率算出の保険技術が加わったものを近代保険としている見方が多いが，原始的保険の範囲や内容が明確ではないとし，また，このような見解は前近代から近代への直線的または連続的な保険の把握といえるが，前近代における相互扶助的な制度が発展して保険となったというよりも，それらの制度にかわって保険が登場したとすべきであるとする（田村［1980］)。連続説は，リスク対策史と保険史とを混同しているとも批判する（同 p. 33）。原始的保険の範囲としては，原始的保険と近代保険のメルクマールを科学や技術＝料率算定の合理性にのみ求めるのではなく，社会経済的基盤にまで立ち入るべきとし，原始的保険を原始的共済と商人保険に分ける水島一也博士の所説（水島［1960］p. 5）に同意した上で，ギルドを原始的共済施設として考察している。「原始的共済施設と近代保険との最も重要な違いは，前者では予め集団が存在し，その集団の内在的機能として保険的活動があるのに対し，後者ではまず特有の技術機構が存在し，その結果として保険団体が形成されることである」（田村［1980］pp. 57-58）とする。前近代的集団における保険的活動から解放された個人を対象にした独特の技術機構が保険であり，ギルド的保険の持っていた相互援助機能に技術および資本主義的属性が調和的に結合することによって出現したのではなく，後者が前者に全面的に取って代わることによって成立したとする（同 pp. 58-59）。

経済的保障制度はいかなる社会においても求められ，その形成原理は自助・互助・公助と言えよう。この3原理は超歴史的概念と言え，いずれの社会においても存在すると言えよう。しかし，3原理のうちいずれかが前面に出され他は背後にやられるといった形で，その時代時代の経済的保障制度の原理が形成されてきたと考えるべきではないか。その意味で，社会統合の原理は歴史的な概念であり，経済的保障制度形成原理もこのように考える。何も，互助＝互恵的なもののみが連続的とは言えないであろう。それにもかかわらず連続説を主張する場合，互恵的なものを特に取り上げなければならない根拠が示される必

要があろう。前近代社会では互恵的原理が支配的で，その原理が合理化して近代で保険になったとすることは決して自明のことではなく，前近代で細々とながら存在した交換が，近代で市場経済が中心となることにより社会の前面に出たとの連続説的な捉え方も可能であろう。保険の相互扶助性を否定したとしても，連続説的な捉え方は可能である。また，いずれの原理がどのようになっていたかはともかくとして，社会の仕組みが変わる場合，革命などによって人為的に急激に変わるにしても，社会のあらゆる制度が一気に変化するということは不可能であろう。そういった点からは，今の社会が前の社会の否定の上に成立したとしても，全ての歴史は連続的である。一方，人類のあらゆる歴史的段階で求められる特定の機能を果たす制度は，その社会がいかなる仕組みであるかということにより異なってこようから，前の社会の制度と同様の機能を果たす今の社会の制度は，今の社会の仕組みに従いながら，前の社会で同様な機能を果たしていた制度に代わるものとして発生したとも言える。前の社会の制度に代わるという点をもって非連続的というなら，非連続的である。しかし，前の社会の制度が今の社会の制度に発展して変化したという意味では，連続的であろう。保険における相互扶助性をめぐる見解の違いが，保険史において連続的か非連続的かという違いとなって現れるのであろうが，歴史観として，連続・非連続といった捉え方は，あまり重要ではないのではないか。制度の変化や発展は，連続・非連続というよりも，古くからの制度的体系に新しい制度が重ね合わされていく累積的な過程ではないか。

　この論争自体は小規模ではあるが，経済的保障原理と結びつく考察がなされていること，原始的保険，保険類似制度など周知のこととされてきた術語の持つ曖昧さが明らかにされたことから，保険史への貢献大であると考える。ここでは，この論争で連続説という保険相互扶助制度論が，保険の相互扶助性の根拠として相互会社や協同組合保険をあげていることに注目したい。そして，この点からは，保険相互扶助制度論を論破するためには，相互扶助性のある保険について，その存在が保険の相互扶助性を示す根拠にならないことを明らかにする必要がある。

4. 保険学界の保険相互扶助制度論(2)
―― 庭田保険学における保険の相互扶助性

先に保険相互扶助制度論者としてひときわ目立つとした庭田博士の保険の相互扶助性をめぐる見解について考察する。

庭田［1960］における「（保険は…筆者加筆）私的な予備貨幣蓄積制度を，資本主義の諸原則に従いながら，予備貨幣蓄積の社会化によって，さらに合理的制度へと高めたのである。その根本に流れ，根拠をなしている原則は，実に資本主義の精神としての個人主義と合理主義なのである」（庭田［1960］p.285）との指摘から，当初庭田博士は保険と相互扶助をまったく関連付けていなかったとも思われる。庭田［1960］に続く庭田［1962］では，現在および今後の保険学を体系的かつ詳細に検討するが，保険は社会学と一脈通じるとして，「保険における相互主義とか，相互会社組織の意義なども，社会学的な考察を含むであろう」（庭田［1962］p.38）とし，また，『共済事業の理論と実務』に関する書評において，「共済の助け合い的性格」について「保険の必要が痛感せられながら，農業経済社会なるがゆえに保険の限界におかれていたものが，一つには農家の経済の向上により，さらには農業の資本主義体制化の推進によって，しかもまた大資本，独占資本の圧迫にも対抗する必要にかられて，ここに共済なる独特の制度を生成せしめたのであると。従ってもし共済に助け合いという要素があるとすれば，中小資本の，農業資本の――農家経済の，階級としての共通の利害関係に基づく助け合いであって，それは前時代的なものとは異なるのではなかろうか。それは農業経済の資本主義化によって生まれ長じながら，しかも資本主義の高度化に対する農業経済の自衛策でもあるであろう」（同p.252）とし，保険そのものの相互扶助性はあまり重視していなかったと思われる。さらに，これを裏付けるかのように庭田［1964］では，保険の相互扶助的把握と一脈通じる保険協同体思想に否定的であると思われる（庭田［1964］p.7注(4)）。また，「技術的見地からする各契約間ないし各加入者間の相関関係を意味する保険の団体性は，他人との相互扶助意識や協同主義的精神に基づくものとは認めがたい。保険会社によって引き受けられ，一般特定人の加入が予想されている私保険事業について言えば，各加入者は，まったく自己自身の利

益を守る手段として，利己的意識や個人主義的精神に基づいて保険に加入するのである。そこには保険制度を，すべて加入者の相互扶助的・犠牲的精神に基づく相互救済制度と解し，各加入者は他の加入者に対し，ないしは全加入者の団体そのものに対し，いわば犠牲的に奉仕すべき使命を有するとするがごとき意味での団体性はないのである」(同 p.144) と，保険の相互扶助性について否定的であると思われる。

しかし，庭田［1972］では，「近代的保険が，その意味では（技術的相互扶助組織という意味では…筆者加筆）消極的相互扶助の性格をもつのに対し，『近代的共済』は積極的な社会改革という性格をもつものだということができよう」(庭田［1972］pp.284-285) との指摘がみられ，あるいは，庭田［1973］では，「本来保険は相互主義の原理と名づけられる『一人は万人のために，万人は一人のために』をその基底とするもので，その上に団体性や公共性さらに社会性をも有するものである」(庭田［1973］p.167) と保険の相互扶助性・相互性を指摘する。さらに，庭田［1974］では，「保険は自己責任原理の上にたったところの相互救済の制度である」(庭田［1974］p.113)，「保険は社会的な相互救済による善後策と定義できる」(同 p.281) として，相互扶助性を明確に指摘する。ただし，「社会的な」という文言が気になるところであり，そこに庭田博士の一種独特な相互扶助観が示唆されているようにも思われる。この一種独特な相互扶助観は庭田［1976 b］において，より鮮明となる。すなわち，「保険を利用する社会各人は，どこまでも自己の生活や自己と関連せる家族の生活の経済的保障の達成を願っての保険加入であるが，それでいて制度の仕組みや運営の結果が保険加入者またはそれと関連せる人々の相互扶助ならびに相互救済による全員の経済的な生活の保障を結果としてもたらすことになるのである」[7] (庭田［1976 b］p.168)。そして，この一種独特とも思われる相互扶助観は，「当時（17世紀後半…筆者加筆）は，すでに資本主義の初期であり，近代的な経

---

7) 庭田［1964］の増補改訂版である庭田［1978］でも，この一種独特の相互扶助観が示される（庭田［1978］pp.364-369）。先に引用した庭田［1964］の相互扶助に対して否定的と思われる記述をまったく訂正することなしに増補改訂版で相互扶助観を示した。なお，笠原［1978］において，「相互扶助はあくまでも目的意識的な性格を特徴とするものであり，この条件を欠いた相互扶助はありえない」(笠原［1978］p.36)。

済人が発生し，一切の取引や契約は，すべて合理的な経済原則の上に立脚して行なわれていたのである。したがって，『保険』においても，このことは同じで，単なる『利潤追求』の一つの手段としてみられていたにすぎなかったのである。したがって，初期における保険経営の形態が，ローマン的地中海的系譜からみれば営利的であるのに対し，ゲルマン的北欧的系譜においては，それとは異なり相互的であったということができよう」[8]（庭田［1972］p. 279）との指摘や「損害を埋め補うとかの考え方で作られた制度と，相互扶助とか相互救済とかの精神から生まれた制度とが，それぞれ絡みあい，いずれに重点をより置きながら，各種保険へと進んでいった」（庭田［1974］p. 297）との指摘にみられる保険の歴史観[9]と結びついていると思われる。歴史観というには抽象的すぎるが，次のような指摘もある。庭田［1979b］において，「この保険といえども，一時代前は『相互扶助』的な人為的連帯――自覚的連帯に根ざし，強くかかわりを有していた。しかるに群または集団というものは，その規模を大とするにつれ，そこでの『連帯の意志』を希薄化していく傾向にあり，保険もその例外ではなくて，ますます弱い連帯となり，その相互扶助の意識を弱め，かくて薄く広い社会的存在となってしまったのである」（庭田［1979b］p. 5）。さらに，庭田［1979a］では，「一人は万人のために，万人は一人のために」なる文言解釈について，これを加入動機的に解釈すべきではなく，さりとて仕組的理解も不十分であり，機能と理念の両面よりの把握として機能的理解こそ正当である（庭田［1979a］pp. 32-34）とし，「この文言を，自己を直接的に保障しながら，間接的に保険契約者全員を保障する機能の表現としてこそ，現代保険

---

8) これはマール（Werner Mahr）の保険史に沿った把握ではないか。マールの保険史およびその問題については，水島［1961］を参照されたい。

9) 庭田［1976c］は木村栄一＝庭田範秋を編者とする『保険概論』の「第6章 社会保険」であるが，同書において庭田博士は「第1章 保険総論」（庭田［1976b］）も執筆している。庭田［1976b］では相互扶助が近代的な保険へ発展したかのような，保険の系譜を相互扶助で一元的に捉える見方が展開され（庭田［1976b］同pp. 1-2），また，次のような相互扶助と単純に関係付けた指摘もある。「助け合いの歴史の中から生命保険は誕生し，発展し，向上を続けてきたのである」（庭田［1986a］p. 132）。しかし，これらは過度に単純化した記述と思われ，真意は本文中に引用したような二元的な捉え方，むしろ，庭田［1995］では三元的な捉え方と言える（庭田［1955］p. 259, 図2）。

の実相に即した解釈とされるであろう」(同 p.33) とした[10]。保険の相互扶助性の精神的な把握に対して否定的であったと思われる。この指摘は，庭田 [1974] を詳しく言っているに過ぎないようにも思える。庭田 [1972, 1973, 1974, 1976c, 1979a, 1979b] の指摘は一貫した保険の相互扶助観に基づいているのかもしれないが，初期の庭田 [1960, 1962, 1969] とは異なる相互扶助観という気がしてならない。庭田 [1972] は協同組合保険をテーマとしているが，予備貨幣説から新予備貨幣説＝経済的保障説への自らの保険学説の修正について論述し，従来の保険学説の批判的検討も行われている。ここでの修正の目的の一つは，保険に協同組合保険を包摂させることにあると思われる。また，従来の保険学説の検討において，相互扶助・相互救済との比較，結びつきを根拠として，各保険学説を批判する。そこで，協同組合保険を包摂させる予備貨幣説の修正を行う際に，相互扶助が保険の重要な要素の一つとして意識されるようになったとも思われる。いずれにしても，庭田博士の保険本質観における保険の相互扶助性に対する見方の変遷が判然とせず，庭田 [1960, 1962, 1969, 1973, 1974, 1976c, 1979a, 1979b] の見解がどういう関係に立つか，したがってまた，庭田博士の保険の相互扶助性に対する捉え方が判然としない。

しかし，先に指摘した1970年代に起こった保険の相互扶助性をめぐる論争において庭田博士は「保険は相互扶助である」という説を唱え（庭田 [1987] p.26），また，「保険は，人々の加入動機としては相互扶助でない。加入後の結果としての相互扶助である」とか「相互自助 (mutual selfhelp)」，「協力自助」として，いま一つ判然としなかった相互扶助性に対する捉え方が独特の相互扶助観として前面に出されたと言えよう（同 p.27）[11]。この独特の相互扶助観は，

---

10) 庭田 [1979b] でも同様の指摘がある。すなわち，「団結相互扶助」という言葉を使い，保険がその代表格であるとしつつ，「加入動機の個人主義は保険の仕組み，構造，機構，機理や技術を経ることによって，結果としては，機能としては相互扶助を実現する」（庭田 [1979b] p.85）。また，同書では企業形態との関係でも指摘がある。「まことに相互会社組織の生命保険にとっては，相互扶助がもっとも理念としてふさわしいであろう」（同 pp.116-117）。
11) 庭田 [1989] では，「自己責任的相互扶助の制度」（庭田 [1989] p.106）との指摘も見られる。また，庭田 [1992] では，「保険の理念としての相互扶助」（庭田 [1992] p.200）として，相互扶助を保険の理念としている。

保険相互扶助制度論者が，自明のことではないにもかかわらず，あたかも自明のことであるかのように捉えている技術的相互性をもって保険の相互扶助とすることに対する理論的考察を意味しよう。この独特の相互扶助観につながる自助努力に対する見方が，既に庭田［1983］で見られる[12]。すなわち，「個人で孤立して自助努力に励むより，それぞれの自立と自覚を尊重しながら相互に連帯し，相互に扶助し合って，自助努力を成功させなければならない」(庭田［1983］p.128)[13]。また，庭田［1986 b］では，各種の損害保険を説明する中で傷害保険についてのみ「怪我すなわち傷害に加入者全員で相互扶助的に対応するのが，ここでの傷害保険です」(庭田［1986 b］p.20) として，なぜ傷害保険だけ相互扶助性を強調するのかわからないが，相互扶助についての指摘がある。保険そのものについても，「そもそも保険とは国民の経済生活の保障のためのもので，高い福祉という思想に源を発し，相互扶助という正しい制度に組まれているものです」(同p.33) との指摘がある。

そして，庭田［1988］では，「社会的形態で予備貨幣の合理的・効率的蓄積を図って，偶然の災害の好ましからざる事態の発生に備え，もって経済的保障の達成を相互扶助的に図るのが社会制度としての保険ということになる」(庭田［1988］p.311) との庭田［1995］の定義文に結び付く表現が見られる。もっとも，この表現は保険の本質や保険の相互扶助性をめぐる考察において登場したものでないため，掘り下げる余地はなく，ここでは庭田［1995］の定義文に結び付く記述があったことを指摘しておくのみとする。これに対して庭田［1990］では，「(保険の相互扶助は…筆者加筆) 社会一般の相互扶助の捉え方とは少しく相違するであろう」(庭田［1990］p.27) とし，67にも及ぶ文献における相互扶助の概念もしくは相互扶助という文言の使われ方を研究した上で，

---

12) これに先立つ庭田［1982］では，「再保険には，これに加入する者 (元受保険の保険者にして，さらに再保険においては被保険者とか加入者とか契約者とかの身分を持つ) 全体の間で，相互扶助的にして運命共同体的ムードが流れ出すべきものなのである」(庭田［1982］pp.85-86) との指摘があり，再保険に対してまで相互扶助を指摘しているところに，保険の相互扶助性把握が徹底していると言えよう。

13) 庭田［1983］に先立つ庭田［1981］においても，保険の相互扶助についての指摘が見られる。巻末「保険ミニ辞典」の「保険」において貯蓄との比較で，「保険が多数の協力による相互扶助の共同の制度である」(庭田［1981］p.245) との指摘がある。

4. 保険学界の保険相互扶助制度論(2)

保険における相互扶助とは「制度的で，必ずしも意識的でなく，いうならば機械的な相互扶助である」(同 p.79) とした。続けて，「近代的相互扶助としての保険は，社会の原子構造，その中の各人の原始的関係の上に形成され，そこでの時代的精神は個人主義，合理主義そして物的財富優先主義であろう。営利主義と言い直してもよい。…(中略)…。そこに精神的で，家族的で，血縁的な相互扶助が残存したり，定着したり，活発的である可能性はきわめて少ない。かくて制度的にして，結果的な，経済計算の上にのる保険が旧型の相互扶助に取って代わって登場，そして本格的な発展を遂げることになるのである。相互扶助が保険制度の中で果たす機能は，今まで言われ続けて社会のどこにでも見られた相互扶助とは，いささか変わってくるであろう」(同 p.79) とした。土台としての資本主義社会を十分に意識しながら，その上で保険の相互扶助性を展開していると言え，ここに独特の相互扶助観が極めて明確にされた。先に提示した「庭田博士の保険の相互扶助性に対する捉え方が判然としない」との疑問点は完全に解消されたと言えよう。そして，庭田 [1993] では相互扶助に基づく保険の理解がより徹底し，「経済的保障の制度に関わるほとんどの制度が相互扶助を理念とする」(庭田 [1993] p.180) とし，「保険(正確には個別保険または会社保険という意味か…筆者加筆)における相互扶助——制度的，団体的，仕組み的，合理的」，「共済(協同組合保険…筆者加筆)における相互扶助——人間的，互助的，精神的，領域・範囲限定的」，「社会保険における相互扶助——国家的，社会経済的，社会政策的，基礎的」(同 p.181) とした。相互扶助性があるという点では各種保険は共通するとし，相互扶助の種類が異なるとするものであろう。ここに，保険の相互扶助性を前面に出したと思われる。

このようにみてくると，庭田博士の保険における相互扶助の捉え方は，当初の庭田 [1960] の時点から首尾一貫していて，ただそれを前面に押し出さなかっただけとも考えられる。しかし，前面に押し出さなかったことに着目すれば，保険の相互扶助性をめぐる見方に変化が生じて保険の相互扶助性を前面に押し出すことになったとも考えられ，その場合，庭田 [1960] の時点では保険の相互扶助性に対して否定的な見方をしていたという可能性を否定できないのではないか。ここでは「庭田博士の保険の相互扶助性に対する捉え方が判然としない」との疑問点を解消する形で保険の相互扶助性が前面に出されたことを

確認しておこう。その上で，今度は次のような新たな疑問が生じるのである。すなわち，「何故，保険を把握するにおいて社会一般の捉え方から逸脱してまで相互扶助という文言にそこまでこだわるのか」ということである。このように相互扶助を解すると色々なものが相互扶助と捉えられ，そうまでして相互扶助と関連付けて保険を把握することの意義が理解できない。そこで，「保険の本質把握において，相互扶助性を積極的に評価することにいかなる意義があるのか」といった疑問が生じるのである。自明の如く技術的相互性をもって保険の相互扶助性としてしまう多くの保険相互扶助制度論者に対して，社会通念を逸脱した相互扶助観とならざるを得ないその相互扶助性を理論的に説明しようとする庭田博士の姿勢は，保険相互扶助制度論者として正しいと考える。しかし，庭田博士の説明でもなぜ技術的相互性を保険における相互扶助性とできるのか，さらには，そうすることに保険学上どのような意義があるのかが理解できない。庭田博士は，前述の通り，保険は相互扶助か否かの論争を少しく重要度と次元において劣る論争としたが，論争に対する評価はともかくとして，保険の相互扶助性をめぐる議論は，保険本質論に関わっているという点で非常に重要なテーマであり，保険学はこの点について研究を深めるべきであると考える。重要度と次元において共に高い「保険の相互扶助性とは」という議論が必要なのではないか。

5. 保険学界の保険相互扶助制度論(3)——庭田保険学と連続説

先に『インシュアランス』のアンケート結果に対する庭田博士の見解，すなわち，保険を相互扶助とするものは中年以後の年齢層の学者に多く，それは中年以前の学者は神話抜きで保険を捉え，中年以後の学者は保険を神聖視する心情が残っているからであるとの見解を引用した。庭田博士と同世代の水島博士は，保険学界にはいくつかの神話が生きているとし，神話はロマンと夢を与えるが，「論理と実証に基づく法則的命題の追求に関わる社会科学の世界では，無用の存在」（水島［1994］p.187）とする。水島［1994］では，このような神話の一つとして，近代保険の原型が相互扶助に立脚する原始的保険であるとする見解を取り上げる。このような見解の代表者として庭田博士を取り上げ，庭田

博士の見解を批判する一方，対照的立場にある論者として田村博士を取り上げている（同 pp. 187-189）。したがって，水島博士は，庭田博士の見解を先に取り上げた連続説と捉えていると思われる。確かに，庭田博士の歴史観は相互扶助的な流れを重視する点において，連続説の箸方博士と同様な歴史観にあると言える。水島博士は，このような連続説を学界の通説とし，原始的保険を保険の原形とする通説を厳密に突き詰めると，「原始的保険を支える相互扶助理念が，近代保険にも生きつづけることを承認するという論理的帰結を導くことになろう」（同 p. 189）とし，この命題と今日の保険制度の現実との違和感は大きいので，原始的保険の性格規定と相互扶助の理念の位置付けを考察する必要があるとする（同 p. 190）。

水島博士は，原始的保険は前期的保険と共済的施設の2つに分類されるべきとし，庭田博士の歴史観のところでもみられたマールの分類と対応させ，2つはそれぞれに社会経済的意義をもつにもかかわらず，通説は「それらを原始的保険として一括し，そこから共通の要素を抽出しようとする」（同 p. 190）と批判する。人類は大昔から生存や生活を脅かすリスクに直面してきたので，それぞれの社会経済構成に照応したリスク対策を考案してきたとし，リスク対策のために社会的総生産物の中から一定の控除が必要とされ，これがマルクス（Karl Marx）のいう保険ファンドまたは印南博士のいう保険基金であるとする。ここに，水島博士はいかなる社会にも必要とされるリスク対策を保険基金を用意することと捉え，そのリスク対策がそれぞれの歴史的段階における社会経済構成に照応して具体的形態をとり，その具体的形態として前近代の社会経済構成に照応した原始的保険があるとの見解であると思われる。その原始的保険はあくまで前期的保険と共済的施設よりなるので，原始的保険を保険の原形と位置付ける通説とは根本的に立場が異なるとする（同 p. 192）。以上が，水島博士による庭田保険学の歴史観ないしは通説に対する批判であるが，何点か疑問がある。

まず，水島博士は庭田保険学の歴史観を連続説としてそれを通説とし，通説においては異なる社会経済的意義をもつ前期的保険と共済的施設の2つを原始的保険として一括し，共通する要素を抽出しようとしているとするが，このような認識は正しいであろうか。水島［1994］における庭田博士への批判は，庭

田［1976b］に対する批判であるが，前述したように庭田［1976b］は過度な単純化がなされていると思われ，むしろ保険の系譜を相互扶助的な流れと非相互扶助的（営利的）な流れの二元的な流れで把握していると思われる。箸方博士も，前述の通り，海上保険では非連続説が当てはまりそうだが家計保険に関しては連続説が妥当であるとして，非連続説＝非相互扶助的（営利的）な流れ，連続説＝相互扶助的な流れの二元的な流れで保険の系譜を把握している[14]。この点で両博士の歴史観は二元説と言えよう。しかし，この二元説的歴史観は，水島博士の前期的保険（営利主義），共済施設（相互扶助主義）と対応しており，しかも，水島博士の批判とは異なり，両博士とも「共通の要素の抽出」など行っていないのである。原始的保険を前期的保険，共済施設の2つとして把握する水島博士の見解自体も二元説と言え，このように考えると，庭田，箸方両博士と水島博士の見解の相違はどこにあるのかわからない。保険の系譜を営利保険のみで一元的に把握し，一元説として二元説を批判するならば，水島博士が主張するように根本的立場は異なると言えようが，共に同じ二元説では，「根本的に立場が異なる」とは言えないのではないか。結局，水島博士の批判の核心は，マール批判に象徴されるように，保険の系譜を二元説的に把握する点にあるのではなく，営利主義的流れと相互扶助主義的流れを同一比重で把握する点にあると思われる（箸方［1992］p.9）。社会経済構成に対応したリスク対策が構築されるとする水島博士の見解からは，2つの流れに同一比重を置くことはできず，当然近代資本主義社会では営利主義的な流れが本流になると考えられる。このように考えると，水島博士の批判は，2つの流れを同一比重で把握することで相互扶助の流れが近代保険にも明確に受け継がれ，近代保険の性質の一つとして相互扶助性が導かれるという論理展開を「原始的保険を保険の原形と位置づけることはできない」と批判していると捉えることができるのではないか。

　この水島博士の批判点は，ポランニーに依拠して三元的立場をとる場合の箸

14）箸方博士は，ポランニーに依拠して三元的な立場ともいえる。また，庭田博士も，前述の通り，庭田［1995］によれば三元的な把握といえる（庭田［1995］p.259，図2）。しかし，ここで重要なことは，一元的把握ではなく多元的把握であるということ，相互扶助の連続性に保険の系譜の一つを求めていることである。

方博士にも当てはまる。筆者の歴史観に引き付ければ，ポランニーに依拠した箸方博士の三元的立場と類似するが，次の点において筆者の見解は根本的に異なる。先に連続説・非連続説の考察に際し述べているが，繰り返そう。超歴史的概念としての経済的保障制度形成原理として自助・互助・公助が考えられ，それぞれの原理に基づく保険の系譜が考えられる。重要なことは，三原理の系譜を同一比重で把握するのではなく，むしろ社会経済に規定されて，ある原理が前面に出て他は背後に押しやられるといった形で，特定の歴史的段階にある社会の経済的保障制度形成原理が形成されると考えることである。この点において，相互扶助の流れを保険の系譜の一つとして認めること自体は問題がないとしても，相互扶助・互助の流れが直線的に近代に連なるというのは不可能である。水島博士が主張するように，近代の社会経済構成に照応して自助の流れが本流となり，自助的な制度から多大な影響を受けながら互助的な制度や公助的な制度が構築されることとなる。このように考えるべきではないか。

次に，水島博士は庭田保険学の歴史観を連続説としているが，両者に差はないのだろうか。前述の通り，歴史的な流れに関する認識は両者同様なものと言える。現代保険に相互扶助をみるという点でも同様である。しかし，庭田保険学では一貫して保険本質論重視の姿勢が貫かれ，その本質論に相互扶助が含まれている点において，相互扶助が徹底していると言えよう。そのため社会常識を逸脱した相互扶助概念となるのである。したがって，庭田保険学を単純に連続説と同一視すべきではないと考える。

庭田博士は神話を信じて保険の相互扶助性を主張しているのかもしれないが，ほとんどの保険相互扶助制度論者が相互扶助という用語に科学的説明を与えないでいるのに対して理論的考察を加えており，庭田保険学の歴史観・相互扶助観を単なる神話とはできないであろう。この点において保険相互扶助制度論の中で庭田保険学は優れていると言える。さらに，庭田保険学では保険の本質と保険企業の本質を峻別しており，より高度な保険の相互扶助性をめぐる議論を可能とする。以上から，庭田保険学は卓越した保険相互扶助制度論といえ，重要度と次元において共に高い保険の相互扶助性の議論は，庭田保険学の批判を通じて行うことができよう。

6. 保険の本質と保険企業の本質

　卓越した保険相互扶助制度論者である庭田博士は，次のような注目すべき指摘をしている。すなわち，「保険の本質と保険企業の本質は直結しないことがわかるであろう。本質論や学説で把えられた保険の機能や本質を，保険事業として実行と実施に移しながら，保険制度として成り立たせる具体的実務の担当機関が保険企業ということになる。保険の機能や本質にプラスアルファされて保険企業の本質が出てくるのであり，または本質や機能が転化して保険企業がいかなる種類の企業であるかが決められてくる」（庭田 [1970] p.60）。保険そのものと保険企業を分けて考えるべきとの重要な指摘である。

　「保険の本質と保険企業の本質は直結しない」という指摘は，前述の通り，適切であろう。ある特定の性質をもった企業が，ある特定の性質・本質をもった保険を事業として営むからである。したがって，印南博吉博士が経済準備説の定義文を「保険とは」から「保険事業とは」と修正したことは（印南 [1972] p.1），経済準備説が保険の本質を示す保険学説ではなくなってしまうぐらいの大問題であると言える。この経済準備説の修正について，石田博士の次のような批判がある。「保険が保険事業として運営され，経営されることと不可分であるにしても，またいかなる事業主体・経営主体によって営まれるかに拘わらず，制度としての保険に固有の性質・特質があるはずであり，他方，保険をその事業の対象とする場合，その運営主体・経営主体の性格によって異なった属性が現れてくるはずである」（石田 [1979] pp.56-57）。いわば「制度としての保険」と「事業としての保険」の関係に関する指摘であり，両者が直結するとは限らないとする指摘と言えよう。保険事業を営むのが保険企業とすれば，石田博士のこの見解は「保険の本質と保険企業の本質は直結しない」とする庭田博士の見解と一致する。しかし，両博士の見解は，保険と保険企業との関係把握において決定的に異なると考える。庭田博士は「保険の本質にプラスアルファされて保険企業の本質が出てくる」としていることから保険企業の本質は保険の本質に規定されるとするのに対して，石田博士の見解は保険の本質に保険企業の性格がプラスアルファされて具体的な保険の性格が決まる（＝運営主

体・経営主体の性格によって異なった属性が現れてくる）としているのではないか[15]。この見解の相違は，保険一般と個々具体的な保険が分けて考えられているか否かという点にあるのではないか。明示されていないが，石田博士の見解は「保険一般＝制度としての保険」と「個々具体的な保険＝事業としての保険」として分けて捉えられていると思われる。石田［1979］では，このような立場から保険事業の相互扶助性をめぐる次のような議論が展開される（同 pp. 57-64）。

技術的団体性・相互性がなくては保険制度の存立はありえず，これはいかなる事業形態にも共通することであるが，技術的団体性・相互性に精神的な意味での相互扶助・助け合いの精神が付加されるか否かは，保険事業の運営主体・経営主体の性格によって異なってくるとする。その上で歴史的考察として，保険の歴史的な発展において相互扶助精神の役割を軽視して先の連続説を否定するような見解をとり，続いて，協同組合保険，社会保険・公的保険，相互会社について考察する。協同組合保険については，組合員の相互扶助精神のもとに組織され，運営されてきたが，資本主義社会に基盤を置く以上利潤追求原理が採られるようになるとする。社会保険については，保険性と扶養性の二面性があるとし，扶養性が相互扶助意識に結びつくものの，社会保険以外の公的保険については相互扶助精神は希薄であるとする。相互会社については，当初から相互扶助精神は希薄であり，営利保険企業と性格付けられるとする。さらに，民営保険，協同組合保険，国営保険の同質化現象も指摘し，保険事業の相互扶助性について否定的であるが，保険と福祉の関わりを重視しているのが興味深い。

以上の石田博士の見解は，「制度としての保険」と「事業としての保険」を峻別し，保険企業を介在させながら保険の本質と個々具体的な保険の性質との

---

15) 庭田［1972］では，石田博士の見解と同様とも思われる指摘もみられる。混迷する共済概念の考察において，「われわれは以上，共済の意味について，いくつかの概念が存していることを知ることができた。しかし，けっきょくのところこれは，『共済』とか『保険』とかいう用語の問題ではなくて，いかなる経営形態がそれを行っているかということ，すなわち，それが株式会社なのか相互会社なのか，はたまた共済組合や相互組合なのか，あるいはまた協同組合が行なっているのであるか，というところに混乱せる共済概念の問題解決の一端が示されていると言えるであろう」（庭田［1972］p. 285）。

関係を見事に説明していると言える。前述のとおり庭田博士の「保険の本質にプラスアルファされて保険企業の本質が出てくる」との指摘は，石田博士の見解に従えば，「保険の本質に保険企業の本質がプラスアルファされて個々具体的な保険の性質が出てくる」と修正されるのではないか[16]。

保険相互扶助制度論の根拠が相互会社形態や協同組合保険に求められるというのは，こうした保険の特徴は保険独自のもので，その独自性の根拠を保険の相互扶助性に求めているからであろう。したがって，このような保険相互扶助制度論を批判する場合，営利企業以外の保険企業もしくは営利企業が提供する保険以外の保険で相互扶助との関わりがありそうな保険を一つ一つ取り上げて，その相互扶助性を考察する必要がある。この点で，石田博士の保険の相互扶助性についての考察は，実に適切な方法であると言える。

それでは，プラスアルファされる保険企業の本質は何によって規定されるのであろうか。保険企業の本質は，土台である経済体制によって規定されると考える。保険企業の多様化は土台である資本主義社会の変化によるものであり，保険企業形態自体も土台の変化に規定され，変化するであろう。それは，民間保険企業にとっては保険市場の動向となろうが，広く保険全体で捉えれば，経済的保障制度を取り巻く環境と言えよう。たとえば，世界的に相互会社が減少しつつあるが，これも広くは制度環境，直接的には保険市場の変化によると言えよう。社会保険の見直しなども経済的保障制度を取り巻く環境の一つと言えるだろう。すなわち，個々の保険の性質は，体制関係における保険の本質と制度的環境を受ける保険企業の主体性（性格ないしは運営の仕方）によって規定されると考える。したがって，保険そのものは相互扶助制度ではないとしても，保険企業の主体性の発揮によって事業として営まれる個々の保険の性質としては，相互扶助性が生じる可能性がある。それでは，保険企業の主体性は，何によって発揮されるであろうか。

---

[16] 笠原 [1978] において，「現代の保険企業の本質は，その金融活動，企業行動，経営戦略などの実態を統一的に分析することで把握されるのである。われわれは，保険企業の本質を技術的特長に固執することで，『木を見て森を見ず』の誤りにおち入ってはならないのである」（笠原 [1978] p. 40）。

7. 保険の原理・原則

　保険企業の主体性の問題は，保険企業の性格が何を通じて反映するかの問題である。保険企業の性格は，事業としての保険の運営の仕方によって反映するであろう。保険事業の運営において基本となるのは，保険が予備貨幣の再分配制度であることから，その再分配の仕方にあると言えよう。換言すれば，ある貨幣の流れを形成する保険事業において，どのような運営の仕方でどのような貨幣の流れを形成するかである。こうした保険の貨幣の流れを考える基本となるのは，保険制度の貨幣の流れの核心を示す保険原理であろう。保険原理の中心をなすのが保険の二大原則である給付・反対給付均等の原則と収支相等の原則である。そこで，保険の原理・原則について考察したい。

　保険料を P，保険金を Z，保険加入者数を n，保険事故遭遇者を r，危険率を ω $(=\frac{r}{n})$ とすれば，$P=\omega Z$ が給付・反対給付均等の原則であり，$nP=rZ$ が収支相等の原則である。給付・反対給付均等の原則は，支払う保険料が保険金の数学的期待値であることを示している。したがって，保険料はなんら慈善性を有さず，資本主義的な「等価交換の法則」が貫徹していると言え，また，自分の利益に応じた負担という「応益負担の原則」と言える。すべての契約者に等価交換を示す給付・反対給付均等の原則が成立することは，保険契約者が平等に扱われることを意味するので，このことを「保険契約者平等待遇の原則」（庭田 [1970] p.174）という。保険は，基本的に，自分の判断に従って，自分の保障に対して正当な対価である保険料を支払って加入するので，自由主義的にして個人主義的な制度であると言える。もし，保険がなくて各人が個々にリスクに備えたならば，巨額な貨幣がミクロ経済的にもマクロ経済的にも必要とされるが，保険はそのような貨幣を節約させ，経済的保障達成のための貨幣準備に適時性・適量性をもたらすという合理的な制度である。ここに，保険の特徴として，個人主義・自由主義・合理主義を指摘することができる。この特徴は，土台である資本主義社会の特徴そのものであり，それゆえ「保険ほど資本主義的なものはない」といった言い方がなされる場合があるのであろう。しかし，個々の契約ごとに給付・反対給付均等の原則が成り立たなくても，収

支相等の原則が成り立てば事業としての保険の運営・経営は可能であり、このことから収支相等の原則を「保険経営の原則」とも言う。

それでは、各人が各人の判断で給付・反対給付均等の原則に従って保険に加入しても、全体としての収支が成り立つ収支相等の原則が達成されるのはなぜであろうか。数式で言えば、$P=\omega Z$ を $nP=rZ$ に変換できる $\omega=\frac{r}{n}$ が成り立てばよい。ω は危険率であり、$\frac{r}{n}$ は保険加入者のうち保険事故に遭遇した人の割合であるから、危険率の実績値と言える。ω は保険加入時の危険率であるから事前的な危険率・予測値と言えるのに対して、$\frac{r}{n}$ は事後的な危険率・実績値という関係にある。つまり、数式上は、$\omega=\frac{r}{n}$ は予測値と実績値が一致することを意味するに過ぎない。しかし、これが保険としては重要で、まさに $\omega=\frac{r}{n}$ が充足されるからこそ保険は制度として成り立つと言える。この $\omega=\frac{r}{n}$ を成り立たせるのが大数法則で、同質の危険が大量に集積されれば、予測値が実績値へと一致していき、給付・反対給付均等の原則に従う保険契約の大量集積によって、収支相等の原則が成立するのである。ただし、後で詳しく考察するように、同質の危険を大量に集積するというのは二律背反的な問題があり、また、現実問題としては危険率の正確な測定の困難などさまざまな問題があるため、$\omega=\frac{r}{n}$ を成り立たせる大数法則の適用というのは簡単なことではない。しかし、ともかく理論的には保険の二大原則が示すように、保険は資本主義社会の原理的特徴である個人主義・自由主義・合理主義を貫徹しながら、経済的保障を達成するということである。

以上の点は保険理論の核心部分であるが、これをスミス（Adam Smith）とマルクスによって確認しよう。スミスは『国富論』で「各人が利己心に基づいて行動しても、神の見えざる手に導かれて社会全体の利益になる」という予定調和説を展開したが[17]、「保険ほど資本主義的なものはない」と言われるほど

---

17) 正確には、次の通りである。「かれは、普通、社会公共の利益を増進しようなどと意図しているわけでもないし、また、自分が社会の利益をどれだけ増進しているかも知っているわけではない。外国の産業よりも国内の産業を維持するのは、ただ自分自身の安全を思ってのことである。そして、生産物が最大の価値をもつように産業を運営するのは、自分自身の利得のためなのである。だが、こうすることによって、かれは、他の多くの場合と同じく、この場合にも、見えざる手に導かれて、自分では意図してもいな

の保険であれば，予定調和説による把握が可能であろう。すなわち，「各人が利己心に基づき給付・反対給付均等の原則に従って保険に加入しても，大数法則に導かれて，収支相等の原則が達成される」となろう。保険における「神の見えざる手」が大数法則であり，大数法則が保険におけるミクロとマクロの調和を図るのである。しかし，大数法則の適用はそれほど簡単ではなく，ここにマルクスの指摘した「商品の命がけの飛躍 (Salto mortale)」(Marx [1962] S. 120, 岡崎訳 [1979] p. 141) ならぬ「保険の命がけの飛躍」が求められることになる。マルクスは『資本論』で商品の交換過程を「商品の命がけの飛躍」と呼び，「もしそれが失敗すれば，なるほど商品はひどいめにはあわないが，しかし商品所有者は確かにひどい目にあう」(Ebenda S. 120, 同訳 [1979] p. 141) とした。保険団体の形成を「保険の命がけの飛躍」と考えると，「もしそれが失敗すれば，なるほど保険事故に遭遇しなかった保険加入者はひどいめにあわないが，保険者と保険金をきちんと受け取れない保険加入者はひどいめにあう」となろう。あくまでも保険の二大原則による考察は，原理論的な考察であり，現実の保険は原理論が有するさまざまな問題を克服しており，その克服こそが保険の命がけの飛躍である事業としての保険の展開であり，それが制度としての保険を成り立たせている。その保険の命がけの飛躍を直接的に行っているのが，保険技術である。したがって，保険技術とは，収支相等の原則を達成すべく〈多数×少額〉の貨幣を〈少数×多額〉の貨幣に転換する業であると言える。この保険技術の適用によって，保険企業の主体性が個々具体的な保険の性質に反映する[18]。

以上のように，資本主義社会を鋭く分析したスミス，マルクスの説明に見事に合致するほど保険は資本主義的な制度であり，資本主義的な性質を持つから

　　かった一目的を促進することになる。かれがこの目的をまったく意図していなかったということは，その社会にとって，かれがこれを意図していた場合に比べて，かならずしも悪いことではない。社会の利益を増進しようと思いこんでいる場合よりも，自分自身の利益を追求するほうが，はるかに有効に社会の利益を増進することがしばしばある」(Smith [1789] p. 421, 大河内監訳 [1993] p. 120)。

18)「この計算技術が，誰により，何のためにどのようにして利用されるかによって，『助け合い制度』と営利保険企業の分岐点が決まってくるのである」(笠原 [1978] p. 33) との指摘は，保険企業が意識されていると言えよう。

こそ，当然のことながら，保険は資本主義社会で生成・発展したのであろう。資本主義社会は個人主義・自由主義・合理主義の社会であるから生活自己責任原則の社会でもあり，経済的保障について自助が強制される社会である。自助が強制される社会で支配的な経済的保障制度として生成・発展した保険は，この点で本来自助的な制度である。しかし，自助だけで社会のさまざまな経済的保障ニーズが問題なく充足されるわけではないため，ここに互助や公助が生じる。資本主義社会以前の社会では背後に押し遣られていた自助が前面に出たといえるが，自助が強制される生活自己責任原則の経済保障制度が，自助のみを強制することによってうまく行くとは限らないため，互助，公助による経済的保障制度が登場してくるということである。保険そのものは本質的に自助的な制度であるとしても，保険の本質と保険企業の本質を峻別する視点を持つならば，自助的な経済的保障制度・自助としての保険の限界を乗り越えるために，互助的な，公助的な経済的保障制度・互助的な，公助的な保険が発生したとしても，何ら不思議ではないのではないか。ここに，相互扶助的な保険の存在が示唆されていると言えよう。

　ところで，保険は〈多数×少額〉の貨幣を〈少数×多額〉の貨幣に転換するという予備貨幣を再分配する制度であるが，この再分配には，保険的再分配と時間的再分配の２つがある。$\frac{少数}{多数}$が危険率であり，それが低いほど保険的再分配効果・（保険団体内の）危険分散効果・（保険団体内の）危険平均化効果が大きくなると言え，その分技術的相互性が強くなると言えよう。逆に，$\frac{少数}{多数}$が１に近づき時間的再分配効果が大きくなれば，その分技術的相互性は弱くなると言える。つまり，技術的相互性とは「一人は万人のために，万人は一人のために」という貨幣の流れのことであるから，支払われる保険金が保険金受取人以外の拠出した保険料によればよるほど，技術的相互性は強くなると言えよう。損害保険が通常短期保険であり，生命保険が通常長期保険であることから，明らかに技術的相互性という点では，損害保険のほうが生命保険よりも技術的相互性が高いと言えよう。しかし，『インシュアランス』のアンケートが生命保険を想定して行われたように，通常相互扶助との結びつきが強調されるのは損害保険よりも生命保険であり，この点において技術的相互性の低い生命保険のほうが相互扶助を強調されるという逆説的な現象が見られる。終身保険

という極端な場合を考えると，ほとんど保険的再分配効果がなく，極めて貯蓄に近くなり，保険金原資は自分の払い込んだ保険料とその保険料により蓄積された保険資金によって生み出された利子という場合，技術的相互性はほとんどなくなるのである。したがって，保険相互扶助制度論者が生命保険の相互扶助性を主張するのは，こうした技術的相互性の否定を意味する生命保険の貯蓄性を忘却して，ひたすら技術的相互性をもって生命保険の相互扶助性を主張するということになり，論理的に破綻している。技術的相互性と貯蓄性は二律背反の関係にあると言え，保険相互扶助制度論は保険の貯蓄性，保険と時間の関係という予備貨幣の保険的再分配／時間的再分配の問題を忘却しているという大きな理論的問題も有するのである。換言すれば，貯蓄性の強い生命保険は，保険技術的に技術的相互性を十分発揮し得ないのである。保険企業の主体性によって，あえてそこに個人主義・自由主義・合理主義とは異なる予備貨幣再分配基準を入れない限り，相互扶助性を発揮する余地がほとんどない。

8. 保険企業と保険技術

それでは，保険の相互扶助性についての考察は，いかに行うべきか。まず，保険を個人主義・自由主義・合理主義的な資本主義的制度として把握する必要がある。このように保険を把握するということは，保険を相互扶助とは対極にある経済制度と捉えるということである。すでにこの時点で，保険の相互扶助性は否定される。しかし，問題の核心は，そもそも相互扶助と対極にある保険が，個々具体的な次元でみると社会保険，協同組合保険，相互会社という企業形態ないしは相互会社の保険というように，相互扶助と関わる保険があるということである。したがって，保険の相互扶助性に関わる問題は，「相互扶助と対極にある保険が何故相互扶助と関わるのか」という問題設定をすべきである。この点から保険相互扶助制度論は，保険と相互扶助との関わりをもって保険を相互扶助制度としている短絡的な見解と言わざるを得ない。個々具体的な次元で見られる保険と相互扶助との関わりに焦点を当てる際に，保険企業の主体性の反映という視点が重要となるわけである。以下，具体的に見ていこう。

(1) 社会保険

社会保険では，保険の原理・原則が守られていない。むしろ，政策性発揮のために最初から給付・反対給付均等の原則が修正されている場合が多い。社会保険は，給付・反対給付均等の原則を修正することで保険加入者を保険技術的に不平等に扱い，保険契約者平等待遇の原則を破ることによって他の保険にはない累進的な所得再分配を行い，社会的平等推進機能を果たす場合が多い。所得の再分配というと，一般的には暗黙の内に累進的な所得再分配が想定されるが，字義どおり解釈すれば，所得の再分配とは累進的なものに限る必要はなく，逆進的なものもあろうし，累進・逆進とは次元の異なる視点で捉えられる所得再分配もありうる。もちろん，一般的に累進的な所得再分配が暗黙の内に前提とされるのは，何らかの政策を行う結果として所得再分配の発生が想定されることにより政策が意識され，所得再分配と政策とが一体的に把握されるからであろう。これに対して，予備貨幣を再分配する制度である保険は，本質的に所得再分配の制度であると言えるが，その再分配とは，保険事故に遭遇しなかった保険加入者から保険事故に遭遇した保険加入者への所得再分配であり，そこには累進も逆進も予定されておらず，まさに保険的な所得再分配となろう。ただし，貯蓄性の強い保険は，保険金原資のうち自分が支払った保険料の蓄積が大半を占めるので，時間的な所得再分配となろう。いずれにしても，累進・逆進とは関係せず，こうした保険の所得再分配の側面に保険原則を修正して政策性を反映することで，累進・逆進と次元の異なる保険的再分配が社会的平等を推進するという政策性を帯びた，累進的な所得再分配を行うことを可能とするのである。

しかし，この場合の保険原則の修正は保険加入者を保険的に不平等に扱うため，デメリットを受ける保険加入者は保険に加入しなくなる。このような保険加入者とは，当然自己のリスクに対して保険料が割高となる保険加入者であり，保険者から見れば，保険料と期待保険金との関係で採算上好ましい保険加入者である。逆の保険加入者は，保険料が割安となる保険加入者であり，保険者から見れば採算の採りづらい保険加入者である。このような保険を任意加入とした場合，保険者から見れば採算の取りづらい保険加入者ばかりが集まるという逆選択が起き易い。そこで，社会保険は強制保険が多くなる。社会保険の

強制保険制は，このように理論的には保険技術的観点から説明可能であるが，相互扶助の観点からも重要である。

　そもそも社会保険は社会保障の中核的な制度であるから，国民の生存権を保障するという社会保障目的を達成するための制度である。保障を行う国家の義務と保障を受ける国民の権利の関係であるが，貨幣の流れに注目したとき，国家という金のなる木があるわけではなく，国家が行う保障の源泉は，結局は国民負担ということになろう。すなわち，国民の生存権を保障するという点で社会保障は「権利としての社会保障」であるが，その制度運営には国民の社会連帯を不可欠にするという意味で「連帯としての社会保障」の側面を忘れてはならない。したがって，社会保障制度は社会連帯という側面において相互扶助制度と言える。そして，このような相互扶助制度であるならば，社会保険において保険的不平等な拠出・負担を強いられても，国民は相互扶助としてそれを甘受すべきであると言える。このように考えると，社会保険が強制保険とされるのは保険技術的観点からは当然としても，こうした相互扶助との関係では，強制保険にするということは，社会保険が相互扶助として機能していないことを意味する。社会保険が相互扶助ならば，国民は保険的不平等を相互扶助精神で乗り越えるはずだからである。それでは，実態として社会保険の相互扶助性は完全に否定されるのであろうか。

　確かに保険的不平等を乗り越えることはできていないが，しかし，強制保険制を取るにしても，ともかくも，わが国で言えば，憲法第25条を制定し，社会保障制度を行うと高らかに謳っていることは，そうした相互扶助制度としての社会保障制度を設けようという意味の，言わば国民的レベルの相互扶助精神はあると言えよう。ここに，社会保険は相互扶助制度と言えよう。その相互扶助性とは，保険的不平等を乗り越えるほど強くはないが，社会保障制度を設けようという程度の国民的レベルの相互扶助性である。かくして，社会保険の相互扶助性は，国民レベルの相互扶助性を背景としながら，社会保険の運営者である国家の運営の仕方によって生じていると言えよう。なお，社会保険の相互扶助性が，保険的不平等を乗り越えるほどに強いものであるならば，公的年金保険における保険料未納問題は，現在のような発生の仕方はしないであろう。

(2) 協同組合保険

協同組合保険については，相互扶助組織としての協同組合の性格が保険にどのように関係するかが焦点であろう。そこで，保険団体に注目する必要がある。保険の貨幣の流れが技術的相互性といわれるのは，保険は多数の経済主体の結合を必須のものとし，保険団体を形成するが，この保険団体が何ら社会的紐帯をもった組織ではなく経済的利益集団であり，単なる技術機構に過ぎない虚構であることによる。虚構であるために，たとえ「一人は万人のために，万人は一人のために」と言えるような貨幣の流れを形成したとしても，そこには魂がなく，故に保険の相互扶助性が否定されるわけである。しかし，協同組合の場合は，予め社会的紐帯のある相互扶助組織が保険事業を営むのであるから，そこに形成される保険団体は単なる経済的利益集団ではなく，社会組織と技術機構が未分化と言える。わが国では，保険業法との関係で協同組合が保険事業を営むことができず，共済事業として行われており，かつて共済は保険か否かといったことが問題とされ，共済を原始的保険とする見解もあった。確かに，自助の制度から排除された者，それは往々にして保険料を負担して自助を利用することができない経済的弱者と言え，共済は経済的弱者が助け合うという形で生成し，そのため近代的な保険技術に乏しく，保険団体も小規模で近代的保険とは言いがたいものもあった。しかし，このような点を背景としつつも，共済＝原始的保険と主張する者は，同時に保険＝近代保険として，共済事業を原始的なものとして低く見て保険会社の保険事業と区別するという意図が見てとれるが，そうした発生史的な理由で共済＝原始的保険とするものではなく，協同組合保険＝共済が近代保険技術を採用し，十分な大きさの保険団体を形成するならば，近代保険と言って差し支えないであろう。経済的弱者の保険として登場してきた時期は，経済的弱者の運動という側面も持ちながら，近代保険としての性質に乏しかったかもしれないが，少なくとも，今日の協同組合保険＝共済の多くは，その質・量から判断して，近代保険と捉えてよいだろう。したがって，近代保険としての協同組合保険は，形成される保険団体が相互扶助の性格を持つ相互扶助制度と言えよう。しかし，重要なことは，その相互扶助性は保険そのもの＝保険の本質が相互扶助であることから生じているのではなく，保険者である協同組合の性格によるということである。まさに，「保険

の本質と保険企業の本質は直結しない」のである。

　協同組合保険は自助からはみ出した経済的弱者の保険として相互扶助性を有している。それが近代保険として発達することは，保険市場において保険会社のライバルとなることであり，かかる競合的関係によるアウトサイダー的な協同組合保険が，保険事業の健全な発展にも資する。しかし，そのような性格を有する協同組合も発展・規模拡大を指向し，そのことが保険技術的には危険大量の原則に適うところであるものの，そうした指向に対して社会的紐帯をもった保険団体という性格が限界を画す。この限界を超越するために，保険加入者の資格制限を緩めたりすれば，それは協同組合の保険会社化であり，社会運動よりも保険経営の性格が強くなり，相互扶助性も希薄化しよう。近代保険となるための保険団体の大規模化に際して，既に相互扶助の希薄化が生じる場合もあるだろう。協同組合という保険の運営主体の性格変化の可能性も否定できず，こうした保険企業の性格変化は，土台である資本主義社会，直接的には保険市場の動向に規定されながら，保険企業の性格としての協同組合の本質と保険技術的要請からくる保険団体の大規模性との矛盾という葛藤の中で生じる。しかし，いずれにしても，協同組合保険の相互扶助性については，協同組合という保険企業の本質から生じるものと考えるべきである。

(3) 相互会社の保険

　相互会社形態ないしは相互会社の保険こそは，最も保険相互扶助制度論者がその正当性を主張する根拠とするところである。たとえば，「個々の保険加入者が意識していないとしても，保険は制度として，加入者間の相互扶助の精神を基礎にして成り立っている。であるからこそ，保険業には，他産業には認められない相互会社という組織形態が存在するのである」（井口［1996］pp. 26-27）。最近でも，「生保事業というのは，『相互扶助』の精神をベースに興された事業であり，相互会社形態が保険事業のみに認められているなど，金融業界の中にあっても特殊性を有している」（浅冨［2004］p.17）との指摘が見られる。そして，本章の考察の中心である庭田保険学においても，（生命）保険の相互扶助性から相互会社が企業形態として優れるとされる（庭田［1979c］）。

　「個々の保険加入者が意識していない」にもかかわらず，したがってそこに

は精神的な相互扶助がないとしているにもかかわらず,「加入者間の相互扶助の精神を基礎」にすると何故いえるのか,理解できない。「制度として」という条件がついているが,それが相互扶助精神とどう繋がるのかも理解できない。結局,先に指摘した何故技術的相互性をもって相互扶助とできるのかという説明がなされていないという,既にみた保険相互扶助制度論者に対する批判と同様な批判が当てはまるであろう。また,「生保事業というのは,『相互扶助』の精神をベースに興された事業」とするが,一体どんな史実に基づいての主張なのであろうか。これらの主張をみると,改めてわが国における保険相互扶助制度論の根深さを感じる。相互扶助性があるから相互会社形態があるというのは,論理的な説明であろうか。

相互会社形態は,本質的には,非営利主義と結びつくと言えよう。なぜならば,理論的な相互会社の設立動機は,ある経済的ニーズに関して,通常のように市場で購入するのではなく,コストを削減するという経済的有利性を求めて自分たちのための会社をつくり,その会社との取引によってその経済的ニーズを充足しようというものであるからである (Hetherington [1991] p.2)。その意義は会社の利益を排除してできるだけ安い実費での取引を行うということにあるので,非営利主義となる。資本主義社会における会社設立は,通常言うまでもなく,会社を設立してある事業を行い,その経営活動で利益を得ようという営利主義である。この営利主義と対照的な企業形態が相互会社と言える。ある経済ニーズの充足に関して,営利主義の企業から市場で購入するよりも有利な場合や,市場で購入することができない場合に相互会社は設立されると言えるから,理論的には,相互会社形態は保険事業に限られるわけではない。しかし,相互会社が保険事業に支配的なのは,保険が相互会社に何らかの親近性を有するからであろう。このように考えると,相互会社形態を相互扶助の根拠とするということは,この親近性を相互扶助に求めているということになる。

しかし,これまでの考察で明らかにしたように,保険は「一人は万人のために,万人は一人のために」というような貨幣の流れを形成するが,この貨幣の流れは相互扶助的な流れとは言えても,そこに流れている精神は本来個人主義・自由主義・合理主義という資本主義的精神であり,この点で技術的相互性を有するに過ぎず,保険の本質として相互扶助性があるわけではない。個々具

体的な保険の相互扶助性は，保険企業の性格・事業の運営の仕方によってプラスアルファされて現れてくると考えるべきであり，保険の貨幣の流れと相互扶助の貨幣の流れに類似性を指摘できても，本来保険に技術的相互性しかないことから，保険と相互会社の親近性を相互扶助に求めることは不可能であろう。

　保険と相互会社の親近性は，自己資本にあると考える。近代保険の特徴の一つは，合理的保険料の算出にあり，それを前提とした前払確定保険料方式にある。この方式により，保険取引は等価交換的となり，他の一般的な取引と同様になる。この取引において，保険金原資はおろか営業諸経費等も付加保険料の形で前払いされるので，ここに保険事業は巨額な創業資本・自己資本を必要とせず，自己資本は担保資本としての意義しか有さなくなる。生命保険事業の場合，危険率の偏差が小さいため担保資本としての自己資本の要請も小さく，ここに自己資本をミニマムにできる。こうした自己資本に対する要請が自己資本の調達では劣る相互会社を志向させ，特に生命保険事業に当てはまるのではないか。

　以上の点を踏まえて，理論的に考えると，保険相互会社は次のような場合に設立されると言えよう。保険事業において支配的形態である保険株式会社に対して，その営利を排除することがより経済合理性に適い，相互会社形態のほうが好ましいということになれば，より効率的・合理的な保険ニーズ充足のために保険相互会社が設立されることとなろう。また，次のような場合もあるだろう。保険市場において保険ニーズを充足することができないものたちが，互いの保険ニーズを充足するために，助け合って保険相互会社を設立するという場合である。この場合，助け合いの範囲が，単に保険ニーズの充足にあるのではなく，何らかの社会的・経済的立場を同じくするものがいろいろと助け合う一環として保険ニーズの面においても助け合うということになれば，保障関係と社会関係が未分化となって，協同組合保険と実質的に変わらないであろう。

　理論的には上記のようなケースが考えられ，史実としては純粋に相互扶助として設立された相互会社もあるかもしれない。しかし，そのことをもって保険の本質として相互扶助を指摘することはできない。それにもかかわらず，保険相互扶助制度論が根強いことは，企業形態論としても重要である相互会社の議論に，悪影響を与えていると言わざるを得ない。そこで，特にわが国では，保

険企業形態論としての保険相互会社論の議論を掘り下げる必要があるだろう。後の章で，相互会社の現代的考察を行う所以である。

9. 保険の相互扶助性とは

　保険は一つの制度として経済体制により規定されており，制度としての共通の本質が各種保険にはあるが，事業として営まれる過程で，運営主体・経営主体の性格が反映される。そして，運営主体・経営主体の性格の反映は，保険技術の適用の仕方による。もちろん，そのような保険の運営主体・経営主体自体も経済体制によって規定されてはいるが，それぞれの運営主体・経営主体の性格が保険に反映し得るということである。すなわち，保険の運営主体・経営主体は社会経済・国民経済を一般的に支配する法則に媒介された経営体であるが，独自の一定の組織原則を有した経営体でもあり，そのような組織原則が保険技術の適用を通じて保険に反映し得るということである。したがって，個々の保険の性質は，体制関係における保険の本質と制度的環境の影響を受ける保険の運営主体・経営主体の主体性によって，規定されると言えよう。こうした個々の保険の性質の一つとして，保険の相互扶助性が考えられるに過ぎない。

第 5 章
保険学と隣接科学

1. 問題意識

　本章で取り上げる伝統的保険学とは，保険の二大原則（給付・反対給付均等の原則，収支相等の原則）を中心に保険の原理を理解し，保険の二大原則に依りながら保険の本質把握を試み，保険本質論を重視する保険学のことである。典型的なものとして，これまでの考察において大きく取り上げている庭田保険学がある。以前より，保険本質論に対するアレルギーから伝統的保険学が軽視される傾向にあったが，近年の保険現象の変化の激しさから，さらにこの傾向が強くなっている。社会の変化が著しい下では，学問も新たな展開を要請されるのは当然である。しかし，伝統的保険学軽視の傾向が，新たな保険学の構築に向かい，保険学の発展といえるような展開となっているというよりも，安易な隣接科学への依存傾向が見られるのではないか。それは，新しい金融論への安易な依存である。そのような状況から，本来保険学が社会保険について貢献すべき社会保障論において，伝統的保険学を無視した安易な金融論ないしは情報の経済学への依存を許してしまっていると考える。

　市場経済化・金融グローバル化が進展する下で「保険と金融の融合」という見解が幅広く受け入れられ，また，金融論での保険の取り扱いも変化してきた。1990年代の情報の経済学による金融ミクロ理論の発展や金融工学の発展によって，新しい金融論が構築されてきたと言え，従来の金融論における保険の考察と様変わりとなっている。一方，保険学サイドでも新しい金融論を適用した保険の考察が見られる。さらに，情報の経済学は，社会保険の考察においても適用され，社会保障論では安易な情報の経済学等の適用による社会保険の

理解や社会保険を継子扱いするような態度が見られ，保険学の成果を軽視している。そのことが社会保障制度改革を貧相なものとしている。金融論，社会保障論といった隣接科学との関係に象徴的なように，現在の保険学はなんとも中途半端な学問となってきているのではないか。すなわち，それはさも新しい金融論を適用した保険学が新しい保険学であると錯覚し，社会保障論に対して社会保険の考察において貢献できるはずのところが殆ど相手にされていないということである。そのような中途半端さから，大学のカリキュラムにおいても，伝統的な「保険論」・「保険学」といった科目が潰され，「リスクマネジメント論」・「ファイナンス論」などに置き換えられているのではないか。もちろん，すでに保険学がその役割を終え，社会的な存在意義がないならば，淘汰されても仕方がないであろう。しかし，保険は現代社会において依然として重要な制度であり，それを分析する保険学も社会的な存在意義のある学問である。伝統的保険学を軽視し，新しい金融論に迎合するかのような姿勢が，自らの存在意義を否定することになっている。

なるほど，新たな保険学の構築は必要であろう。しかし，その方向性は，伝統的な保険学の意義と限界を踏まえたものでなければならない。その上で，隣接科学としての金融論等を取り入れるべきであろう。そのような保険学が社会保障論へ貢献できるのではないか。伝統的な保険学の意義と限界を把握しようとしないところに，保険学の問題がある。そこで，この点を明らかにするために，保険学と隣接科学の関係に焦点を当てた考察を行う。より具体的には，次の通りである。

戦後ブレトン・ウッズ体制の下で世界経済，特に西側経済は飛躍的な発展を遂げたが，1970年代のドル・金本位制の崩壊によりブレトン・ウッズ体制は崩壊し，固定相場制から変動相場制に移行した。これは為替制度が単に変わったということではなく，世界経済が新たな段階に入ったことを意味するのではないか。これに伴い各国の金融も大きな影響を受け，1980年代になると金融の自由化が進んでくる。金融の自由化によってデリバティブなどの新しい金融商品や新しい取引形態が登場し，金融技術が大いに発達しながら急速な金融の証券化，国際化が進展した。1990年代になると，米ソ冷戦構造の崩壊による社会主義国の市場経済化，経済のグローバル化，情報技術の発達によって，さら

1. 問題意識

に金融の自由化・グローバル化が進展することとなった。

このような金融の展開に対して，経済発展と金融の関係や金融政策の有効性といった，戦後支配的であったケインズ経済学に基づくマクロ経済的な分析を中心とした金融論に，銀行行動の分析やポートフォリオ選択理論の研究が加わり，さらに，1990年代になると情報の経済学や金融工学の発展によって，新しい金融論が構築されてきたと言える。特にわが国の金融論の場合，銀行が圧倒的な力を持つ間接金融の下で，金融論＝銀行論の色彩が強かったので，金融自由化が顕著に進み始めた1980年代後半のバブル期に，アメリカの金融を前提とした資産価格決定論・ポートフォリオ理論が，バブルに酔いしれる実務を中心に，新鮮さをもって急速に普及することとなった。こうした資産価格決定論に企業金融論，投資理論を加えたものをわが国の「従来の金融論」に対して「ファイナンス理論」と呼ぶ者もいる（池尾編［2004］）。新しい金融論はミクロ経済的な観点から金融取引や金融の機能に重点を置き，制度論的なわが国の従来の金融論からは，様変わりしてきたと言える。

ところで，保険は貨幣の流れを形成することからそれ自体が一種の金融と言え，この点において従来から金融論の考察対象になっていた。マクロ経済的な分析を中心とした従来の金融論では，保険会社は金融機関として捉えられ，その保険会社の資金運用がマクロ経済的な資金の流れの一部として考察されていた。保険という制度への貨幣の蓄積量が無視できないほどの巨額となると，その資金の金融市場への還流＝保険資金の運用が注目されるようになった[1]。もっぱら，保険を「金融機関としての保険者の資金運用」の観点から捉えていたということである。このような捉え方がなされるのは，保険が二大機能を果たしているからである。

保険契約者から徴収した保険料がすぐに保険金として出て行かず支払いまでに常にタイム・ラグがあり，また，生命保険で中心を占める保険料徴収方式である平準保険料方式は，前倒しで保険者の手許に資金を蓄積させる側面がある

---

[1] この点に関する保険学サイドから次のような指摘がある。今田［1964］において，「金融学者はもはや保険事業の保有する資金の力とその作用を無視することは出来なくなっております」（今田［1964］p.101）。

ので，保険現象は保険料──保険資金──保険金として現象する。保険者の手許に常に保険資金として貨幣が集積されることとなるので，保険者はこれを金融市場に投資運用する。これが保険金融であり，ここに保険は金融的機能を果たすこととなり，経済的保障機能と金融的機能を保険の二大機能という。したがって，従来の金融論は保険料──保険資金の貨幣蓄積とそれに伴う保険資金の運用に関心があったと言え，二大機能のうち金融的機能に注目していたと言えよう。

ところが，金融工学や情報の経済学に基づく金融論ともにリスクの分析が重要であり，新しい金融論はリスクを処理する制度と言える保険そのものに親近性を有する。この点から，新しい金融論は保険の経済的保障機能に注目しはじめ，保険そのものに興味を示しはじめたと言えよう。また，特に情報の経済学との関係では，保険学の重要概念である「逆選択」や「モラルハザード」が金融論において重視されるなど，基礎概念を通じて保険と金融論が非常に密接になってきている。1990年代以降ますます金融自由化が進展し，金融コングロマリット化が進んで事業面で銀行業・証券業・保険業に一体化する動きも見られる。さらに，金融イノベーションによって発達した金融商品を使い，金融市場を利用することによって，保険市場の限界を乗り越える動きが見られ，保険学サイドからも新しい金融論を適用した保険の把握のみならず，こうした保険リスクを金融市場で処理する現象などを ART（Alternative Risk Transfer，代替的リスク移転）として研究してきている。このような現象を金融分野と保険分野の融合とし，企業・業務としての融合，制度面での融合，商品面での融合，リスク概念としての融合などさまざまな面で融合が見られるとされ（森本 [1999] p. 1），「保険と金融の融合」が声高に指摘されるようになった[2]。確かに，学問としての金融論と保険学の関連も深まっていると思われる。

保険学については，社会科学として他の関連科目とのつながりが薄いといった指摘もあることから，保険学と新しい金融論との相互関連の深まりは，意義

2）Culp [2002] では，商品レベル，金融機関レベルで保険市場と資本市場の融合が進んでいるとしている（Culp [2002] preface p. xi）。また，Doherty [2000] ではリスクマネジメントの観点から，保険と金融の融合が進んでいるとする（Doherty [2000] pp. 3-13）。

深いことである。隣接科学同士が大いに刺激しあうことを通じて，両者の発展に貢献するという相乗効果を期待できる。そうなれば大変結構なことであるが，残念なことに，保険学と隣接科学としての新しい金融論の間には，今のところ，このような相乗効果はあまり見られない。むしろ，保険学における先人の業績が蔑ろにされ，新しい金融論を盲目的に適用して，新しい保険学が指向されているとの錯覚に陥っている観がある。本章はこのような問題意識に基づき，新しい金融論における保険の理解やいたずらに新しい金融論に迎合している研究を批判する。それはまた，保険と金融の同質性の議論に対する批判であり，保険と金融の異質性の議論が重要であるとする。

2. 従来の金融論における保険

　従来の金融論における保険把握は，前述の通り，保険を「金融機関としての保険者の資金運用」という観点から捉えていた。保険者を金融機関・金融仲介機関として捉えるのであるから，金融機関を重視し，直接金融，間接金融という分類で金融仲介機関を把握するという理論が基礎となるであろう。すなわち，周知のガーレイ＝ショーの研究（Gurley＝Shaw [1960]，桜井訳 [1967]）が土台と言えよう。Gurley＝Shaw [1960] は非銀行の金融仲介機関の発達を背景として登場した理論と言えるが，保険との関係で注目すべきは，保険者・保険会社があまり前面に出てこないこと，保険の重要概念であるリスク，不確実性を金融における本質的な問題とはせず，短期の金融に関連するものに過ぎないとしていることである（*ibid.* p. 10, 同訳 p. 10）。リスク，不確実性を重視する新しい金融論と対照的である。金融仲介機関の機能は最終的借手（ultimate borrowers）から本源的証券（primary securities）を購入し，最終的貸手（ultimate lenders）のポートフォリオのために間接証券（indirect securities）を発行することとされ，金融仲介機関（financial intermediaries）は貨幣制度（monetary system）と非貨幣仲介機関（nonmonetary intermediaries）の２つに分けられるとする。貨幣制度は本源的証券を購入して貨幣を創造する。非貨幣仲介機関は本源的証券を購入し，彼らに対する非貨幣的請求権（nonmonetary claims）を創造する（*ibid.* pp. 192-193, 同訳 pp. 178-179）。この非貨幣的請求権

は間接証券であり,非貨幣仲介機関からすれば金融負債であり,貸手からすれば金融資産とする。かくして,「すべての金融仲介機関は金融資産を創造する」(ibid. p. 198, 同訳 p. 184) とする。

非貨幣的仲介機関として生命保険会社に言及し,生命保険の請求権は災難 (misfortune) に対する防御を提供することとする。また,投資信託の出資証券はポートフォリオの多様化と資本利得の機会を提供し,信用組合の出資証券と相互貯蓄銀行の預金は便利と友情の効用を提供するとする (ibid. p. 194, 同訳 p. 180)。これを金融資産の側面から見れば,株式は所有権を有するという点において,また,保険契約者の持分 (policyholder's equity) は保険の持つ属性につながっているという点において,他の金融資産と異なり,経済のいたるところに金融資産の差別化が存在するとする (ibid. p. 199, 同訳 p. 185)。こうした把握はそれぞれの金融資産の特殊性を重視し,その点において一見保険の特殊性を考慮しているようにみえるが,金融資産という土台の上にそれぞれ特質を持つとしていることから,保険を金融資産に含めて他の金融資産と同列に考えるということを意味する。それはまた,保険者を他の金融機関と同列に把握することを意味しよう。したがって,一見保険の特殊性を重視しているようで,考察の前提としては,保険の特殊性が軽視されているのである。

ガーレイ=ショーの研究は,金融資産および金融機関の多様化について,それを近代的金融の発展と捉え,そのような近代的金融が経済成長にいかに大きな役割を果たすかを明らかにして,金融資産多様化の意義と,銀行を主たる対象とする金融政策の限界および金融政策の対象の拡大を主張するものである。間接金融の発展の評価,それに伴う政策的問題提起がなされており,金融機関としての個別性よりも同質性に主眼を置いたマクロ的な分析と言えるのではないか。そのため,「金融的仲介機関は,借手の発行する本源的証券を獲得し,貸手のポートフォリオに他の有価証券を提供するために,最終的な借手と貸手との間に挿入される。金融的仲介機関の収入は,主として本源的証券の利子から得られ,その費用は主に間接証券の利子と,有価証券を管理する出費とである。非金融的支出単位から金融的仲介機関を区別し,また本源的証券から間接証券を区別するのに十分である」(ibid. p. 94, 同訳 p. 89) との指摘がなされるのであろう。商業銀行を重視し,それ以外の金融機関を軽視するそれまでの見

2. 従来の金融論における保険

解, あるいは, それ以外の金融機関の急成長を前にそれらの金融機関を視野に入れざるを得ないとしつつも依然として商業銀行を特別視する見解は, 商業銀行のみが信用創造をできるとしている点から商業銀行を特別視する。これに対して, ガーレイ＝ショーは金融機関は金融資産を創造するという点で同一であるとして商業銀行を特別視しない。すなわち,「貨幣制度と非貨幣的仲介機関との相違は, 貨幣制度が本源的証券を創出するが非貨幣的仲介機関は創出しないということではなく, むしろ, それぞれがそれ自身の独特な負債の形式を創出することである」(*Ibid.* p.199, 同訳 p.185)。商業銀行以外の金融機関を軽視するそれまでの金融論とは異なり, 商業銀行を特別視せず, その他の金融機関も重視するという同質性を重視するという点にガーレイ＝ショーの特徴があるといえる。したがって, 保険の特殊性が軽視されることとなったのは, 当然の帰結であろう。それはまた, 保険と金融の同質性の議論である。金融資産・金融機関として一括りにして保険の特殊性を軽視する点からすれば, ガーレイ＝ショーの研究が金融論の一般的な枠組みで保険が分析される前兆となったとの指摘 (Loubergé [2000] p.2) も頷ける。

しかし, 保険的属性こそが保険を単純に金融資産と把握したり, 保険者を他の金融機関と同列に把握することを妨げているのではないか。保険者を「最終的な借手と貸手との間に挿入される」ものとはできないだろう。なぜならば, このように把握をすれば, 保険の機能は貸借機能となり, 経済的保障機能として把握することが不可能であるからである。保険が経済的保障機能を果たすのは, 支払われる保険金が返済の必要のない金であるからである。したがって, 保険の経済的保障機能発揮において, 貸借関係を持ち込む余地はない。ガーレイ＝ショーの金融仲介機関の特徴は, あくまでも典型的な金融仲介機関の特徴であって, 保険は貸借関係では把握できないため, 本来保険者は特殊な金融仲介機関であると把握すべきである。この点からは, ガーレイ＝ショー的な保険の把握は, あくまで経済全体の金の流れ・金融全体を捉える上での便宜的な理解とすべきである。

ガーレイ＝ショー以前から保険会社, 特に生命保険会社を主要な金融機関とする見解はあった。Hart [1948] では, 信用機関 (credit institutions) という用語を使っているが, 銀行を特別視しつつ銀行以外の主要な信用機関として相

互貯蓄銀行，貯蓄貸付組合，生命保険会社をあげている（Hart [1948] pp. 126-133）。同書はガーレイ＝ショー以後に改訂（第3版，Hart＝Kenen [1961]，吉野＝山下訳 [1967]）されているが，第3版ではガーレイ＝ショーに言及し，それ以前の標準的テキストが商業銀行以外の信用機関に対してほとんど注意を払っていないのに対して，同書では商業銀行以外の信用機関に注意を払うとしつつも，ガーレイ＝ショーとは異なり商業銀行を特別視するとしている（*Ibid.* p. 16，同訳 p. 26）。商業銀行を特別視しつつ他の信用機関を考慮するというもので，ガーレイ＝ショーの影響を受けつつも，それまでの金融論的見方を完全に放棄できない見解とも言えるが，保険会社についてはガーレイ＝ショー同様その特殊性は軽視されている。

Hart [1948]，Hart＝Kenen [1961] 同様にガーレイ＝ショーを挟んで改訂されている Chandler の文献（Chandler [1948, 1969]）をみると，Chandler [1948] では金融機関（financial institutions）として相互貯蓄銀行，郵便貯蓄銀行，生命保険会社，投資信託，建物貸付組合などがあげられる（Chandler [1948] pp. 488-517）。これらを「その他の金融機関」（some other financial institutions）として商業銀行と別の章（第23章）で考察しているので，Hart [1948] と同様な考察といえる。しかし，ガーレイ＝ショー以後に改定された第5版（Chandler [1969]）では，「金融仲介機関」（financial intermediaries）という独立した章（第4章）を設けて，「直接証券」，「間接証券」という用語を使いながら，商業銀行も含めてかなりガーレイ＝ショーに忠実な論述に改められている。ガーレイ＝ショーの影響の大きさがよくわかる。保険に対して特別な配慮がなされるわけではない点もガーレイ＝ショーと同様である。

Hart [1948]，Chandler [1948] に続く1950年代の文献を見ると，たとえば Foster *et al.* [1953] では，投資銀行の機能（長期間の資金移転）を果たすものとして信託会社，相互貯蓄銀行，投資信託があげられ，保険会社も巨額な資金を集めて長期投資を行うことから，「機関投資家」として同様な機能を果たすとして言及されるが，金融機関や金融仲介機関の分析視角というよりも銀行機能（商業銀行機能・投資銀行機能）の分析視角といえる。しかし，Steiner＝Shapiro [1953]（第3版，初版 [1933]，第2版 [1941]）では，初版，第2版までの銀行を特別視する姿勢から金融機関全体を重視する姿勢に転換し

たとし，貯蓄―投資過程を促進する金融機関の役割を重視して，第7部で100ページ以上にわたる金融機関の分析を行っている（Steiner=Shapiro［1953］pp.725-840）。金融機関は仲介者で貯蓄を資本に変える働きをし，生命保険会社も含まれるので，ガーレイ=ショー的文献と言えよう。Whittlesey［1954］は，「貨幣と銀行に関連する金融機関」（第4章）として投資顧問会社，保険会社，投資会社をあげ，金融機関には独自の機能があると指摘していることが注目される（Whittlesey［1954］p.57）。Pritchard［1958］は，本文で一応商業銀行と直接関係する視点で金融仲介機関（intermediary financial institutions）について考察するが，さらに，参考文献のところで，簡単ではあるが，独立して金融機関を考察している。Steiner=Shapiro［1953］同様に金融機関を貯蓄―投資の貨幣の流れを促進するものと捉えていることが注目される。どこまでガーレイ=ショー的（金融機関の同質性重視・商業銀行の異質性軽視）であるかの違いはあるものの，金融機関が注目されつつあるのがわかる。この点から，金融機関としての保険会社も注目されていたと言えるが，総じて保険の特殊性は軽視されていたと言えよう。なお，特に生命保険・生命保険会社が取り上げられるのは，貯蓄―投資において生命保険を貯蓄の一種と捉えているからである[3]。いずれにしても，保険学からすれば，貯蓄としての保険の把握では経済的保障制度としての保険の把握は不可能であることが重要である。

　ガーレイ=ショー以後を見ると，Trescott［1960］[4]では，各金融機関の提供する金融商品を金融資産として把握し，その特徴は金融資産の反面である金融機関の負債の性質によるとしている（Trescott［1960］p.298）。これは，ガーレイ=ショーと同様な見方である。保険については生命保険のみを取り上げるものが多い中で，生命保険以外についても簡単ではあるが考察しており，

---

3) 非銀行金融機関（Non-Bank Financial Institutions）に保険会社を含まないKreps=Pugh［1967］のような文献もあるが，例外的である。同書はガーレイ=ショー以後の文献であることを考えると，なおさらである。

4) Gurley=Shaw［1960］に先行する業績としてGurley=Shaw［1955, 1956, 1957］があげられる。Gurley=Shaw［1960］は，これらの業績の集大成として著されたものといえる。したがって，Trescott［1960］はGurley=Shaw［1960］と同じ出版年であるが，ガーレイ=ショーの影響を受けていると考えることができるので，ガーレイ=ショー以後とした。

全般的に保険に関する考察の分量が多い。2つの章で金融機関を扱っており（第10章，11章，pp. 239-299），金融機関に関する考察が重視されているが，ガーレイ＝ショーと同様に保険の特殊性は軽視されていると言える。

これら各金融機関の差異に言及しつつも保険の特殊性を軽視した見解に対して，Duesenberry [1964] が注目される。Duesenberry [1964] は金融機関の役割に関する理論的見解の参考文献としてガーレイ＝ショーしかあげておらず，内容的にも明らかにガーレイ＝ショーに依拠すると思われる（Duesenberry [1964] pp. 61-66, 貝塚訳 [1966] pp. 84-89）。しかし，「すべての金融機関は，大規模な営業活動と多様化の利益を公衆に与える。さらに，各種の金融機関は，独自の役割を果たしており，特別の理由で発展した。生命保険と年金は，退職後の所得と家族のおもな稼ぎ手の喪失に対する保護とを提供することで金融的な安定性を保証する。この種の必要性は，工業化，都市化，寿命の延長とともに高まった」（Ibid. p. 63, 同訳 p. 85）との指摘にあるように，金融機関の個別性を重視していると言え，生命保険と年金をわざわざ取り上げているのは，特にこれらの特殊性が強いと考えているからではないか。これは，金融機関の個別性や保険の特殊性を重視する見解と言えるであろう。

Tobin [1967] では，ガーレイ＝ショーの見解をそれまでの「古い見解」に対して「新しい見解」とし，商業銀行を特別視する「古い見解」を批判する。金融機関は特殊性を持っており，容易に分類できるとしている（Tobin [1967] p. 4）。しかし，異なる性質から特別扱いをしなければならないわけではないとして，ガーレイ＝ショー的な同質性の議論がなされるのが注目される。

以上のように，金融論の文献では銀行以外の金融機関が重視されるようになり，金融機関に関する考察が必須のものとされるようになったが，ガーレイ＝ショーは金融機関を軸とした金融の分析において非常に重要な役割を果たしたと言える。こうした金融機関の重要性から「金融機関論」とでも言うべき金融機関に対する研究も行われた。ガーレイ＝ショー以前に遡る金融機関論の先駆的業績としては，Moulton [1938] があげられよう。Moulton [1938] は金融機構（financial organization）について考察するが，さまざまな個々の金融機関の機能的重要性を明らかにし，複雑な金融機構の構成部分として金融機関の相互関連も明らかにする。第13章で仲介投資機関（intermediary investment

2．従来の金融論における保険

institutions）として，投資信託，貯蓄銀行，保険会社，信託会社について個別に考察するが，貨幣・貨幣制度，信用・信用制度に対する考察を含む当時の金融論（money and banking）と構成はあまり変わらない。ガーレイ＝ショー以後の金融機関論と言える Edmister［1980］をみると，Moulton［1938］と対照的に，貨幣・貨幣制度，信用・信用制度に対する考察を含まず，金融機関自体の経営についての考察が含まれる。Moulton［1938］では保険を独立に考察しているが，当時の金融論の文献と同様にその特殊性が強調されるわけではない。これに対して Edmister［1980］は，「各金融機関は異なる角度から金融市場に接近する」（Edmister［1980］p. 10）とし，各金融機関の特殊化は「戦略」によって特徴付けられるとして，各金融機関の個別性が重視されている（*Ibid.* pp. 10-12）。具体例として保険会社が取り上げられており，Duesenberry［1964］と同様な考察となっているので，金融機関の個別性や保険の特殊性を重視する見解といえよう。ガーレイ＝ショー的な同質性の議論が支持されるにしても，Tobin［1967］が金融機関の特殊性を意識した上で同質性の議論を展開していたように，総じて個々の金融機関の特殊性に対する意識はあったものと考える。

わが国の文献に目を転じれば，堀家［1967］では次のような指摘が見られる。「資金源泉の主力が預金でも借入金でもないものに，近年その力を増してきた保険会社がある。保険会社は生命保険会社にせよ損害保険会社にせよ，その資金を主として金融資産に対して運用するから，その面からは金融機関と言えなくはないが，その資金は保険証書（正確には「保険証券」とすべきか…筆者加筆）の発行によって得られるものである。そして保険料は，不測の事故に備えようとする多数の契約者が所定の事故発生にさいし保険金を受け取ることを目的として払い込んだものであって，預金または借入金を一般の金融機関が受け入れるのとは性質が異なる。ただ会社内で積み立てられた保険料は多額に及び，保険会社はこれを金融資産に運用しうるだけのことである」（堀家［1967］p. 73）。また，望月［1980］においても，「したがってそれは（保険会社は…筆者加筆）銀行と同じ意味における金融機関ではない」（望月［1980］p. 62）との指摘があり，さらに，小野ほか［1981］では「保険業務が本来的業務であるという点からみれば，資金を集め，それを運用するという金融的業務はむしろ付随

的なもので，その意味で保険会社は純粋な金融機関とはいえない面をもっている」（小野ほか［1981］p.166）と，保険の二大機能との関係からその特殊性が指摘される。保険の二大機能である経済的保障機能，金融的機能に対応させた区分に基づき，保険業務を大きく保障業務，資金運用業務に分けることができる。小野ほか［1981］の指摘は，本書と用語の使用の仕方は異なるが，このような保険業務の分類にしたがって，あくまで資金運用業務は付随的なものに過ぎないとする点において保険は特殊であるとするものである。確かに，他の金融機関は金融業務それ自体が業務の主たる目的で，利潤獲得にしてもそこに主たる源泉・目的があろう。このように考えると，保険利潤をめぐる問題とも関連した本質論的な重要な問題を含む指摘であり，あくまで保険を特殊な金融機関として捉えるべきとされよう。いずれにしても，わが国ではガーレイ＝ショーの見解を受け入れつつも，保険会社を特別視する議論が散見されるのである。

　保険会社を特殊な金融機関とする認識は常に保持すべきであるものの，あらゆる分析に対してその特殊性が適用されなければならないというものではないであろう。特殊性を軽視する場合として，ガーレイ＝ショー的な保険の把握があるが，重要なことは，あくまで金融全体を捉える上での便宜的な理解であるとすべきことである。ガーレイ＝ショーの影響を受けて形成された金融論を「従来の金融論」とすれば，従来の金融論は商業銀行以外の金融機関も重視する点に特徴があるといえ，保険についてはその特殊性を軽視していたと言える。しかし，さまざまな金融機関は金融機関として共通性があると同時にそれ自身の独自の存在意義があろうから，多くの文献で個別の金融機関に対する考察がなされ，さらに「金融機関論」とでも言うべき考察に発展したと考える。ガーレイ＝ショーは商業銀行を特別視するそれ以前の伝統的金融論に対する批判的形態として登場したと言えるので，特に商業銀行を含めた金融機関の同質性を強調することとなり，その反面各金融機関の特殊性が軽視されたと考えるべきであろう。したがって，保険の特殊性軽視は，多分に便宜的なものと言えるのではないか。すなわち，マクロ経済的な貯蓄―投資過程，あるいは，資金余剰主体から資金不足主体への資金の流れを把握することに主眼が置かれ，金融資産を創造することによってその資金の流れをつかさどるのが金融機関（金

融仲介機関）であり，保険会社を便宜的に金融機関と捉えていたと考える。従来の金融論は，金融資産という次元において保険を含めて同質的に捉えて一体的把握を志向しているが，金融資産の差異を意識しており，この点において，保険の特殊性についての認識もあったものと思われる。海外の文献では，保険の特殊性を強調しているものは少ないが，わが国の文献では目立つ。いずれにしても，強調するか否かの違いはあるが，各金融機関の特殊性，保険の特殊性に対する認識はあったものと考える。ここに従来の金融論の議論を，金融全体を正しく把握するための「便宜的な保険と金融の同質性重視の議論」とすることができよう。

3. 新しい金融論における保険

　分析対象である社会経済が大きく変化したならば，当然学問も変化を要請されるであろう。金融に関するそのような大きな変化として，1980年代に顕著となったアメリカの金融革新・金融革命をあげることができる。Benston *ed.* [1983] は，このような金融の劇的な変化に対して金融に関する規制を考察したものであるが，従来の金融業態別の規制が機能しなくなったので，金融機関に対する規制ではなく金融サービスの切り口で規制を考え，規制緩和をすべきであるとするものである。そこでは，生命保険がオープン・エンドの投資信託，年金と同様な貯蓄として捉えられるとともに保険会社，特に生命保険会社が金融機関に含められ，保険会社の特殊性に対する考慮がなされていない。銀行業，証券業，保険業といった業態別規制に対して，業態横断的な対応を考えるという立場に立ったとき，同質性に基づき一体的な把握が志向されるので，保険の特殊性が軽視されるのであろう。この点は従来の金融論と共通するが，同質性の議論が従来の議論と異なる次元に入ったと考える。なぜならば，従来の金融論が金融機関の異質性を意識することで同質性の議論が便宜性を帯びたのに対して，異質性を積極的に軽視した議論となっているからである。また，従来の金融論は金融機関の異質性から業態別の違いを認識していたので，金融機関の垣根を撤廃する主張となっていない。

　このような展開の中で，堀内 [1990] の保険の取り扱いはユニークである。

保険証書を間接証券として,「保険会社が発行する各種の保険証書は,特定のリスクに対する保険サーヴィスを提供する契約書とみなされるのである」(堀内［1990］p.56)とした上で,保険会社を含む金融仲介機関の役割を「(1)規模の経済を利用したリスク削減,および金融取引に関わる事務費用の削減,(2)間接証券発行による満期変換,(3)情報の生産,(4)決済システムの管理,(5)保険の提供,の五つに分けられる」(同p.56)とする[5]。保険会社を特別視して純粋な金融機関ではないとするのではなく,金融仲介機関として特別視することで独自の位置づけを与えて,保険を金融に包摂している。この点で積極的に保険を包摂し,金融,金融機関・金融仲介機関として保険,保険会社を同質に把握しようとしているとも言えるが,金融を抽象的に捉えて保険を特別視することなく積極的に包摂しようとする新しい金融論とは一線を画すと言えよう。保険を特別視している点で従来の金融論に一脈通じるところもあるが,従来の金融論は保険を特殊であるとして便宜的に金融に含めたのに対し,堀内［1990］は保険を特別視して保険に独自の位置を用意し,便宜的にではなく,理論的に保険を金融に包摂させようとしている点で従来の金融論とも異なる。これは,保険を金融に積極的に包摂させようとしている点で新しい金融論的であるが,保険を特別視している点で従来の金融論的でもあり,両者の中間的な性格ということができよう。ところで,堀内［1990］は,金融仲介機関は多様な間接証券を発行して資金調達をしているとし,それぞれが独自の金融サービスを提供するとする。その金融サービスとして,決済サービス,保険サービスを挙げ,金融仲介機関の役割は「(4)決済システムの管理,(5)保険の提供」とする(同pp.55-56)。堀内［1990］は以上のような保険にかなり配慮した理論であり,保険証券を保険サービスを提供するための契約書として保険の経済的保障機能を意識しているが,金融仲介機関の役割としての保険の提供が具体的に何を指すかが明らかではない。保険サービスを保険会社の独自の金融サービスとしているが,その内容がわからないのである。金融を貸借関係と理解しているので,結局保険サービスを独自の金融サービスとして捉えても保険サービスは貸借関

---

5) 岩田＝堀内［1983］では,「満期変更」ではなく,「変成機能 (transmutation)」という用語が用いられていた。

係に関わるものと捉えられていると思われ，そうであるならば，保険の本来的機能である経済的保障機能あるいは経済的保障に関わる貨幣の流れを把握することは不可能であろう。

ましてや新しい金融論は，同質性を重視して金融を極めて抽象的に捉え，保険を包摂するものであるから，保険の本来的機能からすれば，堀内[1990]以上に的外れと言える。しかし，新しい金融論を単純に金融を抽象的に捉えた金融論とはできず，また，保険との関係もリスクを介した繋がりなどが出てくるのである。保険の経済学的分析はPfeffer[1956]に始まり，国際保険経済学研究協会（International Association for the Study of Insurance Economics, The Geneva Association）が設立された1973年以降に活発になったとされ，特に金融論においてリスクや不確実性の研究が発展したとされる（Laubergé[2000] p.3）。リスクや不確実性の研究は，情報の経済学を使い，保険が金融理論一般の枠組みで分析される下地を作ったと言えよう。そして，1980-90年代の金融革命，金融工学，デリバティブの発展，金融グローバル化，金融コングロマリット化などから，新たな金融論が構築されていったと考える。すなわち，金融機関の同質性を重視した金融論の上に，情報の経済学を使ったミクロ経済的な新たな視点を盛り込んだ金融論やデリバティブの登場・発展の背景となった金融工学などが加わり，金融機関別の制度論的な視点よりも金融の機能的な把握を重視する新しい金融論が形成されてきたと言った方がよいであろう（Crane et al.[1995]，野村総合研究所訳[2000]）[6]。この新しい金融論は，リスクの分析を重視し，1990年代に金融自由化，金融グローバル化が進展する中で発展・普及していった。以下では，新しい金融論を情報の経済学，金融工学に分けて考察する。

---

[6] 刈屋[2000]において，「金融工学は，資本の効率的利用の立場から，金融の機能的効率性と資本の効率性に関わる思考・技術・知識体系を創造する学問である。したがって学際的な学問として，経済学，会計学，保険学，金融論，法学，統計学，工学，コンピューターサイエンス，数学等の多くの既存の学問領域に関係する」（刈屋[2000] pp. 8-9）との指摘もあり，金融工学を金融論の一部ではない独立した学問とする見解もある。

4. 情報の経済学の保険

「現代の金融論は情報の経済学の応用分野として捉えられる」（酒井＝前多[2003]はしがき p. ii）と言われるほど，情報の経済学は金融論にとって重要である。情報の経済学を基礎とする新しい金融論を要約すると，次のとおりである[7]。

新しい金融論は，金融そのものではなく金融取引の説明から行い，それを資金の貸借とする。その資金の貸借は，借用証書または証券を媒介とした現在と将来の購買力の変換とされる。金融取引は，資金不足主体と資金余剰主体との間で行われるが，通常金融取引を円滑化させるために金融機関が存在する。それは，資金不足主体と資金余剰主体の自発的な金融取引を阻害するさまざまな要因があるからである。この阻害要因は，金融取引を行うための費用，「取引費用」である。したがって，金融機関は取引費用削減のために存在するといえ，また，その機能は取引費用の削減である。

資金不足主体と資金余剰主体が直接貸借を行う資金の流れを直接金融と言い，金融機関が仲介する資金の流れを間接金融と言う。資金不足主体が資金調達のために自ら発行する証券が本源的証券であり，株式や社債，公共債などがあげられる。仲介者としての金融機関が発行する証券が間接証券であり，銀行の発行する預金や保険会社が発行する保険証券などがあげられる。間接証券を発行し，間接金融に関わる金融機関を金融仲介機関と言う。間接金融において，資金不足主体の発行する本源的証券を取得・保有し，資金余剰主体に間接証券が発行されることを「資産変換機能」と言う。これは金融仲介機関の重要な機能である。

ここまでの説明は，基本的にガーレイ＝ショーの研究の枠内である。ただ，ガーレイ＝ショーの研究では「資産変換機能」という用語は使われていなかった。しかし，次の二点に注意を要する。一つは，ガーレイ＝ショーの研究自体は保険の特殊性を重視しなかったが，それはあくまでも便宜的なもので，保険

7）ここでの要約は，主として内田[2000]，酒井＝前多[2003, 2004]による。

を特殊な制度と捉える認識はあったと思われることである。もう一つは，必ずしも統一されるというところまではいかないが，「資金不足主体」，「資金余剰主体」など用語が洗練されてきたことである。しかし，情報の経済学との関係では，なんといっても，資産変換機能に信用情報生産機能が加えられた点が重要である。それは，以下のように説明される。

前述のとおり，金融機関の機能は，取引費用の削減にある。取引費用には，取引相手を探し，交渉し，取引を成立させる過程で発生する金銭的・非金銭的費用があるが，金融機関によって規模の経済性や範囲の経済性が発揮されることにより，取引費用が削減される。また，金融仲介機関が間接証券を発行して調達した資金で本源的証券を購入することで，取引単位が一致し，取引費用は削減される。これが，取引費用の観点から見た資産変換機能である。その他に，金融特有の費用として，情報に基づく取引費用がある。これは，金融取引が異時点間の取引であることから発生する。一つは，将来発生することを正確に把握できないというリスクである。もう一つは，取引に関わる情報について，一方の取引主体は知っている（情報優位者）が他方は知らない（情報劣位者）という情報の非対称性である。

前者のリスクとしては，借手の信用リスク，貸手，借手双方にある流動性リスク，金利リスク，為替リスクなどがある。これらのリスクの存在により，社会的に好ましい金融取引が成立しないという非効率性が発生する。金融機関の重要な機能の一つは，このようなリスクを削除したり，軽減したりすることで効率化を図ることである。こうして，金融機関の機能にリスクが関連するため，資金の流れを形成するという点からではなく，リスクの観点から保険に親近性を有することとなる点に注意が必要である。

後者の情報の非対称性は，いくつかに分類できる。まず，金融取引をする際に借手の返済可能性に関する情報について，明らかに借手本人に比べて貸手が知り得る情報が劣るという情報格差である。これは，事前情報の非対称性と呼ばれる。そこで，貸手は借手の平均的な質を持って判断することとなり，信用リスクに応じた金利設定ができない。信用リスクの大きな借手にとっては有利となり，信用リスクの小さな借手にとっては不利となるので，信用リスクの大きな借手ばかりが集まることとなる。これが「逆選択」である。逆選択が発生

し，それが進展していけば，信用リスクの小さい優良な借手が市場からどんどん去っていき，やがて金融取引がまったく成立しないという市場崩壊に至る。これが事前情報の非対称性による非効率性である。

情報の非対称性は，取引期間中にも発生する。これは期中情報の非対称性と呼ばれるもので，貸出実施後借手が返済確率を高める努力をしているかどうかが貸手にわからないということである。期中情報の非対称性を背景として，借手が自分の効用を高める行動をして貸手に不利益が生じることを「モラルハザード」という[8]。すなわち，借手が社会的に望ましい努力をせずに，返済確率が減少するという非効率性が発生する可能性である。もう一つは，借手の生産活動の結果が貸手にわからないという，事後情報の非対称性である。事後情報の非対称性によって，社会的に好ましい金融取引が成立しないという非効率性が発生する可能性がある。

金融機関は逆選択やモラルハザードを防止したり，その原因である情報の非対称性を解消するために，情報を作り出して金融取引の効率性を高めようとする。事前情報の非対称性については，借手の情報を得るための事前審査がある（酒井＝前多［2003］p. 25）。また，契約形態を工夫する方法として担保，コミットメント契約（内田［2000］p. 17）がある。さらに，契約形態を工夫して特定の主体とのみ契約するというスクリーニングもある（酒井＝前多［2003］p. 25）。借手が事前情報の非対称性の解消を試みることもあり，これをシグナリングと呼ぶ（同 p. 25）。期中情報の非対称性については，貸手が借手を監視することが考えられ，モニタリングと呼ぶ（同 p. 31）。返済段階で借手が収益を小さく見せて，金利軽減など返済を有利にしようとする可能性も否定できず，これは事後情報の非対称性に基づき発生する。これに対しては，監査が必要である。情報そのものを作り出して情報の非対称性を解消する機能を情報生産機

---

[8]「モラルハザードは通常『倫理の欠如』と訳され，語感からすると規範としての道徳観や善悪の基準に反する経済行為といった印象を受ける。しかし，厳密な経済分析において，モラルハザードとは，異なった情報を持った主体が合理的な選択を行った結果，必然的に発生する経済活動と考えられる」（酒井＝前多［2004］はじめに p. iii）。また，「モラルハザードは，保険業界用語とミクロ経済学では，幾分意味が異なる」（Doherty［2000］p. 62）との指摘がある一方で，再保険者のレポートでモラルハザード，逆選択を情報の非対称性の問題とするものもある（Swiss Re［2005］p. 5）。

能と言い，審査は事前の情報生産，監視は期中の情報生産，監査は事後の情報生産と言われる。金融機関の重要な機能の一つとして，これらの情報生産機能がある。この情報生産機能が，情報の経済学によって加えられた金融機関の重要な機能であり，新しい金融論の大きな特徴となっている。

さて，金融取引が異時点間の取引であることから発生する問題としては，情報の非対称性の他に契約に関するものがある。金融取引は，現時点で将来時点に至る経済状態が不確実なものであるため，将来に起こりうる全ての状態について，何を行うかを明確に記述することにより取引内容を規定する必要がある。しかし，そのようなことは不可能なので，金融取引の契約は不完全である。このような契約を不完備契約という。不完備契約によって，情報の非対称性の問題が存在しなくても，さまざまな非効率性が発生する可能性がある。契約に記述されていない状態になったときに，契約内容を見直すことが考えられ，これを再交渉と呼ぶ。公募発行の社債などの場合は，フリー・ライダー問題が発生する可能性もあり，再交渉自体が困難であるが，金融仲介機関による貸し出しの場合は，貸手が少数で特定されているので，再交渉が容易になる。ただし，再交渉が容易な相手であればそれが有効となるので，再交渉が金融仲介機関固有の機能でない点に注意が必要である（内田［2000］pp. 25-27）。

以上のように，金融取引を出発点として取引費用の削減を金融機関の機能とし，その分析において情報の非対称性が重要となっている。1990年代の情報の経済学，契約理論の発展が金融ミクロ理論として新たな展開を見せたということであろう。

今や情報の経済学はさまざまな分野に適用されているが[9]，保険については，社会保険（強制保険）への適用が見られる。また，保険会社のコーポレート・ガバナンス論にも適用される。特に，保険会社の場合，保険特有の企業形態である相互会社形態があるため，株式会社と相互会社の比較検討などに適用されている。いわゆる保険企業形態論への適用である。そこで，次に情報の経済学の具体的な適用として社会保険の分析，保険企業形態論をとりあげるが，

9）テロに対してもエージェンシー理論が応用されている。Lundahl［2004］を参照されたい。

その前に情報の経済学を保険にひきつけて整理しておきたい。

情報の経済学によって保険市場の分析が飛躍的に発展してきたと言われる[10]。そのような保険市場の分析において，中心的な概念は逆選択とモラルハザードである。情報の経済学では不確実性を情報の観点から2つに分ける。一つは，翌日の天気のように誰もが事前に知ることができない情報に関するものでこれを「情報の欠如」と言い，これに起因する不確実性を「外生的不確実性」と言う。もう一つは，情報の非対称性に起因する不確実性で，これを「内生的不確実性」と言う。保険市場では保険契約者が情報優位者，保険者が情報劣位者と考えられて情報の非対称性があるとされ，契約前の問題として逆選択，契約後の問題としてモラルハザードが指摘される。契約前については，情報劣位にある保険者は平均的な危険率しか計算できずそれに応じて保険料を算出するのに対して，情報優位にある各保険契約者は保険料が割安か割高か判断できるので，危険率が高くて割安となる保険契約者ばかりが契約するという逆選択が生じるとされる。これは，情報優位の保険契約者によって実質的に情報が隠されていると言えるので，「隠された情報」に基づいて生じるとされる。契約後については，保険に加入したことで安心してしまうというモラルハザードが生じ，結果的に当初想定したよりも危険率が上昇してしまうことが考えられる。これは，情報劣位にある保険者には見えない保険契約者の「隠れた行動」によって生じるとされる。ここで注目すべきは，情報の経済学が保険契約者を情報優位者，保険者を情報劣位者としていること，情報劣位者である保険者には個々の危険率の算出は不可能で平均的な危険率の算出しかできないとしていることである。

それでは，この点を踏まえて，社会保険および保険企業形態論について考察する。

(1) 社会保険の分析

社会保障論では，社会保険，特に，医療保険は情報の非対称性から逆選択が

---

10) ここでの情報の経済学については，主として，柳瀬［2004］，Doherty［2000］を参照。

生じやすいとし，逆選択を回避するためには，市場に委ねると脱落していく低リスク者に加入を義務付けることが必要とされ，そのため強制保険制がとられるとする（広井［2001］pp. 107-109）。これは逆選択という市場の失敗の是正と言えるので，社会保険は市場機能を補完する効率性のための制度と位置づけられるとし（同 p. 110），「これからの社会保障制度の今後のあり方や公私の役割分担を考える場合には，少なくとも社会保障制度のもつ『所得再分配』としての機能（公平性）のみならず，市場の失敗の是正という，『効率性』のための制度という側面を無視してはならないだろう」（同 p. 111）とする。社会保障学者によって展開される情報の経済学を土台とした見方が，今後の社会保障制度の在り方を考える見方にまで昇華しているこの見解が，必ずしも，社会保障論の通説とは言えないかもしれないが，情報の経済学の影響の大きさを物語ると言えよう。そして，社会保険の強制保険制の議論において，その根拠を情報の経済学に基づいた逆選択防止とする見解が社会保障論では支配的となっている。しかし，このような見方は，保険学を軽視し，安易に情報の経済学に飛びついた典型的な失敗例と言えるのではないか。

より詳細に考察するために，東洋経済新報社の読本シリーズの『社会保障読本』を取り上げる。同書は第3版が出版されているが，まず第2版を取り上げたい。

同書第2版では，「年金保険，医療保険，介護保険などが私保険の形で市場ベースでも供給されているのである。したがって，社会保険方式については，なぜ社会保険が求められるのか，その理由を明らかにしておく必要がある」（地主＝堀編［2001］p. 81）として，社会保険が求められる理由を市場の失敗・私保険の限界に求めている。私保険の限界とは，次の3点である（同 p. 82）。

① 対象リスクが営利原則に適合するものに限定される
② 保険料負担能力のない者の排除
③ 老後の生活や不時の支払に事前に備えない者の存在

①は，「保険技術的限界を超えるために採算にのらない場合は，私保険の対象とはならない」と言い換えることができる。このような場合の例として，「巨大なリスク」の場合があげられ，巨大なリスクにより保険技術的限界を超えるときは，地震再保険のように国家が再保険者となって私保険・元受保険を

支えるということも可能となる場合がある[11]。わが国では地震保険制度があるが，これは火災保険の原則自動付帯方式によって民間の損害保険会社が提供している。しかし，地震リスクは本来保険化が困難なリスクであるため，国が再保険者としてバックについて成り立っている政策性を帯びた保険であり，制度としては再保険・再々保険を使った複雑な制度であると言え，政策性を帯びているため損害保険会社の経営上，地震保険はノーロス・ノープロフィットの原則で経営される特殊な保険と言える。こうした地震保険制度などを考えると，①は通常の私保険が実施されない理由にはなっても，社会保険が求められる積極的な理由とはならない。

②については，問題の本質は国家の国民に対するナショナル・ミニマム保障の義務において，ナショナル・ミニマムに保険料負担能力を含め，保険料負担能力のない者を根絶すべきことである。これを原則として，他方で，低所得者向けの簡易生命保険等が用意される必要がある。いずれにしても，確かに私保険の限界，そして，公的部門の保険市場への介入の理由ではあるが，社会保険以外の公的な保険にも当てはまり，特に社会保険が直接的・積極的に求められる理由にはならない。

③については，市場の失敗，あるいは，私保険の限界とは言えない。単に強制保険制の根拠を示すのみであり，国家権力を背景に私保険への強制加入を行うこともできる。たとえば，自動車損害賠償責任保険は強制保険であるが，民間の損害保険会社によって提供されている。このような例も考えれば，これも社会保険を求める直接的・積極的理由とはならない。

保険市場の限界・私保険の失敗では，十分に社会保険が求められる理由を説明することはできず，そもそもこのような捉え方をしたならば，社会保険が対象とする社会的リスクは私保険の限界を超えるリスクとなってしまう[12]。しかも，同書が指摘するように，医療保険，年金保険，労災保険，介護保険は私保

---

[11] 現行の地震保険・地震再保険が十分に機能しているかどうかは別であるが，私保険・公保険を使って巨大リスクを処理する一つのスキームを提示している。

[12] 市場の限界に理由を求めるのは，情報の非対称性から自由市場の非効率性，また，政府の介入を正当化する情報の経済学の影響であろうか。なお，この点に関わる情報の経済学については，たとえば，Loubergé [2000] p.13 を参照されたい。

険によっても提供されている。私保険が提供しているものを公保険も提供している理由を，市場の限界で説明しようという論理自体が無理と言えるのではないか。しかし，この問題設定自体は，社会保険の意義，ひいては社会保険自体を把握する上で大変重要である。それにもかかわらず，同書第3版（堀編[2004]）では，この問題が削除されている。この重要な問題を削除してしまったことで，社会保険の考察としては，後退してしまったのではないか。「なぜ社会保険が求められるのか」という問題を保険学のみで解明することは不可能であろうが，保険学を本格的に適用しなければこの問題の解明は不可能であろう。

　また，同書第3版第6章の「医療保障」では，公的医療保険の存在理由を選択の防止と逆選択の防止に求めている。保険者が保険契約を締結するか否かを判断することは保険契約者を選択することとも言えるのでこれを「選択」と言い，逆に保険契約者から見た関係が「逆選択」となるが，これが転じて危険率の高い者ばかりが保険に加入したがることを逆選択と言う。同書でいう選択の防止とは，「民間保険の場合は，営利追求が目的であるから，当然，リスクに応じた保険料を払えない者の保険加入を拒否しようとする」が，「これは市場の論理としては合理的な行動であるが，『公平性』の観点からは問題がある」ので，「高リスク者についても保障を行うという観点からの政府の介入が必要」（同 p. 166）となり，公的介入によって選択を防止することである。つまり，公平性の観点から市場原理の修正として公的介入が行われるとする。逆選択の防止は，情報の不完全性という市場の失敗から効率性の原理に従って市場原理の補完として公的介入により行われるとする（同 p. 167）。このように選択の防止，逆選択の防止が医療保険分野に公的介入が行われる理由とするが，果たしてそうであろうか。

　まず，選択の防止の問題から考える。市場原理に従って高保険料を払えない高リスク者が排除されるということが公平上問題とされ公的介入の根拠とされるが，高保険料を払えない高リスク者が排除されるのは何も医療リスクに限ったことではないであろう。あらゆる保険に当てはまるといえ，なぜ特に医療には公平性が問題になるのであろうか。保険の二大原則の一つである給付・反対給付均等の原則は，保険料が保険金の数学的期待値に等しいことを示す。近藤

文二博士は，保険料率を危険の大きさによって定めるべきとする原則を「保険技術的公平の原則」として，この給付・反対給付均等の原則と峻別すべきであるとした[13]。それは，給付・反対給付均等の原則は単に保険料が保険金の数学的期待値に等しいことを示すのみであるが，保険技術的公平の原則は「保険料率個別化の原則」を導くものであり，各保険契約者間の関係を指す原則であるからとする。しかし，保険にとっての核心部分は，給付・反対給付均等の原則に従った保険料で同質の危険を大量集積すれば，大数法則が働いて収支相等の原則が達成されるという点であろう。だからこそ，給付・反対給付均等の原則が保険の二大原則の一つと考えられるのではないか。すなわち，給付・反対給付均等の原則を単に期待値を示す原則とするのではなく，それに従って保険料を徴収することで保険が成立することを示す保険の根本原則と把握しなければならない。このような給付・反対給付均等の原則で保険料を徴収することの社会経済的意義が重要であり，そこに重要な社会経済的意義があるからこそ，保険が一つの経済制度として成立していると考えることができるのではないか。このような視点から，各原則の関係を把握すべきであろう。

資本主義社会では，原則として，あらゆるものが交換によって入手されるので，経済的保障手段についても同様であろう。資本主義社会において支配的な経済的保障制度である保険を人々が利用するに当たって，通常の財・サービスと同様に対価を支払って取得するということが志向される。そのとき，資本主義社会における交換の原則である等価交換が作用すると考えるべきではないか。給付・反対給付均等の原則が意味する保険料が保険金の数学的期待値に等しいということは，この原則に従って交換することが土台である社会経済の原則＝等価交換に則ることを意味するという点において，社会経済的合理性を有するといえる。このように他の財・サービスと同様に保険も交換するという側面から眺めれば，給付・反対給付均等の原則は等価交換を表すといえよう。また，この原則に従った保険契約が大量に集積され，保険契約者間の関係として眺めれば，各保険契約者が等価交換をしているのであるからそこには不公平がないということで，保険技術的公平の原則が導かれる。近藤博士の主張するよ

---

13) ここでの近藤博士の見解については，近藤 [1963] pp. 71-73 を参照されたい。

うに両者を峻別するならば，保険契約者間の視点である保険技術的公平の原則に対して，給付・反対給付均等の原則を保険契約者と保険者という保険契約当事者間の視点であるとしなければならないのではないか。確かに交換という観点からは，給付・反対給付均等の原則は保険契約当事者間の関係と言える。しかし，給付・反対給付均等の原則をあえて保険契約当事者間の関係に限定する理由はないと思われる。むしろ，根本原則としての給付・反対給付均等の原則に則って保険料を徴収するということが，保険契約当事者間の関係という視点で見れば等価交換と把握でき，保険契約者間の関係という視点で見れば保険契約者間の公平の問題と考えることができる，とすべきではなかろうか。したがって，給付・反対給付均等の原則と保険技術的公平の原則の関係は峻別すべき関係ではなく，後者は前者から導かれる原則と捉えるべきである。また，給付・反対給付均等の原則に則って保険料が徴収されることは，保険契約者が平等に扱われることを意味し，「保険契約者平等待遇の原則」も導くことができるであろう。いずれにしても，給付・反対給付均等の原則は単に保険料が保険金の数学的期待値であることを示す原則ではなく，保険者と保険契約者の関係を律しながら，保険契約者間の関係をも律するものとして把握すべき原則であり，保険における「公平」，「平等」と関わる原則であると考える。以上の点を踏まえた上で，議論を『社会保障読本』の指摘する公平性の問題に戻そう。

　同書で言う公平性とは，どういう意味であろうか。おそらく，保険技術的公平性に対して「社会的公平性」とでも呼べる公平性を想定していると思われるが，これらの用語を用いれば，社会保険における強制加入とは，保険技術的不公平を持って社会的公平を達成することに等しい[14]。したがって，先の「なぜ特に医療には公平性が問題になるのであろうか」という筆者の疑問は，「なぜ特に医療では保険技術的不公平をもって社会的公平の達成が求められるのであろうか」と言い換えることができよう。同書のような説明では，保険原則として高リスク者に高保険料を求めるのが保険であることから，特に医療に公平性が求められる理由を明確にしないと，あらゆる保険が強制加入の公的保険とさ

---

14) 資本主義社会は自由主義が原則とされる社会であるから，強制加入というのはこの自由主義を修正しているという側面があることも重要であるが，ここでは公平，平等に焦点を当てる。

れるのではないか。

　しかし，公的介入がなされるのは，公平性のためというよりも政策性のためではないのか。市場の原理に任せておくと政策的に問題がある場合に，公的介入がなされるのではないか。この場合の問題とは，市場原理に任せておくと全国民に保険契約が成立せず，その結果生じる保障が得られないという状態が社会的に見て好ましくないという意味での問題であり，そのような政策的判断がなされて，保険分野に強制加入などの公的介入がなされると考えるべきであろう。そのような場合として，国民全員が保障を得ている必要があると政策的に判断できる危険でかつ市場原理に任せていたならば国民全員の加入が期待できない危険への対応がある。また，特定の高リスク産業等でその産業従事者が経営に関わるリスクに対して高リスク＝高保険料のために保険で対応することができず，あるいは，高リスク産業であるが故に保険を供給する保険者がいないため，いずれにしても，保険契約が成立できず保障が得られない状態となり，それが政策的に好ましくないと判断できる場合などがある。このような政策的判断がなされて，何らかの公的介入がなされている保険を公的保険と捉えることができるだろう。このような政策的判断に公平性が重要な役割を果たしているのであろうが，その判断は公平性のみではないであろうし，特に社会保険について公平性を根拠とするのは困難ではないか。

　社会保険はこの公的保険の一分野と考えるべきであり，社会保険の政策性において，それが社会保障制度の一部であることから生存権の保障という面が重要であろう。その点で，権利性の把握が重要なのではないか。そして，社会保険の場合は給付・反対給付均等の原則を初めから修正ないしは放棄することで政策性を反映していると言え，その点で保険契約者が保険技術的に不公平に扱われている。しかし，それは保険技術的に不公平に扱うことで保険契約者を不平等に待遇し，そのことで社会的平等を推進するという，かつては扶養性と呼ばれた政策性が反映されていると考えるべきであろう（真屋［1989］pp. 236-240）。換言すれば，社会保険は，保険契約者を「保険的に不平等」に扱うことで「社会的な平等」を推進していると言える。保険的に不平等であれば，任意加入とした場合，不利に扱われる者は加入せず，有利に扱われる者ばかりが加入するという意味での逆選択が生じ易いと言え，強制加入が保険技術的に必要

である。つまり，この場合の有利・不利とは，保険的な有利・不利で，保険的に有利とは危険率に対して保険料が安いということ，保険的に不利とは危険率に対して保険料が高いということであり，この意味での有利な契約が集まるというのは，保険経営的に見て採算が採りづらい契約が集まりがちということで逆選択と言えよう。逆選択を持ち出すにしても，社会保険の強制保険制の根拠は，政策性発揮のために給付・反対給付均等の原則を修正・放棄しているところに求められるべきで，保険技術的には給付・反対給付均等の原則の修正・放棄に伴う逆選択発生への対応として強制保険制が考えられるべきではないか。社会保険の逆選択，モラルハザードを論じるならば，まず，社会保険の性格が正しく把握されて論じられるべきである。もう少し具体的に考えてみよう。

たとえば，社会保険における給付・反対給付均等の原則の修正を応益負担に対する応能負担とし，公的医療保険のように私保険も存在する社会保険で考えてみよう。保険契約者が自分の危険率を把握できなくとも，高保険料ないし私保険料負担能力のある高所得者は自分が不利に置かれていると容易にわかるであろうから，強制加入でない場合，高所得者はリスクを保有するか，または，私保険に加入するであろう。したがって，公的医療保険を低所得者のみで形成せざるを得なくなり，保険料負担能力が大きな問題となるであろう。すなわち，傾向として，なんとか公的医療保険に加入しようとする保険契約者によって保険集団が形成されることとなろう。医療リスク率の高低と所得の高低との関係は必ずしも自明の関係ではないかもしれないが，仮に，低所得者ほど医療リスクが大きいとすれば，これはまさに逆選択と言える。しかし，問題の核心は，この保険集団形成の困難を逆選択と捉えるか否かということではなく，任意保険では全国民に医療保障を提供できないことであろう。なるほど，全国民への医療保障の提供は，同書の指摘するように，「公平性」の問題と関係するだろう。しかし，全国民への医療保障の提供は，本質的には，社会保険が社会保障制度の一つであることから，社会保障制度の目的，すなわち，全国民への生存権保障にあるのではないか。こうした社会保険の本来の目的を軽視し，情報の経済学が土台に据えられているかのようである。

社会保障論では，もともと保険学の用語である「逆選択」，「モラルハザード」を経済学の用語として一般化させた情報の経済学の「逆選択」が導入され

て，社会保険の説明がなされるのである[15]。いわば，社会保険の保険的な分析に情報の経済学から導入された「逆選択」が適用されるのである。同書第6章の逆選択の議論は，まさにそれである。しかし，このような議論が本当に保険学的に支持できるであろうか。保険技術の考察が必要であろう。

　保険は確率計算を応用した経済的保障制度と言えよう。保険の二大原則として給付・反対給付均等の原則，収支相等の原則が指摘できるように，個々の保険契約に対して給付・反対給付均等の原則に則って保険料を徴収し，そのような同質の契約を大量に締結すれば大数法則が働いて，予め予測した危険率に実際の保険事故率が一致していくこととなり，収支相等の原則が達成されることとなる。しかし，実際には，同質のものを大量に集積するというのは二律背反的な問題があるので，保険経営の原則といえる収支相等の原則を第一義にしてできるだけ給付・反対給付均等の原則を達成するとされ，まさにそこに保険技術が発揮される。換言すれば，保険技術とは保険収支を一致させる技術と言え，さまざまな工夫がなされていると言えよう。このような保険技術を考えるときに重要な点は，このように二大原則の関係が転倒するということの他に，そもそも個々の危険率の正確な測定に限界があるということである。

　どんなに科学が発達したとしても，個々の契約についての正確な危険率の算出は不可能であると考える。科学が発達しリスク測定がどんなに正確になったとしても，あくまでもそのときのリスク測定の科学技術や保険技術の水準によるものであって，完全・完璧な科学があり得ないのと同様に完全・完璧なリスクの測定というのはあり得ない。したがって，その時点の社会において不当に差別的であったり，あまりに不正確で社会からいいかげんなものと思われない程度の保険技術が適用され，社会的に信認された保険料によって現実の保険は成立しているといえる。身近な例として自動車保険で考えてみよう。自動車保険では，スタート時点の危険率は保険加入者全員同じとみなして同じ保険料率でスタートし，契約期間中事故を起こさないと次回契約を更新する際に通常保険料が下がり，最大でスタート時から60％保険料が下がる。逆に事故を起こ

---

[15] 情報の経済学が「逆選択」，「モラルハザード」を経済学の用語として一般化した点について，Loubergé [2000] pp. 3-25，藪下 [2002] pp. 94-112 を参照されたい。

すと契約更新時に保険料が上昇するという方法をとっているが、このような保険料方式をメリット制という。メリット制は社会保険の一つである労災保険でも採用されている。メリット制は事前の正確な危険率の測定は不可能であるという前提に立っている方法と言え、危険率測定の限界を事後的な実績によって補う方法と言える。また、事故を起こさなければ保険料率が低下し、逆に事故を起こすと保険料率が上昇するので、このような仕組みは保険契約者に安全運転を促すと言え、保険契約上はモラルハザード防止の機能を果たしている。このように現実の保険は、メリット制などのような多様な保険料徴収方法をとって運営されており、危険率測定の限界が明確に示されていると言えよう。

　ここで重要なことは、この危険率測定の限界というのは、保険者にとってのみ言えることではなく、保険契約者にも基本的に当てはまるということである。確かに、情報の経済学が主張するようなメカニズムで逆選択やモラルハザードが生じる場合があるだろう。しかし、その主張の前提、すなわち、保険市場には保険契約者が情報優位者で保険者が情報劣位者であるという情報の非対称性の前提は、一般論として展開できるものではなく、むしろ特殊ケースではないか。保険契約者も自分の危険率を数字化したり、保険料を割高・割安と判断できるほど自分の危険率を知らないというのが通常の場合であろう。保険者も保険契約者も正確な危険率がわからないという状況は、保険の対象とする危険が個々の契約当事者にとっては、本来「情報の欠如」とされる情報と捉えられるということである。医療保険における自分の健康状態についてもそうであろう。医療保険の保険料を割高・割安と判断できるほどに自分の健康状態がわかる人が、果たしてどれだけいるのであろうか。皆無とは言わないが、少なくとも、一般論としては展開できないであろう。

　こうした情報の経済学自体に対する批判に加えて同書の医療保障の議論においてさらに問題と思われるのは、情報に関する前提の置き方である。選択の防止において保険者が高保険料を負担できない高リスク者を排除するというのは、保険者が個々の危険率はわからず平均危険率しかわからないという前提を破っていると言える。したがって、市場原理から選択の防止を導き、情報の不完全性から逆選択の防止を導き、それらがいずれも強制加入の根拠となるという説明になっている。それは、選択では保険者が個々の危険率を算出できると

し，一方情報の経済学から保険者は平均危険率しか算出できないとすることを意味するので，情報に関する前提および危険率測定・保険料率算出に関する前提が，選択の場合と逆選択の場合では異なるという致命的な矛盾を持つのである。

　注意をしなければならないのは，情報の経済学の適用自体に慎重にならなければならないということである。保険にとっての情報の経済学の意義も，情報に焦点を当てて逆選択，モラルハザード発生のメカニズムを説明した点にある。しかし，そのような情報の経済学の適用はかなり限定されるという限界をも同時に認識する必要がある。たとえば，情報の経済学は自動車保険におけるリスク細分化は逆選択によって説明されるとするが（Dionne et al. [2000] p. 186），保険の二大原則による説明の方が優れていると思われ，わざわざ情報の経済学に頼る必要があるのであろうか。そもそも情報の経済学の意義は，保険と関わる「逆選択」や「モラルハザード」という用語を保険関係から色々な契約関係に適用できるように進化・拡大させたことにあるのではないか（Winter [2000] p. 158）。保険学の先行業績に基づきながら，もっと冷静に情報の経済学の意義と限界を考える必要がある。

　さらに，同書第6章では，「公的保険」という用語を使っているが，社会保険と公的保険の違いはどこにあるのだろうか。「公的保険」という用語に意味を持たせ，十分意識してこの用語が使われているとは思われず，その点にも大きな問題があると考える。つまり，保険一般を理解せず，さらに公的保険を理解せず，だから，社会保険も捉えきれないということではなかろうか。それは同書全般についていえるであろう。「公保険」，「私保険」という用語も見られ，公的保険・私的保険，公保険・私保険という用語の使い分け，公的保険と公保険の違い，あるいは公的保険と社会保険，または，公保険と社会保険との相互関連などがほとんど意識されていると思われず，ここにいかに社会保障論が保険学を軽視しているかが現れているのではないか。第3章で指摘した問題である。

　ただし，社会保障論の保険学軽視の背景には，保険学の弱点があることを認識しておかなければならない。一つは，保険の分類である。社会保険・公的保険を含めた俯瞰的な保険の分類ができていないという点である。もう一つは，

社会保険の性格規定と関わる社会保険の歴史である。社会保険がどのように生成・発展し，今日に至ったのか，そのことによって社会保険をいかに性格づけることができるかという点である。第3章で保険の歴史と分類の考察を行ったが，社会保険に焦点を当てた歴史と分類の考察が必要であろう。社会保険は対象を労働者階級から国民全般へと拡大させたと言えるが，一貫して言えることは，社会における経済的弱者に対する保険であったということである。経済的保障制度の歴史において，経済的弱者の保障をどうするかはいかなる時代においても大きな課題の一つであったと言え，社会保険は資本主義社会におけるそのような課題への対応において中心を占めると言える。保険学には，保険史の研究自体が不十分であるという弱点があるが，特に経済的弱者の保障・保険に対する考察が必要とされよう。

　以上のように，情報の経済学を使った逆選択の防止でも，社会保険が求められる理由を十分に説明することはできない。社会保険は私保険の限界を超えてはいる。しかし，今日の社会保険は戦後社会保障制度の中核的な制度として，また，国民全体の生活保障を行うために生成・発展してきたものとして，私保険を超越していると捉えるべきではないか。社会的リスクの中には保険の対象になりがたいものもあるが，社会保険の意義を考えるに当たっての本質的な問題は，社会保険の意義が「保険技術的限界・保険市場の限界を乗り越える」という点にあるのではなく，国民の生存権保障のために「国民全体への保障を行う」という社会保障の目的に求められると考える。社会保障論の現状は，社会保険の存在意義を十分に説明できていないと思われる。しかも，その考察にますます情報の経済学などを使って特殊な財とされる保険に経済学の一般的な分析を適用する傾向にあるが，もっと保険の特殊性を重視し，保険学の成果を学ぶ余地があるのではないか。社会保険の保険的部分を理解するにおいて，保険学そのものではなく，情報の経済学の保険に依存するかのような考察では，とうてい社会保険を捉えることはできないであろう。また，逆に保険学は社会保険に関する議論に積極的に関わることで，保険の意義と限界をより深く考えることができるのではないか。

(2) 保険企業形態論

三隅［2000 c］は，保険業界の再編において相互会社形態が再編の制約になっているとして相互会社の株式会社化の意義を強調するものが多いが，株式会社化という企業形態の変化がコーポレート・ガバナンス構造に与える影響を十分考慮していないとして，生命保険会社の企業形態の意味を考察する。考察方法は，情報の経済学におけるエイジェンシー理論を使い，エイジェンシー問題を解決するメカニズムとして企業形態の問題を考えるというものである[16]。企業の利害関係主体として，経営者・所有者・債権者の三者を考える。三者の関係の中で所有者と経営者，債権者と所有者の関係に注目する。所有者が企業利潤最大化を望むのに対して経営者は経営者個人の利益（効用）の最大化を望むので，所有者と経営者との間には，経営者が所有者利益の犠牲の下に自らの利益を増大させるという機会主義的行動をとり，非効率的な企業行動がとられる危険性があるというエイジェンシー問題があるとする（三隅［2000 a］p. 90）。債権者と所有者との間については，簡単化のために，経営者と所有者との間にエイジェンシー問題はないという前提を置いて考察する。債権者は確実な返済を求めるので返済可能な利益の確実な実現を求めるのに対して，前述の通り，所有者は企業利潤の最大化を望むので，危険な投資案を選好する可能性が高いというエイジェンシー問題が生じる。そこで，所有者は債権者の犠牲の下に自らの利益を増大させるという機会主義的行動をとり，非効率的な企業行動がとられる危険性がある（同 pp. 91-92）。

以上のように三者のエイジェンシー問題を整理して，株式会社について考えると，所有者＝株主となり，株主は株式の市場売却や経営参加によって経営者の機会主義的行動を阻止することができるので，株式会社は所有者と債権者とのエイジェンシー問題の解決はできないが，所有者と経営者のエイジェンシー問題解決に適した企業形態であるとする。相互会社は，保険相互会社を念頭に置いて，保険契約者は社員として所有者であるが，保険契約に着目すると株式

---

[16] エイジェンシー問題を取り上げた考察自体は，三隅［2000 c］に先行する三隅［2000 a, b］で行われており，それらの考察が三隅［2000 c］の下地になっている。三隅［2000 a, b］は，アメリカの生命保険業界，貯蓄貸付組合における企業形態転換に関して取り扱った先行業績も手際よく整理している。

会社の債権者に相当するとする。相互会社は社員が債権者と所有者の両方の側面を有するので、債権者と所有者の間のエイジェンシー問題は発生しない。したがって、相互会社は所有者と経営者とのエイジェンシー問題の解決はできないが、債権者と所有者の間に発生するエイジェンシー問題を解決する手段としては完全なものと評価できるとする（三隅［2000ｃ］pp.175-176）。こうして、「株式会社形態は利潤極大化をめざす企業により適した形態であり、相互会社形態は利潤安定化を目指す企業により適した形態である」（同 p.176）と結論付ける。

この結論に基づき、生命保険株式会社の行動様式に対するコーポレート・ガバナンスの観点からの問題として、保険契約者を犠牲にしたより危険な資金運用行動をとるとする。生命保険株式会社はリスク愛好的経済主体とし、「どのようにすぐれたリスク管理手法が存在していたとしても、それが採用されることはない」（同 p.178）とする。対照的に「生命保険契約者が同時に所有者であることが、生命保険相互会社おいて危険な行動がとられない理由である」（同 p.178）とする。生命保険相互会社で一般的な有配当保険契約は、契約者配当を通じて保険契約者に残余請求権を付与するので、保険株式会社が有配当保険を販売すれば保険株式会社の所有者と契約者の機能が部分的に統合されるとし、保険株式会社の危険な行動選択は、有配当保険を利用することでその一部が解決されうるとする。

株式会社形態は利潤最大化をめざす企業に適した組織であるが危険な企業行動を選択しやすく、相互会社形態は利潤の安定化をめざす企業により適した組織であるが効率性の追求が軽視され、経営者の機会主義的行動を回避できない。このような違いがある中で、日本では生命保険相互会社が規模・経済力で圧倒的な存在なので、「株式会社との競争に直面しておらず、相互会社としての論理のみで行動しても、競争上何も問題にならない状況にある」（同 p.183）とする。生命保険会社の株式会社化は従来の生命保険相互会社が株式会社との競争にはじめて直面することを意味し、また、相互会社にも株式会社並みの規律メカニズムに備えることが必要となるので、コーポレート・ガバナンスの観点からは、生命保険市場の構造に大きな意義を有するものと評価する。また、株式会社化に伴うリスク増大への対処法として、有配当保険の積極的な活用を

提案する。

以上のように，三隅 [2000 c] は生命保険の株式会社化という問題に対して，再編との関係ばかりが注目され無視されている企業形態とコーポレート・ガバナンスの関係に焦点を当てる。しかし，エイジェンシー問題を適用した企業形態とコーポレート・ガバナンスの関係把握，結論としての生命保険会社の株式会社化の意義の把握，いずれにも問題があると考える。

まず，エイジェンシー問題を適用した企業形態とコーポレート・ガバナンスの関係把握について考察する。企業の利害関係者を所有者，経営者，債権者とし，エイジェンシー問題として経営者と債権者の関係が取り上げられないが，この関係を無視してよいのだろうか。この点はともかくとして，内容では次のような疑問が浮かぶ。相互会社の社員には株式売却を通じた経営者行動の規律付けはなく，また株主総会に相当する社員総代会も形骸化しているとすることは，社員が所有者であるということを実質的には否定することを意味するのではないか。すなわち，相互会社の実態・現実からは社員を所有者とすることが否定されるということである。社員の所有者としての側面が否定されるならば，「相互会社は社員が所有者と債権者の両方の側面を有するので，債権者と所有者の間のエイジェンシー問題は発生しない」とすることはできないのではないか。現実問題としては，社員に所有者としての側面がないので，債権者としてのみ把握すべきである。社員の所有者の側面を否定する考察は，相互会社の現実を直視するならば当然のことであり，その点で適切な考察である。相互会社の考察においては，理念・理想と現実の区分が重要である。特に，経営政策や保険政策に対する政策的インプリケーションを持った考察にはこのことが当てはまる。したがって，現実を直視する考察方法は正しいが，そのことで社員の所有者としての側面が否定されることに注意をしなければならない。相互会社については，しばしば経営者支配の強さが指摘され，経営者が所有者的に振舞えるというのが相互会社の問題とされるのは，まさに所有者不在といってよいところに理由があるのではないか。また，こうした経営者支配こそが，相互会社のコーポレート・ガバナンスとして問題にされるのではないか。

次に，保険株式会社の考察についてみてみよう。株式会社形態の会社は危険な行動をとりやすいとし，その危険な行動を資金運用面の行動として危険愛好

家を前提とした議論を展開する。保険株式会社が仮に危険な行動をとるにしても，なぜ資金運用面に限定することができるのであろうか。保険販売の面や保険金の支払いの面を無視してよいのだろうか。保険会社は保障業務と資金運用業務の2つを主たる業務としていると言え，その総合の上に経営がなされているのではないか。仮に，危険な資金運用行動をとるにしても，危険な資金運用行動をとらなければならないような保険を販売した結果ということもあるだろう[17]。また，相互会社と異なり契約者と所有者が不一致となることからすれば，保険金の支払いを相互会社に比べて渋るという問題が発生する可能性はないか[18]。いずれにしても，資金運用面に限定する理由が理解できない。また，「生命保険株式会社自体は，金融リスクを低下させようという誘引はまったく有しておらず，どのようにすぐれた管理手法が存在しているとしても，それが採用されることはない」(同p.178) として，保険株式会社を危険愛好家の投資家とするのは適切であろうか。三隅［2000c］の冒頭で，「モダン・ポートフォリオ理論を用いた高度な金融技術の急速な進展に遅れをとらないための対策にも労力をさかねばならず，日本の金融業は非常に厳しい競争状況に直面しているのである」(同p.167) と指摘しているが，この指摘と保険株式会社を危険愛好家とする見解の整合性がどのように図られるかが理解できない。日本の金融機関のほとんどが株式会社形態であることからすれば，なおさらである。どこまで使いこなせているかの問題はあろうが，いまさらモダン・ポートフォリオ

---

[17] 生命保険危機時に破綻した多くの保険会社にこのことが当てはまるのではないか。破綻した保険会社のほとんどが相互会社形態であった。ここに，およそ企業形態と資金運用行動との関係についての考察の意義がどれほどのものであるかが，示唆されているのではないか。

[18] この点に関連して，2005年に生命保険業界では「保険金不払い問題」という大きな問題が発生した。明治安田生命保険が不当に保険金を不払いにしたことから，異例の厳しい処分を金融庁から受けた。生命保険業界全体の調査がなされ，一応個別社の問題とされたが，医療保険分野で生命保険業界全体の問題が発覚し，また，損害保険業界にも保険金不払い問題は飛び火し，自動車保険で大量保険金不払いが発覚した。結局，両業界の大問題へと発展し，保険事業に対する信用を大きく損なうことになった。保険相互会社，保険株式会社を問わず厳しい処分を受けている。ここに，およそ企業形態とコーポレート・ガバナンスの考察の意義がどれほどのものかが，示唆されているのではないか。

理論が高度な金融技術とは考えられず，また，これを実務に反映できないでいる金融機関，保険会社があるとも思えない。いまはその点は置くとして，リスクとリターンの関係で効率的な投資をする，そのためのポートフォリオ運用を考えるというのがモダン・ポートフォリオ理論の中心であり，それは危険回避者を前提とした議論ではないのか。さらに，現実の問題として，1990年代後半よりわが国の保険会社を含めて，世界的に金融機関に財務リスクマネジメントが求められてきており，そうしたリスクマネジメントができるか否かが競争上重要な要件の一つとなってきているとも言え，モダン・ポートフォリオ理論の次世代とも言うべき高度なリスクマネジメント手法としての金融技術を採用できなければ，市場から不適切な金融機関として淘汰されかねない状況となってきているのではないか。三隅［2000ｃ］は，危険愛好家を前提として，「デュレーション分析を利用した免疫化，RAROC（Risk Adjusted Rate of Return on Capital）基準の採用といった通常の金融リスク管理手法の採用は，上記の問題解決（＝危険を高める経営者の行動の抑制…筆者加筆）にはまったく役に立たない」[19]（同 p. 177）と断定するが，そもそも危険を好むから投資家として危険愛好家であるとすることは決して自明のことではないであろう。なぜならば，株式会社の危険愛好性は相互会社との比較の観点で主張されているに過ぎないからである。また，企業の社会的責任や説明責任などの今日の企業のコーポレート・ガバナンスをめぐる環境を考えると，株式会社を危険愛好家とする議論は現実離れしたあまりに粗雑な議論ではないであろうか。

次に，生命保険会社の株式会社化に対して有配当保険が危険な選択行動の解決策の一部になるとしている点について考察を加える。無配当ならば，極端な話，リスク・フリーでの運用でも収益が発生する。しかし，有配当保険の場合，配当率をリスク・フリー・レート以上とすれば，調達コストを上回る資金

---

19)「デュレーション分析を利用した免疫化」が，仮にイミュナイゼーションのことを指すとすれば，債券投資をパッシブ運用に限定することになり，財務リスクマネジメントの手法としては限定しすぎる。おそらく，債券投資でデュレーション分析を行うことを指しているのではないか。仮にそうであった場合，危険愛好者であろうがなかろうが債券投資においてデュレーション分析は基本であって，それを行わないのは危険を愛するからではなく，単に債券投資について無知であるに過ぎない。

運用をめざすために何らかの運用リスクをとらざるを得ない。無配当保険をひたすら売ることに主眼を置き，運用の方は単純にリスク・フリーで行うという戦略もあると思われ，その場合，有配当保険の資金運用より安全な資金運用を行うことになる。有配，無配の資金運用上の違いは，資金調達コストの有無と言え，資金運用の観点からすれば，調達コストが高ければ高いほどハイリスク・ハイリターンの資金運用を志向することになるのではないか。つまり，資金運用をする投資家の立場に立ったとき，有配当保険は危険な選択行動の解決策の一部になるとは限らず，調達コストがある分無配当保険よりも逆により危険な投資選択を志向させるのではないか。もっとも，無配当保険をひたすら売るということで保険リスク上大変危険な経営を志向することとなり，その意味で危険な選択行動と言えるかもしれない。

　このように保険相互会社，保険株式会社の考察，生命保険会社の株式会社化に対する有配当保険活用の提案，いずれも問題点を有すると考える。さらに，生命保険会社の株式会社化を生命保険市場の構造に大きな意義を有するものと評価する点も問題であろう。日本では生命保険相互会社が規模・経済力で圧倒的な存在なので，「株式会社との競争に直面しておらず，相互会社としての論理のみで行動しても，競争上何も問題にならない状況にある」（同 p. 183）とするが，株式会社との競争に直面するか否かは市場の競争状態によるのではないか。仮に保険市場において相互会社形態が支配的であったとしても，市場が自由化され株式会社の参入可能性が発生したならば，それだけで株式会社との競争に晒されることになると言えよう。実際には，戦後生命保険会社のほとんどが相互会社形態に転換して再出発をし，相互会社形態が支配的な下で護送船団体制がとられたことによって，生命保険相互会社の存在が圧倒的になった。そこでは，「相互会社としての論理のみで行動」したのではなく，「お上重視の論理のみで行動」したのではないか。それは，株式会社形態が支配的である損害保険業界も同様であった。護送船団体制が崩壊し市場が自由化され，株式会社との競争に晒されることになり，多くの株式会社が参入してきた。市場が自由化され，競争条件を揃えるという側面から，相互会社にも株式会社並みの規律メカニズムに備えることが必要になるとはいえ，生命保険会社の株式会社化がコーポレート・ガバナンスに大きな影響を与えるとは言えないのではないか。

相互会社の考察において重要なことは、前払確定保険料方式が保険市場において一般に定着していることに象徴的なように、すでに実費主義、契約者自治、相互主義・相互扶助といった相互会社の理念は空洞化し、相互会社と株式会社に収斂現象が見られることである。こうしたことを考えれば、相互会社の考察においては相互会社の理念と現実を分けて考察する必要があるが、三隅 [2000 c] の議論は都合よく相互会社の現実を持ち出し、時に相互会社の契約者が所有者であるという面を否定してエイジェンシー問題を展開している。三隅 [2000 c] の問題意識は、生命保険会社の株式会社化が金融再編との関係ばかりから論じられることに対する批判にあるが、金融再編との関係に偏りがちなのは致し方ない面がある。それは、相互会社の理念が形骸化し、株式会社と相互会社の違いがあまりない中で、金融再編によって相互会社の非弾力的な側面がクローズ・アップされてきたからである。株式会社と相互会社に実質的にはあまり違いがないという相互会社の現状を把握せず、情報の経済学・エイジェンシー理論を機械的に適用している嫌いがある。すなわち、相互会社の実態を無視した議論である。これは安易な情報の経済学に依存した議論であろう。生命保険会社の株式会社化の問題は、相互会社の現代的意義を問うているのではないか。相互会社の現代的意義を問うべきである。ただし、株式会社化が危険な行動をとるとして資金運用に焦点を当てた考察を行っているのは、保険学の保険金融に関する考察が不十分であるからであろう。貧困な保険金融論が、資金運用に関する的外れな議論を許していると言える。この点から、期せずして、すでに指摘した本格的な保険金融論が必要であるという保険学の重要な課題の一つが浮き彫りにされていると言えよう。

5. 金融工学の保険

1990 年代はデリバティブ関連の書物が出版ブームになったが、これに金融工学関連の書物の出版ブームが続き、金融が大変元気である。変動相場制移行後の為替市場の動向や 1980 年代以降のデリバティブの急増に象徴される経済における金融の肥大化、また、それを支える金融研究の一大ブームが生じている。金融工学ブームはデリバティブをも含む学問的な体系化への志向を伴うも

ので、デリバティブ・ブームの延長線上にあるといえよう[20]。この金融工学ブームは、「金融工学という命名の妙と確率微分方程式の小難しさが人々の好奇心をくすぐり、時代の寵児に踊り出た」(小島 [2000] p.158) ということであろうが、デリバティブ・ブーム、金融工学ブームいずれのブームもその根底を支えているものが、市場経済の徹底・市場主義の流れであることを忘れてはならない。いずれにしても、保険学と金融工学においてリスク処理手段をめぐった交錯が見られ、市場経済化の流れの中で、両者はいかにリスクを効率的に売買するかということに関心を寄せてきていると思われる。それは、リスクの科学 (the science of risk) (Kessler [2000] p. xxv) とでも言うべき分野に向かって、保険学と金融論が収斂 (convergence)・融合 (fusion) することを意味するのであろうか。保険と金融の融合を指摘する向きが多い。マクロ経済、ミクロ経済という用語を使えば、ミクロ経済的な問題として、個別経済主体の合理的なリスク処理を管理するリスクマネジメントに両者の関心が集中してきたといえよう。自己責任を求める風潮に呼応しながら、世はまさに「リスクマネジメントの時代」と言っても過言ではない様相を呈している。金融論は今や金融工学という分野で合理的なリスクファイナンスを考察の中心の一つとして、リスクマネジメント時代を演出する重要な役割を果たしているのである。

こうしたミクロ経済的な問題への傾斜は、冷戦の終焉で資本主義対社会主義の対決に資本主義が勝利したことおよびその後のアメリカ（アングロサクソン）資本主義の一人勝ちによる。資本主義の勝利によって資本主義の基本原理である市場経済が重視されたものの、社会主義の崩壊は各国資本主義の違いを浮き彫りにし、その後は資本主義対資本主義の戦い・競争 (Albert [1991]、久永監修 [1992]) になった。そして、その戦いに市場経済をより重視するアメリカ資本主義が勝利したのである。そのことによって、市場経済が至高善とされ、ミクロ経済とマクロ経済の矛盾である、いわゆる「合成の誤謬」が完全に背後に押しやられることとなり、また、このような状況を背景としてグローバ

---

[20] 刈谷 [2000] において、「金融工学は、株式オプション理論の開発者として有名なブラック＝ショールズをその素とするものの、決してデリバティブ（派生商品）だけを対象とするわけではない。」(刈谷 [2000] p.8)。さらに、同 pp. 118-134 を参照されたい。

リゼーションが進み，市場経済の徹底・市場主義が進展することになったと言えよう。金融工学は金融イノベーションに対して予め体系化されていたわけではないが，すでに基礎理論は整っていた。その現実適用にはコンピューターや情報化の発展が必要であり，IT (information technology) 革命によってこれらの諸条件が整い，金融イノベーション，IT 革命は互いに導き合いながら，社会の改革を推し進めたのである。世界的な市場経済化は金融の面では金融自由化であり，そのことにより金融の不安定性が高まり，自由化の反面として自己責任が厳しく問われるようになった金融機関の経営においてリスクマネジメントが最重要課題となった。このことは，BIS (Bank for International Settlements, 国際決済銀行) レポートやわが国の金融検査マニュアル，保険検査マニュアルを見れば容易に理解できるであろう。金融イノベーションを促進した金融工学は，金融機関経営におけるリスクマネジメントを支える理論でもあった。

　リスクを介して金融工学は保険に興味を持っている。たとえば，刈屋 [2000] では「金融業はリスクに関わる産業」（刈屋 [2000] p. 22）として，リスクを中核に据えて保険業も同一に含めてしまう。保険と金融の同質性の議論がリスクを介して徹底していると言えよう。さらに，「金融資産が内包するリスクのうち，基本的なものとして保険リスク，市場リスク，信用リスクを理解する」（同 p. 21）として，基本的なリスクに保険リスクを含めているのが注目される。このような主張は，リスクを土台にして体系化された学問を志向するようにも思われるが，金融の定義，あるいは，既存の金融論との関係がどうなるのかが判然としない。金融をリスクに関連させるのはよいとしても，資金を融通するという側面を飛び越えてリスクで把握するといっても無理があるだろう。また，保険リスクが何を意味するか，なぜ基本的リスクを保険リスク，市場リスク，信用リスクと分類できるのかも理解できない。「自然現象による保険リスクの特徴は，基本的には経済社会システムに関係なく発生し，発生したときは社会全体としてみると必ず損失となる」（同 p. 22）とか，「ビジネス化されている保険リスクの特徴は，集団全体としてみたときリスクが起こる確率は安定的で，基本的には人々の行動から独立的である」（同 p. 23）との説明は，誤りではないが，保険学のリスクに関する成果を無視していると思われ，理解

しがたい。したがって、一見斬新に見えるが、それまでの金融論との関係、保険学の成果との関係が判然とせず、保険学的には、独りよがりの主張になっている。

　また、金融工学ではオプションの存在が大きい。異常気象保険と天候デリバティブに象徴的なように、オプションによって金融工学と保険は商品、価格付けで相互関連を深めてきた。保険とオプションの類似性が指摘されるが、「オプションをも含む『広義の保険』は、プレミアムの支払いの対価として、リスクを限定しようというものである」（野口・藤井 [2000] p.10）との指摘は、保険とオプションの類似性把握からは踏み込んだ捉え方と言えよう。「広義の保険」というからには「狭義の保険」があるのであろうが、広義と狭義の違いがどこにあるのか、そして、そもそも保険をどのように捉えるのか。保険とオプションを同一に把握するという点で同質性志向の新しい金融論の特徴が当てはまるが、保険の捉え方があまりに粗雑ではなかろうか。

　保険やリスクを明確に規定せず、都合よく取り扱う金融工学主導のこうした乱暴な議論を許しているのは、ARTとして保険学サイドでも金融工学と重なる分野の研究が進められているものの、新しい金融論・金融工学に迎合して保険と金融の同質性の議論により展開されており、伝統的な保険学が無視されているからであろう。そのため、保険学のARTの考察は、非理論的なものとなっている。伝統的な保険学の成果を生かした上で新しい金融論・金融工学の成果を取り入れ、保険と金融の接近、類似性の議論を展開し、理論的な考察を行う必要がある。

6. 伝統的保険学の再評価

　後を絶たない保険金殺人事件などのニュースから、保険はどこか胡散臭い制度と考えられているのではないか。こうした胡散臭さは、保険のもつ射倖性の反映であろう。偶然事象によって、まとまった金額の貨幣が支払われる点において、保険も賭博も変わらない。また、経済的保障制度である保険は、経済的困難が生じたとしても一定の経済状態を確保するという意味で安心を提供する制度であるから、その状態を得たことにより人々の精神状態に少なからぬ影響

を与える可能性がある。安心を得たということで後顧の憂いがなくなり，人生や仕事に前向きになるといったプラスの作用を期待できる。こうした経済的保障の持つプラス面を鋭く指摘したのは，ガルブレイス（John K. Galbraith）であろう。貧しい社会では，経済成長が優先され，経済の安定に資する経済的保障は成長の阻害要因とされるが，経済成長をして豊かとなった社会では，危険は人々を生産活動に駆り立てた鞭の役割を終えて，危険に対応し，経済的保障を達成することで安心して生活，企業活動ができることとなり，より一層の経済成長が可能となるとする（Galbraith [1984], 鈴木訳 [1990]）。豊かな社会における経済成長と経済的保障の相互補完関係を見事に指摘していると言える。

しかし，他方安心感が個人の心理状態に悪影響を与えてしまう可能性もある。それがモラルハザードであり，保険学における重要な概念の一つである。こうした悪影響には，火災保険で具体的に考えると，「火災保険に入っているから火をつけて火災保険金を詐取しよう」，「火災保険に入っているから火の用心はよいだろう」といった形でモラルを傷つける危険性がある。保険学では前者のモラルハザードを狭義のモラルハザードとし，後者のモラルハザードをモラールハザード（morale hazard）として分ける。決して，新聞などで一般的な「倫理の欠如」といった抽象的レベルでモラルハザードを把握して済ましはしない。保険学では，犯罪も含めて，モラルハザードを規範や道徳観との関係でも重視しているのであり，モラルハザードを「異なった情報を持った主体が合理的な選択を行った結果，必然的に発生する経済活動と考えられる」（酒井＝前多 [2004] はじめに p. iii）などとすることは，保険学的には許されない。保険は賭博に類似する面があり，その利用を誤れば著しく倫理を傷つけかねない制度である。前述の通り，やや誇張して言えば，保険の歴史は賭博性排除の歴史であったともいえる。モラルハザード一つをとっても，金融一般と同様に把握すべきではない。金融一般では，投機や賭博との関係やモラルハザードに倫理観を持ち込む必要はないのかもしれない。しかし，保険は違う。保険は特別なのである。ここに，保険を金融一般と峻別しなければならない理由がある。したがって，保険を金融に含め，保険会社を金融機関として同一に把握する場合，そこには常に何らかの便宜性が含まれるということを認識すべきである。伝統的保険学が重視した保険の本質は，こうした保険の特殊性を認識する

ことにつながる。

　伝統的保険学の再評価を行いながら，相互会社の現代的考察，保険金融論の構築，ARTの理論的考察などが求められている。

第6章
相互会社の考察

1. 問題意識

わが国の損害保険・生命保険両業界において、戦後長らく支配的であった20社体制と現在の状況を比較すると、近年の変化がいかに激しいものであったかが改めて確認できる。損害保険業界では、社名がほとんど原形を留めないような勢いで急激な再編が進み、既存会社の社数が減少する一方で新規参入も行われてきたため、社数がやや増加している。生命保険業界では、経営破綻を中心に相互会社が減少する中で、損害保険会社の子会社、外資系の会社が主に株式会社形態で参入してきたため、社数が激増している。こうした変化のうち、特に生命保険会社の株式会社化に注目し、前章で指摘した生命保険会社の株式会社化の問題は相互会社の現代的意義を問うことであるとした点について考察する。

金融自由化・保険自由化で先行する欧米では、すでに保険会社の脱相互会社化・株式会社化（demutualization, stockization, stocking）の動きが顕著である（McNamara = Rhee [1992] p. 223, pp. 226-227, Black, Jr. = Skipper, Jr. [1994] pp. 830-834, Dorfman [2005] pp. 70-71)[1]。苦境に陥った相互会社の経

---

1) 相互会社形態は保険業界のみに認められている場合が多いが、保険会社以外のものとしてイギリス・住宅組合（Building Society)，アメリカ・貯蓄貸付組合（Saving and Loan）等がある。これらの金融機関でも脱相互会社化・株式会社化の動きが進んでいる（Rasmusen [1988] pp. 417-419, 村本 [1999] pp. 78-79, pp. 82-83)。なお、広く諸外国の動向を整理したものとして村上 [2000]，鶴 [2001] がある。最近のアメリカの生命保険業界の動向としても脱相互会社化が指摘されている（ACLI [2005] p. 2)。

営打開策や競争激化の中での生き残り策として欧米で顕著であったこのような脱相互会社化・株式会社化の動きが，わが国でも細々とながら進展しつつある。大同生命保険，太陽生命保険が株式会社に転換して合併し，共栄火災海上保険が株式会社に転換してJA共済の子会社となった。損害保険業界では相互会社形態であった第一火災海上保険が2000年に破綻しているので，共栄火災海上保険の株式会社化をもって損害保険業界からは相互会社が消えた。企業形態で見ると20社体制のもとでは損害保険業界は株式会社が，生命保険業界は相互会社が支配的であったが，生命保険業界においても生命保険相互会社の相次ぐ破綻，株式会社形態の新規企業の参入により，社数から言えば相互会社が支配的とは言えなくなってきた。このように保険会社をめぐる変化を見てみると，明らかに株式会社が優位であるように見えるのであるが，生命保険業界人を中心に相互会社優位論も健在のようである[2]。また，競争が激化する中で前向きな生き残り策として株式会社化の動きが捉えられているが，企業形態の変化の影響が十分に分析されていないといった，前章で取り上げた三隅［2000 a, b, c］のような批判もある。これらの見解も視野に入れながら現代の相互会社に着目したとき，問題の所在をどこに求めればよいのであろうか。

　企業の社会的責任論が盛んとなった約30年前に，水島一也博士はその時期を転換期と捉え，相互会社の社会的要請に対する対応可能性を予見するための理論的枠組みについて，「転換期の相互会社経営」として考察した（水島［1976］)。「生成史的にみれば純然たる人的団体として発足をみた保険相互組織が，資本主義的社会経済構造の下において，資本団体への性格転化を余儀なくされる」（同 p. 22）としつつも，「相互会社をとりまく環境的諸条件の変化が，その機能の諸局面に顕現される資本の論理追求に対する批判を招来し，それが相互会社経営における資本の運動法則の無制約な貫徹にブレーキをかけるという可能性をまったく排除してしまうことは適当ではない」(同 p. 23) とする。水島博士は，約30年前の状況を環境権をめぐる市民運動の高揚や福祉指向型経済運営への要求と捉え，「わが国の生保相互会社の場合，その制度理念の援用を通して，消費者志向路線への転換を求める主張ならびに運動が，既契約者

---

2) たとえば，村田［2003］がある。

1. 問題意識

ならびに潜在的顧客層の中に共鳴効果を生むというクリティカルな状況下におかれている」(同 p.27) とした。

翻って現在の状況を考えると,「構造改革」という言葉が時代のキーワードとして指摘できる現在も,大きな転換期と言えよう。当時の環境権の問題は,今では環境問題自体が21世紀の最大テーマの一つとなっていると言っても過言ではなく,環境との関係で人類の生活のサスティナビリティ (sustainability, 持続可能性) が問題とされているほどである。サスティナビリティは環境問題ばかりではなく,外国にも例がないほどの急速な少子高齢化の進展により,わが国のあらゆる制度のサスティナビリティが問題となっているといえ,その筆頭に社会保障制度があげられる。サスティナビリティを確保するために構造改革が必要とされるわけであるが,その方向性は1990年代に社会主義との戦いに勝利し,繁栄をしたアメリカに迎合するかのような市場原理主義 (佐和 [2003] p.6) と言える。社会保障制度改革においてもそうであり,現政権下における社会保障制度改革を単純に反福祉的とは言えないにしても,水島博士が指摘した「福祉志向型経済運営」に逆行するような改革とは言えよう。現在も再びCSR (Corporate Social Responsibility)[3]として企業の社会的責任が重視されてはいるが,それは市場原理主義的な自由化進展に対して企業へのチェック機能を高めるためのアカウンタビリティやコーポレート・ガバナンスが重視される中でのCSR重視と言え,社会保障制度改革に象徴的なように,約30年前の転換期に対して,方向が再び逆に転換しているような状況にあるのではないか。先に引用した「相互会社をとりまく環境的諸条件の変化が,その機能の諸局面に顕現される資本の論理追求に対する批判を招来し,それが相互会社経営における資本の運動法則の無制約な貫徹にブレーキをかけるという可能性をまったく排除してしまうことは適当ではない」との指摘は,後述するように,取り分け理念と現実の関係を重視しなければならない相互会社においては非常に重要な指摘である。また,この指摘には,資本主義的企業・株式会

---

[3] 三井住友海上保険が金融機関で初めてCSR会計を作成したと報じられた (『日本経済新聞』2004年9月12日,3面) ように,保険会社においてもCSRは重要になっている。また,保険会社のCSRについての文献も見られるようになってきた。たとえば,浅冨 [2004] を参照されたい。

社に対する相互会社のアンチ・テーゼ的な位置付けの可能性が示唆されていると思われる。しかし，現在の環境的諸条件の変化が市場原理主義的な方向であると捉えると，それはまさに「資本の運動法則の無制約な貫徹」を求める動きと言え，かかる動きの中では相互会社の資本主義的企業に対するアンチ・テーゼ的な動きよりも，相互会社自身にますます資本の貫徹が要求されてくると言えるのではないか。かつて相互会社に対しては，「資本制的企業がとる最高の発展状態」（金子［1971］p. 120）との指摘がなされたが，その指摘が正しいならば，かかる動きに対して相互会社は株式会社に対して圧倒的な強みを示すだろう。しかし，実際には，環境的諸条件への対応がそれ自身の否定＝株式会社への転換のような様相を呈している。このことは，相互会社の存在意義自体が問われていることを意味するのではないか。すなわち，「現在の相互会社に存在意義はあるのか」ということである。ここに，現代の相互会社をめぐる問題があると考える。

2. 相互会社の理念と現実

相互会社の存在意義を考える場合，そもそも相互会社が有する意義としての絶対的な意義と保険業界の他の企業形態との比較を通じた相対的な意義の2つを考えるべきであろう。こうした相互会社の2つの意義を考察するに当たって，相互会社をいかに捉えるかということが重要であることは言うまでもないことである。相互会社には本来それ特有の絶対的な意義があると思われるが，それを理念とすれば，その理念を振り回して相互会社を捉え，議論を行えば，議論が形式論議に陥る危険性が高いのではないか。実際，現実の議論において見られる傾向として，相互会社が他の保険企業形態，特に実際の市場においてライバル的関係にある株式会社との比較において相互会社を優位とする「相互会社優位論」の多くは，相互会社の理念を振りかざす傾向にあるのではないか。したがって，「理念と現実」[4]の関係を重視するということは，非常に重要

4）近藤［1974］は，「建前」と「実相」という言葉を使って，「会社自治」の形骸化・空洞化を重視する。

2. 相互会社の理念と現実

な問題であると考える。相互会社の理念と現実の関係を踏まえながら、現代相互会社の歴史的性格に対する正当な評価を行うのでなければ、未来を展望しつつその存在意義を問うことはできないであろう。まさに、「現代相互会社の歴史的性格への正当な理解を欠くままにその未来像を語るとすれば、それは何らの説得力をもたない空論に終るに違いない」（水島 [1976] p.20）。そこで、第4章の議論と重複する面があるが、「理念と現実」の関係を考えるために「相互会社優位論」を取り上げて問題点を確認しておこう。

庭田範秋博士は、庭田 [1979 c] において保険企業形態をテーマとした考察を行っているが、その中心は生命保険会社にあり、生命保険の特性として相互扶助を重視し、それゆえ生命保険会社としては相互扶助性のある相互会社のほうが適するとするものである。そこでは、「もともと現代資本主義の性格と構造が、体質と機構が大きく変化しつつあるのであり、そこでの保険企業の企業形態のそれぞれがもつ差異そのものが変転を余儀なくされるのは、むしろ必然の傾向といえよう」（庭田 [1979 c] p.128）、保険会社の金融機関としての側面が強くなれば「保険でいう相互扶助の理念、それを支える相互会社組織のもつ意義は、金融機関の運動法則や運動形態の前に圧迫を請け出すであろう」（同 p.128）等の示唆に富む指摘も多くなされる。前者は保険企業形態の差が変化し得ることを示唆し、後者は特に保険金融が会社のあり方といった次元で保険経営に影響を与える可能性を示唆していると思われる。いずれにしても、第4章で考察したように、庭田博士の保険の相互扶助性に対する捉え方は変化していると思われ、それが庭田博士の保険本質観・保険学説にも反映していると思われるが、保険そのものに相互扶助性を認め、特に生命保険に相互扶助性が強いというのが庭田博士の見解のようである。こうした理念から生命保険において相互会社を優位としつつ、「生命保険の企業形態としての相互会社組織の現代適否」において相互会社の優位性を結論として提示する（同 pp.134-135）。このように理念としての相互扶助を根拠に、相互会社の優位性が主張される。

しかし、保険の相互扶助性をめぐる議論において明らかにしたように、保険は相互扶助と対極にある、個人主義・自由主義・合理主義的な資本主義的制度である。保険における相互扶助性は保険企業を介したものであって、保険企業の性格ないしは経営・運営の仕方によって生じていると捉えるべきである。相

互会社の相互扶助性は形骸化する運命にあり（水島［1956］p.67，田村［1977］p.88），最初から相互扶助を目的とせず手段として設立された相互会社もたくさんあった（Stalson［1969］pp.112-113，安井監修［1981］pp.146-147）。「保険が相互扶助制度なので相互扶助組織である相互会社が企業形態として優れる」と要約できる庭田博士の見解は，二重の誤りを犯していると考える。一つは保険そのものを相互扶助制度と捉えるという誤り，もう一つは相互会社を相互扶助組織としていることである。

3. 相互会社の現実的把握

理念と現実のギャップが常に相互会社の考察にまつわる問題と言えよう。この点への問題を残す「相互会社優位論」に対して，現実の相互会社をできるだけ素直に受け止めて，特に，その営利性を積極的に認めて現代の相互会社の分析を行ったものとして長濱［1992］がある。相互会社の考察において，相互扶助や成員自治に重点がおかれる場合が多いが，対照的に営利性を積極的に認めているところが注目される。

長濱［1992］は，1995年の保険業法全面改正に向けて相互会社に関わる保険業法改正が大きな問題となる局面での考察であり，相互会社が再び問題視されているのは相互会社の理念＝相互主義と経営実態が乖離しているからであるとする。従来の伝統的な相互会社の存在目的を実費原則とし，実費原則は事故に対してその保険給付をなすに必要なだけの資金を集めることを意味するとしている（長濱［1992］p.48）。「保険契約が主たる地位にあり，確定保険料方式・予定利率による割引に伴う資産運用機能は，あくまで従たる地位でしかなかった」が，「今日，相互会社に加入する（社員となる）契約者が会社に期待するところは，より低廉な保険保護の提供と良質な保険サービスの提供である」ので，「これ（「実費原則」…筆者加筆）を積極的に裏打ちする資産運用機能が主たる保険事業となってしまっている」（同p.49）とする。こうして，「今日の相互会社では，保険保護の面の『実費主義』というよりは，むしろ資産運用における剰余金の極大化と分配のみが目的化している」（同p.49）というような面すらあるとし，「相互会社においてもリスクを取ってリターンを求める行動が

3．相互会社の現実的把握

常態化していると考え」(同 p. 49)，これを現代的な相互会社の理念として「高収益原則」として提示する。また，資産運用は実態として営利法人と同様な事業を行っていると考えられるとしている。そして，相互会社の社員数が巨大な数に達していることで「公共性原則」も導けるとし，「今日の相互会社の理念については，伝統的な『実費原則』から，『実費原則』『高収益性原則』『公共性原則』の3つの柱で再構成してみることが必要になってきている」(同 p. 50) とする。

相互会社の目的も3つの理念に立ち，「社員に，可能な限り多様な形態でベネフィットを与えていくことが今日的な相互会社の目的である」(同 p. 51) として，相互会社の業容拡大を認める。相互会社の営利性を積極的に認め，保険契約者の扱いも相互会社と株式会社では差をつけるべきではないとし，旧保険業法第46条（定款自治による保険金額削減規定）の廃止を主張する（同 p. 52, 59）。旧保険業法第46条廃止に伴うリスク・バッファーを保険料の安全割増に求め，利差益を保険料の割戻し分と利益性を持った株主配当の原資に相当する部分に分け，後者はリスク・バッファーとして内部留保に回されるか，分配される場合は株主配当に相当する「社員配当」と捉える（同 p. 62）。「保険料割戻し分・契約者配当原資」と「利益性をもった分・社員配当ないしは内部留保の原資となる分」の棲み分けは，リスク・フリー・レートを基準とし，リスク・フリー・レートを上回る部分を後者とする。こうした一連の考察は，見方を変えて言えば，営利性を積極的に認めてまでも保険企業形態として相互会社にこだわり続けていると言える。そして，その相互会社に対するこだわり・相互会社の存在意義は，株主の存在が不要で社員のために営利性を追求できる点に求めているようである（同 p. 66）。

以上のように，長濱［1992］は相互会社の理念から始まり，権利関係を整理しつつ，相互会社の現実を直視してその営利性を積極的に認め，その営利部分の判断の枠組みが実務的にも対応可能な枠組みとして提示されており，体系性・現実性において，非常に優れた論文である。

「社会・経済環境の変化や，これに伴ってすでに実際の相互会社の企業行動が理念としての『相互主義』からは大きく変化してしまっていることを認識」(同 p. 47) することは，先に取り上げた水島，庭田両博士の見解からも示唆さ

れるように，非常に重要であろう。しかし，「高収益原則」をこうした変化に対応した現代的相互会社の理念とすることができるであろうか。長濱［1992］では，「今日，相互会社に加入する（社員となる）契約者が会社に期待するところは，より低廉な保険保護の提供と良質な保険サービスの提供である」として契約者ニーズの変化を重視しているが，「より低廉な保険保護の提供と良質な保険サービスの提供」を求めるのは何も今日の相互会社社員・保険契約者に限ったことではなく，従来の保険契約者も望んだことであろう。結局，実費主義のことを言っているに過ぎないのではないか。できるだけ安い費用・必要最小限の実費（大塚英明［1983］p.65）・原価（田村［1991］p.189）で経済的保障を得ようというのが実費主義であり，それは普遍的なものと認識すべきである。すなわち，実費主義は保険相互会社の絶対的意義とでも言うべきものである。その余計なコストを他の保険企業形態，特に株式会社と比較して考えると，真っ先に考えられるのが企業利潤であって，そこに相互会社の相対的意義としての非営利性が本来看取されるのではないか。また，だからこそ相互会社に資本主義的企業に対するアンチ・テーゼ的な意義を期待できる。論者によっては発生史的に相互会社のアンチ・テーゼ的意義を重視する者もおり，長濱［1992］で高く評価される野津務博士（野津［1935］）などはその代表格である。長濱［1992］の言う契約者ニーズの変化は，必ずしも変化とは言えないのではないか。「より低廉な保険保護の提供と良質な保険サービスの提供」を求めるニーズが，指摘の通り資産運用機能を主とするように保険事業を変化させたとしても，それはニーズの「変化」がもらしたのではなく，ニーズの「徹底」がもたらしたとでも言うべきものである。したがって，新たな理念として「高収益原則」などと把握すべきではなく，実費主義理念の徹底として把握すべきである。なぜ新たな理念として「高収益原則」が提唱されたのか。それは，バブル期の資金運用偏重の価値観が反映したからではないか。

周知の通り，剰余金の源泉は，通常，危険差益，費差益，利差益である。これら3利源は，見込み・予定と実績の違いを源泉とするという点では同じであり，まさにかかる意味において剰余金は過収保険料なので利益・利潤にあらずとなり，剰余金・過収保険料が契約者配当として分配・還元されることで保険料調整・実費精算が達成される。過収保険料が容認されるのは，過収保険料を

3．相互会社の現実的把握

前払確定保険料方式から要請される安全割増とすることができるからであろう。しかし，危険差益，費差益が支出・費用の見込みと実績の違いであるのに対して，利差益は運用収益という収益の見込みと実績の違いである点において決定的に異なる。換言すれば，危険差益，費差益は保険団体ないしは経営内部に直接関わる費用関連の差益であるのに対して，利差益は外部・金融市場との直接的な関わりを持つ収益関連の差益である。したがって，剰余金が見込みと実績との差に過ぎないならば，剰余金が大きいというのはそれだけ見込みが甘いとも言え，相互会社の経営上好ましいことではないが，利差益に関しては，収益が見込みを上回った場合には好ましいと言える。すなわち，実績の方に着目すれば，危険差益，費差益が費用・支出の節約＝コスト削減と関わるのに対して，利差益は金融市場からの予想を上回る収益ということで，金融市場という外部から得る収益増と関わると言える。この違いを踏まえて，仮に長濱［1992］の言う通りに資金運用機能が重視されてきたとするならば，それは剰余金をめぐる捉え方において理念が変化したというよりも，保険需要サイドから見れば，契約者のニーズが高投資収益によってまで低廉な保険料負担を求めるほどになってきているということではないか。いわば，契約者のニーズがコスト削減といった消極的次元から運用収益増大という積極的次元へと移行し，高予定利率あるいは剰余金の増大を求めるほどに実費の節約を求めているということも可能で，実費主義が「高収益原則」といった別理念に変わることを必ずしも意味するわけではない。

しかし，資金運用機能が重視されてきたのは，こうした契約者のニーズといった保険需要の次元の変化で捉えられるというよりも，現実には保険供給サイドからの動きと言えるのではないか。特にバブル期は資金運用偏重・保険金融偏重の保険経営と言っても過言ではなく，それは保険を投資信託などのような金融商品と同列に販売していくことに明確に表れていた。いわば，保険業界以外の金融業界を含めた価格競争（利回り競争）がそれだけ激化し，運用収益が重視され，保険業界が積極的にその競争を行ったということである。このような状況では，保険契約者の方も高利回りを期待して単なる金融商品的に保険を購入する場合もあろうから，その場合は確かに実費原則とは異なる状況となっていると言えよう。できるだけ安い＝原価での保障を求めるという実費原

則の理念が，できるだけ高い運用収益を求めるという理念に変化している。保険契約者が高運用収益を求めたということができようが，そのような状況をもたらした保険業界の販売姿勢，あるいは，そのようなことが生じたバブル期をその後の崩壊による悲惨な状況を踏まえて考えれば，「高収益原則」などといって支持することはできないであろう。ただし，長濱［1992］はバブル崩壊直後での考察であり，バブルに対する問題がまだ明らかになっていない段階のものであるため，バブル期の状況を正当化するかのような「高収益原則」や「社員に，可能な限り多様な形態でベネフィットを与えていくことが今日的な相互会社の目的である」といった見方がなされても止むを得ないと言えよう。また，こうした相互会社の理念と行動の乖離は，改めて相互会社における経営者支配を感じさせる[5]。

「高収益原則」をバブル期の浮かれた見方が反映した原則として退けるにしても，金融商品的な運用収益と実費精算の徹底としての高運用収益の線引きをどう行うのか，そして，バブル期という特定の状況ではなく一般論として，実費原則において利差益あるいは運用収益はいかに位置付けられるかという重要な問題についての考察が残るのではないか。それは従来十分に考察されていなかった問題であり，近代保険における保険金融の位置付けといった大きな問題に関わると思われ，先の庭田博士の見解に示唆されている保険金融が保険経営に多大なる影響を与えるという非常に重要な問題であると考える。すなわち，保険会社における保険金融の位置付け，あるいは，保険契約者の運用収益に対する要請の変化が，相互会社にいかなる影響を与えるかという問題である。これらの問題を考察するために，近代保険における保険金融の位置付けを考える。

5）大塚英明［1983］において，「保険契約者が欲するのは，相互会社をみずからの手で管理運営することではなく，いわば『他人まかせ』の状態で，自己に対する保険を営んでもらうことなのである」（大塚英明［1983］p. 82）。

4. 保険金融と保険の近代化

　長濱［1992］では明示的に示されていないが，論旨の多くは大塚英明［1983, 1984］に依拠していると思われ，剰余金およびその分配をめぐる議論も同じであると思われる。大塚英明［1983, 1984］の議論は大変優れ，今日の相互会社をめぐる議論においても，非常に刺激的である。大塚英明［1983, 1984］は相互保険という概念を重視し，相互保険・相互会社の近代化を重視する。原始的な相互会社では，保険料の追徴や保険金の削減という「保険料および支払保険金の可変性」（大塚英明［1983］p. 77）と剰余金配当が実費原則を達成するための手段であったが，相互会社の近代化によって保険料および支払保険金の可変性が消滅し，剰余金の配当制度が残ったとする（大塚英明［1984］p. 40）。剰余金は本来安全割増＝過収保険料であったが，保険料および支払保険金の可変性を消滅させた準備金の形成は，運用収益を発生させ，運用収益も剰余金を形成するようになり，もはや剰余金分配は単純な過収保険料払戻ではなくなったとする（大塚英明［1983］p. 80）。これに対して先に取り上げた長濱［1992］の見解は，運用収益そのものを安全割増から排除してしまう大塚英明［1983, 1984］に対して，リスク・フリー・レートを基準にして，運用収益部分にも安全割増部分が含まれるとする見解といえよう。この両者の違いについては，大塚英明［1983, 1984］は1980年代後半に急速に実務を中心にモダン・ポートフォリオ理論（Modern Portfolio Theory, MPT）が普及する以前の研究であり，長濱［1992］はそれ以後の研究であるため，リスク・フリー・レートを使って運用収益に安全割増を認識しえたと考えられるのではないか。すなわち，長濱［1992］のこの見解は，大塚英明［1983, 1984］をMPTを使って発展させたものと推測するのである。

　しかし，大塚英明［1983, 1984］は，理論的により掘り下げる余地があると思われ，また掘り下げることでより根源的な問題が明らかにされるのではないか。大塚英明［1983, 1984］が重視する準備金の形成に注目する必要があろう。これは，換言すると，前払確定保険料方式によって保険資金が形成され，保険資金の運用が発生するということではないか。すなわち，保険現象が保険料

──保険資金──保険金と現れて，保険資金から保険金への流れにおいて金融市場との関わり・保険金融が発生しているということである。保険の本来的な機能はあくまで経済的保障機能であろうが，本来的機能発揮の過程で付随的に保険の金融的機能が発生すると言え，経済的保障機能，金融的機能を保険の二大機能と把握することができる。大塚英明 [1984] が，「準備金の積立という要素は，相互保険の近代化を促し，保険料の定額化および保険金全額支払を可能にした」(大塚英明 [1984] p. 47) としているように，準備金あるいは保険資金の形成と保険の近代化との関係は重要であろう。しかし，準備金の形成と保険の近代化の関係については，「準備金の積立という要素は，相互保険の近代化を促す関係」と捉えることができるであろうか。また，保険料追徴，保険金削減，いずれも株式会社との競争上不利であるから，相互保険の近代化として消滅すると捉えているようであるが，「保険料の可変制は，資本団体の典型例である株式会社の株主有限責任との対比において，『有限責任化』という旗印の下で定額化への道を辿ることになった」(大塚英明 [1984] p. 47) と言えるであろうか。「保険料および支払保険金の可変性」が株式会社との競争過程で消滅してくると捉えることには異論はないが，そのような現象をもたらす力の根源を正しく認識できていないのではないか。そこには，資本主義社会との根源的な関わりが存在すると考える。

　これまでの章で何度か言及しているように，そもそも資本主義社会は，基本的に市場で財・サービスを自由に交換・売買することによって生活ニーズが充足される社会といえ，その意味で市場経済であるという点が重要である。すなわち，交換・売買がわれわれの日常生活では重要であり，あらゆる財・サービスが交換・売買される傾向をもつ。経済的保障に対するニーズも市場で充足されることが志向され，それが保険取引・売買として現れる。保険は他の財・サービスに比べて特殊とされるが，特殊性を持っていても日常生活に必要なものとして市場で取引・売買される。株式会社との競争が発生するのは，かかる保険取引・売買の供給者側として株式会社が他の事業と同様に保険事業を営むからであり，保険の特殊性が反映しつつも，保険取引・売買においても資本主義社会における一般的な交換の法則が働くであろう。すなわち，等価交換の法則である。等価交換の法則が給付・反対給付均等の原則に反映し，大数法則を

応用することによって保険全体としての収支が均衡する収支相等の原則が達成されると考えるべきであり，ここに保険技術が発揮される。確かに，現実の保険はこのように額面どおりにはいかないが，しかし，体制原理との関係でこのような力が働いていると考えるべきではないか。資本主義社会における一般的な交換・売買を保険取引・売買に適用するならば，それは前払確定保険料方式にならざるを得ないであろう。相互保険の「保険料および支払保険金の可変性」が株式会社との競争上不利になるので消滅する運命にあるのは確かであるが，しかしその運命をもたらすものは，もっと根源的な力としての体制原理と捉えるべきではないか。「保険料および支払い保険金の可変性」というのは，株主有限責任との対比などの次元で考えられるものではなく，資本主義社会における交換・売買において常識を逸脱する話にならない方法であるということが重要であろう。資本主義社会一般の取引と同様になるためには前払確定保険料方式を採用せざるを得ず，近代保険成立のためには，それを採用できるような保険技術の発展とその保険技術を適用して保険団体を形成できる社会経済的基盤が整っていることが必要である。こうした保険技術と保険団体の形成を可能とする社会経済的基盤が近代保険のメルクマールであり，こうして成立した近代保険の取引形態は前払確定保険料方式となろう。その意味で，前払確定保険料方式を近代保険のメルクマールということができるのではないか[6]。

　以上のように近代保険を捉えると，近代保険は二大機能の一つとして金融的機能を発揮し，保険企業形態にかかわらず保険企業は金融機関・機関投資家としての性格を有すると言えよう。もちろん，金融的機能発揮において，保険団体内にその機能を限るということもありうるが，何の社会的紐帯も持たない保険団体においては，保険企業の金融機関・機関投資家としての性格は強くなろう。相互会社の保険団体も何の社会的紐帯を持たない経済的利益集団であろうから，保険株式会社と同様に金融機関・機関投資家としての性格が強いと考える。相互保険と相互会社を分けた大塚英明[1983, 1984]の議論は優れているが，保険金融・近代保険の捉え方が不十分であると思われ，こうした近代保険

　6）この点で，2003年の既契約の契約条件変更を可能とする保険業法の改正は，保険取引・売買を不安定なものとする危険性があると考える（小川[2003a, b]）。

の性格を踏まえながら,相互会社の理念や現代相互会社の歴史的性格が明らかにされる必要があろう。しかし,大塚英明［1983, 1984］,長濱［1992］の議論に見られるように,現代の相互会社の性格を把握する上において,営利性がカギを握るであろう。金融機関・機関投資家としての性格が強いということと営利性の関係をどのように捉えるべきであろうか。そして,その営利性の考察において中心になるのが利差益と思われ,引き続き保険金融の考察が重要となる。特に,保険金融から得られる運用収益の考察が重要であろう。

5. 安全割増＝保守性の考察

資本主義社会は貨幣経済であり,貨幣は利子を生むという追加的使用価値を有する。したがって,保険資金の蓄積を伴う前払確定保険料方式は,必然的に保険金融をもたらすといえる。蓄積された保険資金には社会的平均利子が期待されるであろうし,その期待の上に,すなわち,保険資金の運用収益が考慮されて,保険も成り立つということになろう[7]。したがって,保険資金が蓄積される以上その保険資金に対しても社会的平均的利子が当然期待されると言えようから,大塚英明［1983, 1984］のように運用収益全てを過収保険料ではなく営利部分であるとすることはできないであろう。この点でリスク・フリー・レートを使って運用収益を織り込んだ長濱［1992］の議論は優れていると言えよう。ここで,この点について考察を深めたい。

資本主義社会が貨幣経済であることから,保険資金に対して社会的平均利子が期待でき,運用収益は社会的平均利子を基準として,それを上回る部分とに分けることができる。この社会的平均利子部分を予定利率として割引される部分と考えれば,それを上回る部分が利差益と考えられる。そして,その利差益は,社会的平均利子の予定＝予定利率と実績の差として把握できる部分と,さらにそれを上回る部分とに分けることが可能な場合がある。前者が過収保険料の位置付けで契約者配当として還元できるものであり,後者は内部留保あるいは,長濱［1992］の言葉を借りれば,社員配当に回される部分である。長濱

---

7) 短期保険のような運用収益が重要でないものは,この限りではない。

5．安全割増＝保守性の考察

[1992]の議論は，このように利差益を予定と実績との差＝過収保険料部分とそれを上回る部分＝利益とに分ける枠組みを提示したと言えるが，基準としたリスク・フリー・レートと予定利率の関係について示されていない。この関係が明らかにされないと，次のような問題が生じる。具体例で考えてみよう。

いま，リスク・フリー・レートを社会的平均利子として3％と想定し，それを予定利率とすれば，運用利回りが5％であれば利差益は2％となる。長濱[1992]では，リスク・フリー・レートを上回る部分は利益と見なされるので，この利差益2％分は契約者配当に回せず，内部留保されるか社員配当として還元されることになる。ここで問題は，運用利回り（実績），予定利率（予定・見込み）の間の単純な引き算で済むのかということである。仮に，運用方法が100％リスク・フリーによるもので，何らかの理由によってリスク・フリーによる運用利回りが5％であった場合，それでも2％部分は利益と言えるであろうか。長濱[1992]がこれを利益と見なすのは，リスク・フリーを上回るリターンが得られるのは何らかのリスクをとった結果であり，そのリスクをとっているという行為を営利性の根拠にしているからであろう。しかし，この場合，2％部分はいわばリスク・フリー・レートの予定と実績のずれであり，契約者配当の原資となるのではないか。長濱[1992]の議論においてこうした問題が生じるのは，予定利率と利益性判断の基準とするリスク・フリー・レートの関係が示されていないからである。いまの例では単純化のためにリスク・フリー・レート＝予定利率としたが，当然基準とするリスク・フリー・レートあるいは本書でいう社会的平均利子と予定利率の関係が明らかにされなければならない。そのためには，利差益ないしは剰余金の源泉を考える必要があろう。

剰余金の源泉は，すでに指摘しているように，本来は過収保険料である。そして，過収保険料は予定と実績との差である。予定と実績の差・過収保険料が形成されるのは，予定の計算に当たって保守的な前提を置くからである。保守的な前提が安全割増であり，それが過収保険料にして剰余金の源泉と捉えられる。したがって，予定と実績の差＝剰余金の源泉の核心は，予定値に対する保守性をどう認識するかということにあるのではないか。すなわち，利差益をめぐる議論においては，予定利率の保守性に問題の核心の一つがあると考える。それでは，予定利率の保守性とは何であろうか。

図 6.1 利回り保証と契約者配当　　　**図 6.2** 保険契約者の損益曲線
　　　　　　　　　　　　　　　　　　　　　　　　　（ロング・コール）

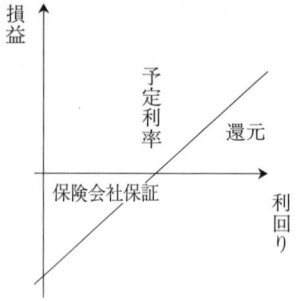

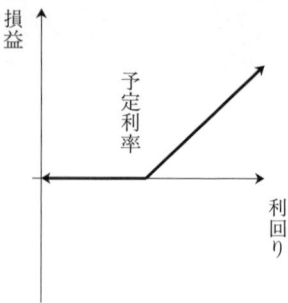

　競争によって株式会社と相互会社が収斂してきているとし，単純化のために，利差益がすべて契約者配当として還元されるとする。こうした仮定をおくことは，保険契約者からみると利回りの下限が予定利率で保証され，それを上回る運用成果が契約者配当として全て還元されることを意味する。すなわち，「利回り保証と契約者配当」という組み合わせが徹底した形である。この組み合わせが何を意味するのかをグラフで見てみよう。

　図 6.1 で，横軸に利回り，縦軸に損益をとり，予定利率を上回る資金運用利回りをプラス，下回る資金運用利回りをマイナスとすると，45 度線は保険資金の運用利回りで，横軸と交差するところが予定利率である。保険会社から見るとプラス＝益は順鞘の状態，マイナス＝損は逆鞘の状態を示すことになるが，今仮定により順鞘は全て契約者配当として保険契約者に還元されるから，保険契約者の損益曲線を図 6.2 で考えると，予定利率を上回る場合は 45 度線となる。予定利率を下回る場合は下回る分を保険会社が保証してくれるから予定利率が確保されることとなり横軸となる。したがって，保険契約者の損益曲線は「いいとこ取り」をした格好となり，この損益曲線の形状は典型的なコール・オプションの買い（ロング・コール）である。

　これに対して図 6.3 で保険会社の損益曲線を考えてみると，予定利率を上回る順鞘部分は全て契約者配当として還元してしまうため横軸が損益曲線となり，予定利率を下回る部分は逆鞘として損失を負担することによって保険契

5．安全割増＝保守性の考察

図6.3 保険会社の損益曲線
（ショート・プット）

図6.4 保険契約者の損益曲線
（プロテクティブ・プット）

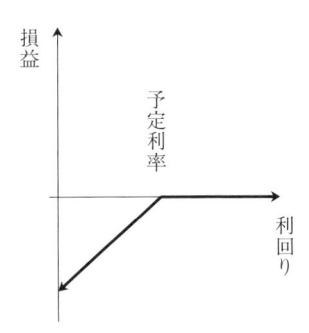

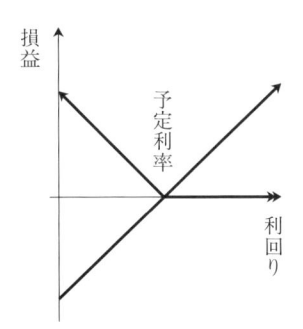

者に予定利率を保証するので45度線となる。かくして，保険会社の損益曲線はプット・オプションの売り（ショート・プット）となる。保険会社がプット・オプションを売っているのであれば，取引の相手方である保険契約者はプット・オプションを買っている（ロング・プット）ことが想像される。今そのような目で保険契約者の損益曲線を図6.4を使って再び眺めてみると，保険契約者の払い込んだ保険料を原資とする保険資金の運用利回りが45度線であるから，保険契約者は保険金原資となる保険資金の運用においてもともとはこの45度線で表される損益にさらされている。しかし，図6.4のように保険会社からプット・オプションを買って「原資産＋プット・オプションの買い」という典型的なプロテクティブ・プットのポジションを持っていると言え，そのためコール・オプションを買っている損益曲線になっていると言える。保険契約者のコール・オプションの買いとなっている損益曲線は，プロテクティブ・プットであると考えることができる。このように保険契約者，保険会社の損益曲線を把握するならば，「予定利率とは，保険契約者に提供するコール・オプション（プロテクティブ・プット）または保険会社が売却しているプット・オプションのストライク・プライスである」となろう。そして，そのストライク・プライスは，通常OTM (out of the money) で設定され，そのOTM分が予定利率の保守性である。あくまでオプション関係として把握できるということであり，実際にオプション取引がなされてプレミアムの受け払いがなされるわけではな

いので，プレミアム分がストライク・プライスに織り込まれてOTMになっていると考えることができる。したがって，予定利率の保守性とは，オプション・プレミアムであると言える。

以上から，予定利率の保守性を社会的平均利子のオプション・プレミアムとして認識することができる。しかし，こうして保守性を把握できたとしても，問題の半分が解明されたに過ぎない。それは，実際にもたらされる運用利回りが，必ずしも，社会的平均利子を軸として利差益を分解することができるとは限らないという大きな問題が残るからである。先の例で言えば，社会的平均利子をリスク・フリー・レートとして，運用の中身がリスク・フリーでの100％の運用であるならば，社会的平均利子を軸に利差益を把握できようが，運用の中身がリスク・フリー以外の資産を含む運用であるならば，ポートフォリオのリスク量分のリスクをとってリスク・フリーを上回ることを目標とした運用を行ったこととなり，運用そのものが積極性を帯びる。その場合は，長濱［1992］が提示した枠組みで，リスク・フリー・レートを基準にして過収保険料部分と利益部分に分けるという便宜的な方法もあろうが，問題なのは社会的平均利子をリスク・フリー・レートとすることが妥当であるかということである。この問題は，保険事業において運用収益はいかに位置付けられるかという問題に関わるだろう。保険会社にとっての運用収益の性格について議論をする必要がある。

6. 保険金融と運用収益

運用収益をどう認識するかという問題は，わが国において古くて新しい問題と言えるのではないか。旧保険業法第86条は，保険会社にキャピタル・ゲインを準備金として積み立てさせ，社外に安易に流出させないための規定であったが，その根底に流れている精神は「保険会社にとってキャピタル・ゲインは利益にあらず」（小川［1987］pp. 288-289）といったものであった。保険会社に運用収益が生じること自体は当然としつつも，それは蓄積される保険資金の運用上生じるものにして利息・配当などのインカム・ゲインであって，資産の売却等を通じたキャピタル・ゲインではないとされた。ただ，実際の資金運用では

キャピタル・ゲインを生じる場合もあろうから，その場合はキャピタル・ロスが生じる危険への対応としてキャピタル・ゲインとキャピタル・ロスの差を準備金として積み立てるべきとしたものである。1939年本条制定時には，保険会社にとって資産というのは保有しつづけるべきものにして，頻繁に売買するものとは考えられていなかったと思われ，そのような保険金融や日本の金融の実態・保険会社の位置付けからこのような運用収益の捉え方が正当化されたのであろう。インカム配当原則とも結びつくこの規定が保険金融の実態と乖離して，その乖離がバブル期に「アセット・アロケーション」，「アセット・ミックス」と称して外国債券投資で発生した巨額な為替差損を正当化する資金運用行動を規定したと言え[8]，さらに，それがエスカレートしていかがわしいストラクチャー・ボンド (structured bond) に対する投資や恣意的な会計操作にまで至ったと思われる[9]。そして，バブルが崩壊して経営困難になってくると，破綻寸前の生命保険会社の中には，一か八かのような資金運用がストラクチャー・ボンド等を利用して行われ，それも失敗してついに破綻に結びついた例もあった。旧保険業法第86条およびその運用収益に関する精神と保険金融との乖離・歪みが現実の保険金融に与えた多大な影響を考えると，改めて運用収益，さらには保険金融をどう捉えるかということが非常に重要であると思われる。同時に，前章のエイジェンシー理論による保険株式会社の資金運用に対する考察が，いかに的外れであるかが確認できる。

さて，旧保険業法第86条はインカム・ゲインのみを運用収益として把握し，キャピタル・ゲインを排除したわけであるが，リスク・フリー・レートを用いた議論も，最終利回りを基準とするという点において，旧保険業法第86条のインカム・ゲイン基準と一脈通じるところがある。しかし，両者には次のような違いがある。ハイ・イールド・ボンドのように信用リスクが反映して高利回りとなっているものは，信用リスク分のインカム・ゲインが多くなり，旧保険業法第86条の下でも収益とみなされる。しかし，実は信用リスクというリス

---

8) これを「保険業法第86条準備金のパラドックス」（小川 [1987] p.305）と呼ぶことができよう。
9) 恣意的な会計操作として，旧保険業法第84条評価益の活用，上場債券への選択制による原価法採用があげられる。詳細は小川 [1993, 1994] を参照されたい。

クをとって高収益を獲得しているのであるから，高リスクをとって得た収益という意味では，信用リスクをとって得たインカム・ゲインは価格変動リスクをとって得たキャピタル・ゲインと同じとも言える。旧保険業法第86条の精神が，付随的業務である保険金融で保険会社にリスクの大きな投資行動をさせないという点にあるとするならば，ハイ・イールド・ボンドの信用リスク分を収益と認識してしまうのは明らかに問題である。このような問題が生じるのは，旧保険業法第86条は資産を売買すること自体がリスクの大きな投資行動と考えたためキャピタル・ゲインを利益と認識しないこととし，インカム・ゲイン，キャピタル・ゲインといった運用収益の形態の違いでリスクの性質・大きさを分類して保険金融を規定しようとしたからである。しかし，バブル期以降には日本の金融構造が証券化しながら大きく変化する中，金融市場・投資理論・投資技術の発展を背景として，保険会社にもポートフォリオ運用が求められてきたと言える。こうして，資産は保有し続けるものという前提に立った旧保険業法第86条は保険金融の桎梏となり，運用収益の形態のみでリスクの性質・大きさの適切な分類・把握はできなくなったと言える。この点MPTの議論は，リスクのないもの（リスク・フリー）を想定して，それを上回るリターンを得られるものはそのリターンを得るためのリスクをとっていると考える点において，信用リスク等を把握できていない，また，リスクとリターンの関係で捉えることのできない旧保険業法第86条の思考に比べて理論的であり，まさに現代的（Modern）である。運用収益の利益部分の把握においては，長濱［1992］が提示した枠組みから示唆されるように，どこまでが社会的平均利子であり，どこからがそれを上回り，それを上回るものはリスク・フリーと異なりリスクをとって積極的に儲けようとしているという点で，営利性・利益性を意識するということになろう。その積極性とは信用リスク，価格変動リスク等の何らかのリスクをとっているということである。しかし，予定利率の基準となる社会的平均利子は，保険会社に期待される運用収益を基準とすべきであり，必ずしもリスク・フリー・レートとは限らないだろう。理論的には，ポートフォリオ運用が前提とされることから，何らかの基準によって保険会社としての標準ポートフォリオおよびそのリスク／リターンを想定して，それを基準に社会的平均利子を想定することが考えられる。しかし，実際にこのような標準を想定

するのは困難であろうし，保険市場における競争や各社のポートフォリオの多様性を容認するならば，想定すべきでもない。むしろ，予定利率は保証利率としてのフロアーの役割を果たすことからすれば，基準とすべきレート自体が保守的であることが重要とされ，実務上はリスク・フリー・レートを考えることもできよう。

　もっとも，金融構造の変化，金融市場の発達を背景としながら，現代の保険会社の金融機関・機関投資家としての位置付けが重みを増してくれば，ポートフォリオ運用が前提とされたトータル・リターンの運用収益志向となり，また，保険契約者からも金融機関・機関投資家としてそれなりの運用収益を期待されることとなろう。こうした状況は，株式会社，相互会社という企業形態で差が出るわけではなく，相互会社といえども金融機関・機関投資家として位置づけられよう。このような相互会社，運用収益の位置づけから，運用収益をリスク・フリー・レートを基準に契約者配当部分と利益性部分に分けることは時代錯誤的となろう。すなわち，現代相互会社の歴史的性格として，金融機関・機関投資家としての性格が重要である。そして，ここで注意すべきは，ポートフォリオ運用を前提としたトータル・リターン志向の運用に加えて，金融自由化を背景として金融商品的保険を保険会社が手がける傾向にあるということである。

　前者に対しては，保険契約者保護との関係で，保険企業形態にかかわらず，資金運用に伴うリスクに対する準備金を積み立てる必要があるのではないか。現行の保険業法第115条は旧保険業法第86条準備金を価格変動準備金という形で発展させたと言え，資金運用の実態，保険会社の金融機関・機関投資家としての位置付けに対応した改正がなされたと言えよう。また，後者の金融商品的保険に関しては，すでに実施されているが，通常の保険と異なる管理が必要であろうから，独立した別勘定で管理すべきであろう。この場合，相互会社がこうした金融商品を扱うこと自体が相互会社の理念に反し，営利性を帯びた証拠との指摘がなされるかもしれないが，金融機関・機関投資家としての性格が強まったことで，安価な金融商品提供ということが期待されてきたといえよう。そして，このような金融機関・機関投資家としての展開の根底には，前払確定保険料方式による運用収益の組み入れという要因があると言えよう。金融

自由化・保険自由化が重要な要因であり，直接的な契機ではあろうが，この点で保険会社による金融商品の提供は貯蓄性を意識した自然な展開と言えよう（Korn [2004] p. 235）。

以上から，相互会社の現代的性格を考えると，金融機関・機関投資家としての位置付け，あるいは，資金運用の積極性という次元から運用収益の利益性を考えることはあまり意味のないことと思われる。したがって，剰余金の認識との関係では，運用収益の利益部分を特定させるということではなく，資金運用に伴う準備金の積立が重要であろう。もちろん，予定利率の設定方法も非常に重要である。生命保険危機の反省を踏まえたと思われる現行の予定利率決定方式は，かなり改善されたと言えよう（小川 [2003 b] pp. 95-96）。また，金融商品的な保険の運用収益の性格は，通常の保険の運用収益とは性格が異なるであろうから，区分管理が重要であると考える。

7. 相互会社の現代的意義

世界的な金融自由化によって，保険会社はその企業形態にかかわらず，金融機関・機関投資家としての側面を強めている。株式会社と相互会社の収斂が一段と進んでいるともいえ，1996年に施行されたわが国新保険業法もこうした変化を容認し，現代相互会社の企業性を容認したと言えよう（水島 [2006] p. 228）。こうした変化の中で相互会社の存在意義を長濱 [1992] 風に言えば，社員のための金融機関・機関投資家としての行動に徹し得る企業形態ということになろうか。要するに，保険契約者以外の別の者の利益を考えなくてよいということであるが，問題はそのことが今日どれほどの意味を持つかということである。

競争を通じて相互会社と株式会社が収斂してくるならば，社会的紐帯を持たず経済的利益集団として形成される相互会社の保険団体に属する保険契約者にとって，保険契約者以外の者の利益を考えなくてよいというのは，大きな意味を持たないであろう。むしろ，株式会社を上回る資本集中の制度として最も巧妙な制度と思われた「無手で他人資本を支配しうる」（金子 [1971] p. 120）相互会社は，ある意味，先に引用したように「資本制的企業がとる最高の発展状

7．相互会社の現代的意義

態」(同 p. 120) ということができよう。しかし，これが可能となるのは，相互会社は一般事業会社のように対外的な取引を会社目的としないことから対外的な取引に対する担保資本を必要とせず，また，前払確定保険料方式による営業費の前受けと危険率の偏差が小であることによる担保資本の要請が小であるためである。前述の通り，危険率の偏差が小であることが特に当てはまるのが生命保険であるため，生命保険会社に相互会社が多いのであろう。しかし，このことは相互会社に自己資本が不必要であるということを意味するわけではない（古瀬［1990］p. 137）。株主資本のような外部資金に依存せずに済む程度の少額な自己資本の要請ということである。もちろん，なんらかの事情によって巨額な自己資本が要請されるならば，この限りではなくなるということである。

わが国の金融ビッグバンや世界的な潮流である金融グローバル化，IT (information technology) 革命などが，競争を激化させながら金融機関に巨大化を志向させているといえ，それは銀行に止まらず，保険業界を含む金融機関全体を覆うものである。こうしてわが国でもメガ・バンクが誕生し，保険会社の合併も盛んとなった。金融事業環境をめぐる変化は，金融機関に膨大なIT投資を強いる。また，競争の激化を通じて事業リスクを高め，かつ，金融機関の破綻に対して自己責任を求めることから，金融機関に巨額な自己資本を要請しながら，その巨大化を促している。こうして，保険会社，特に，生命保険会社といえども，巨額な自己資本が要請され，加えて巨大化のための業界再編において企業形態の弾力性が重要となり，相互会社は，このような事業環境において著しく不利な企業形態となった観がある。2004年12月24日に発表された金融庁の今後の金融行政の方針では，金融システムの安定重視からその活力重視に金融行政を転換し，金融コングロマリット化に対応する法整備を行うとしている（金融庁［2004 b］）。こうした金融行政の転換によって，ますます相互会社は不利な企業形態となるであろう。何らかの社会的紐帯によって保険会社・保険団体が形成されているのであれば，相互会社が企業形態において不利であることを乗り越える力となり，深刻な問題とならないかもしれないが，相互主義の形骸化した現代の相互会社にそのようなことを望むべくもない。ここに，現代の相互会社が手段に過ぎないことが改めて確認できる。

米山［2001］は，先にもとりあげた旧保険業法第46条が新保険業法で廃止

されたことについて,「相互会社形態の自律メカニズムを喪失させ」(米山 [2001] p. 22),「今後の動向を決定するほど重大な変化であったと解釈できる」(同 [2001] p. 21) とした。そして, 現在は企業形態論的な分水嶺にあると思われ, 第1の方向性は相互会社形態の自律メカニズムを復活させる方向, 第2の方向性は株式会社への転換に向けて制度的条件を迅速に整えることである (同 [2001] p. 22), とした。2003年の既契約の契約条件変更を可能とする保険業法の改正は, 保険金額削減規定の復活という側面を持つが, 株式会社と同列に認めたことで, 相互会社形態の自律メカニズムを復活させるというよりも, 相互会社を株式会社と同列に位置付ける改正と言えよう。また, 株式会社化を容易にさせる改正もなされてきており, 方向性としては第2の方向に進んでいるように思われる。なぜ, 第1の方向に進まなかったのであろうか。それは, 自律メカニズムとしての保険金額削減規定がすでに形骸化していたからではないだろうか。保険契約者にとって相互会社が単なる取引先としての意味しか持たないならば, 保険金額削減規定は形骸化せざるを得ず, その点で新保険業法はその実態を追認したに過ぎない。それにもかかわらず保険金額削減規定の復活ともいえる保険業法の改正がなされたのは, 生命保険危機への対応ということであろう。そのため, 恒久的な意味をもった法改正であるはずなのに, その本質は緊急避難的な措置と制度改正が判然としない中途半端な改正となってしまった。

「可及的安価な保険制度である相互保険は, 契約者が保険料追徴ないし保険金額削減を甘受することによってはじめて達成される『契約者メリット』だった」(大塚英明 [2001] p. 26) としても, 保険料追徴ないし保険金削減を甘受する保険契約者とは, 何らかの社会的紐帯に基づいて保険会社・保険団体を形成している保険契約者と考えるべきである。「保険相互会社という存在は, 保険という領域の素朴な発想から始まった。したがってそれは, 本来, 企業法的な考え方にはなじまない。時代の変化とはいえ, それが企業的対処を迫られ, それゆえに営利企業の代表格である株式会社へと姿を変えることは, まさに大きな矛盾である」(同 p. 34) のではなく, 変化する資本主義社会にあって, 必然的な動きではないか。

手段と化した相互会社では, 相互主義は形骸化し, 経済合理性が前面に出

る。相互会社の経済合理性は,「資本制的企業がとる最高の発展状態」という言葉に示唆されているように,主として資金調達面にあると言えよう。その資金調達面において,資金調達の方法,量,いずれにおいても相互会社が経済非合理性を持つ企業形態となるような変化が進展しているわけである。こうして自己資本に関わる相互会社のメリットがなくなり,企業形態の弾力性においてデメリットが生じてきた相互会社に対しては,何らかの社会的紐帯に基づいて保険会社・保険団体が形成されるのでもない限り,もはや企業形態として選択する理由はないのではないか。その場合の社会的紐帯の一つとして考えられるのが,相互会社の資本主義的企業に対するアンチ・テーゼ的な役割との関係である。株式会社優位で展開している現在の金融自由化・保険自由化が,競争状態から寡占状態に移行するなどして株式会社による独占の弊害が生じるような場合には,それに対する対抗手段としての相互会社の活用ということはありえよう。そもそも,非営利組織は市場がうまくいかないところに現れると言え,相互会社にもその傾向が当てはまるであろう (Hansmann [1985] p. 128, pp. 135-136)。逆にいえば,本質的に保険契約者の利益に徹することができる現代の相互会社の存在意義は,まさに資本主義的企業に対する潜在的なアンチ・テーゼ的役割以外にもはやないのではないか。既存の生命保険相互会社にそれが期待できないならば,既存の生命保険会社の動向についても自ずと方向性が出てくるのではないか[10]。

---

[10] 本書校正段階で第一生命保険が株式会社化を発表した。

第7章
保険金融論

1. 問題意識

　わが国の保険学における戦前の研究において，保険の金融的考察が見られた[1]。保険会社の資金運用が重要となってきたことを背景として考察がなされてきた面があり，また，資金運用の重要性という点では損害保険会社よりも資金量が圧倒的に多かった生命保険会社のほうがより重要とされ，金融的考察が盛んとなったからである。小川［1996］では，こうした点から，実務家の研究を中心とした専門誌『生命保険経営』における保険金融に関する論文を取り上げ，戦前のわが国保険金融論について考察した。また，保険会社の資金量の増大を背景として保険金融の研究がなされてきたことをみながら，それらの研究に保険の二大機能を別々に扱う分断的資金運用論と言える戦後の保険金融論の研究の特徴の萌芽が見られるとした。

　一方，戦前の研究において，保障業務の執行過程の一過程として金融機能を営むといった把握がみられ，その点で単なる保険者の資金運用論ではない，保険における保障と金融の一体的把握を志向したものがみられるとして評価する見解もある（庭田［1985］p.224）。確かに，それまでの研究に対して，保険資金の量的拡大を背景に保険金融に対する研究の必要性を意識したという点で保険学の発展上意義があると言える。しかし，こうした一体的把握で保険金融分析の前提が整ったとされ，生命保険資金は長期安定的，損害保険資金は短期不

---

1) わが国の保険の金融的分析の流れについては，庭田［1985］pp.223-236を参照されたい。

安定的といった資金の性格規定をした上で，保障業務と分断したような形で資金運用業務を考察する，戦後支配的となった分断的資金運用論の土台とされた観がある。この点において，保障業務の執行過程の一過程として金融機能を営むといった把握をもって保険における保障と金融の一体的把握と言えるか疑問であるが，いずれにしても，保障業務そのものに対する金融的把握ではなかった点に注意が必要である。そのような中で，保障業務そのものを金融と捉え，保険の本質を金融とする米谷隆三博士の「相互金融説」が注目される（米谷[1960]）。

米谷博士は，保険の保障機能に関わる貨幣の流れを対内的金融，金融的機能に関わる貨幣の流れを対外的金融とし，また，他人の資金を運転するものを真の金融機関とする。そして，保険を相互金融として把握しつつ，保険会社を真の金融機関とする（同 p. 264）。すなわち，保険の本質は相互金融にあり，保険会社を真の金融機関とするものである。これは，保険会社と他の金融機関との同質性を強調する主張と言え，今日の金融論的保険把握あるいは新しい金融論に依拠した保険学の先駆的形態との位置づけを与えることができよう。

相互金融説に対しては，金融の捉え方が単に通貨の移動または交換といった最広義の捉え方となっているため，金融性を問題にする意義が乏しいとする批判（印南[1956] pp. 367-373）や，単なる貨幣の移動では金融とすることはできない（庭田[1985] p. 228），といった批判がある。金融をあまりに広く捉える，あるいは，あまりに広すぎる定義のために，金融という積極的意味を有しないような捉え方となっており，いずれにしても，肝心の金融の捉え方に批判が向けられていると言えよう。前述の通り，保険は特有の貨幣の流れを形成しているという点で金融と言える。しかし，単なる貨幣の流れを金融とすれば保険をも包摂できるが，それでは金融の意味がなくなるので，相互金融説に向けられた批判は，当然であろう。

従来の金融論が保険会社を特殊な金融機関としたのは，金融を過度に抽象化していないからではないか。特殊な保険をも包摂する金融概念は，過度な抽象化がなされていると言えよう。この点から，新しい金融論は，肝心要の金融概念を過度に抽象化させていると言え，そのような考察が従来の金融論に対していかなる意義を有するかが明らかにされていない。この点から，新しい金融論

1．問題意識

は先行業績を乗り越え学問が発達した結果とは言いがたい。そのような新しい金融論に依拠して保険を金融に包摂したり，保険と金融が融合しているとしたりする主張も，新しい金融論同様，先行業績を乗り越える学問発達の成果とは言いがたい。保険学において，相互金融説を乗り越えるといった研究が見られないどころか，相互金融説が顧みられることすらないことが問題である。相互金融説は，保険会社を金融機関と把握するという点で貢献したが，金融を過度に抽象化しながら保険自体を金融とすることにその根拠を求めたところに限界があった。まさに，金融をどう捉えるかということが，問われたのである。

　戦後は，保険会社の資金運用論として，資金運用業務を保険金融と捉えて保障業務とは別個に把握するような研究が進められた。こうした研究動向に対して「保険の保障と金融の両機能の融合一体化把握の面では，逆に後退現象すら見られるのである」（同 p. 229）との批判もなされた。戦後の保険学における保険の金融的な分析は，もっぱら保険の金融的機能・保険者の資金運用に関わる側面についてであって，保険会社の資金運用論が主たるものであった。保険の本来的機能である経済的保障機能を金融的に捉えるものは，例外的なものであった。しかも，保険会社の資金運用論も実務家によるものが主で，保険研究者による研究は大変少なかった。このような保険学における保険の金融的分析の状況は，便宜的に保険会社を金融機関と捉えるとする当時の金融論の状況と整合的であったと言えよう。すなわち，保険学にとっては，あくまで保険は経済的保障制度であるからその経済的保障機能の考察が中心であり，付随的機能である金融的機能についての資金運用論は軽視されたものの，蓄積される保険資金は巨額となり，むしろ利潤の源泉としては中心を占めるようになったので実務家の関心は高まり，実務家主導での研究が進められたということであろう。金融論にとっても，保険会社を特殊な金融機関として便宜的に金融機関に含める程度であり，マクロ経済全体からみるとその資金量は重要なので無視できない，といったものであろう。

　こうした保険の金融分析の動向に対して，庭田範秋博士の経済的保障説は特異な位置に立つと言える。第2章で考察したように，経済準備説に対して保険と金融を一体的に捉えるという形で保険の二大機能を捉えた経済的保障説は，保険と金融の融合的定義とされる。それまでの学説のほとんどが，もっぱら保

険の保障機能に注目し，保障を行う仕組みに着目しながら保険の本質把握に努め，金融面を無視してきたのに対して，金融を包摂させた点に従来の学説に対する経済的保障説の意義がある。それはまた，保険利潤の把握において金融利潤を重視することとなり，保険本質論争のみならず，保険利潤源泉論争においても庭田博士が中心的な役割を果たすことになった。庭田博士の保険利潤学説は，保険利潤を「貸すよりも安く借りること」に求めるということから「利差説」と呼ばれた。利差説に対しては，銀行資本のアナロジーとの批判があったが（笠原［1963］），庭田博士は「(保険の…筆者加筆)本質的機能は保障，決定的利潤源泉は金融」としてもなんら誤りではないと反論する（庭田［1985］pp. 233-234）。なるほど，利差説の批判者は，暗黙のうちに，「主たる業務―主たる利潤の源泉」なる図式で利潤の源泉を把握しているようであるが，新聞社の利潤の源泉が新聞販売よりも広告にあるように，このような図式が常に成立するとは限らない。保険資金の絶対量が巨額となり，金融利潤の重要性が高まってきた傾向を考えると，主たる利潤源泉を金融としても正当であろう。

保険利潤の主たる源泉としては，保険の二大機能・二大業務に対応して保障利潤と金融利潤と二元的に捉えるべきである。そして，実際の保険利潤の源泉がどのようになるかは，損害保険におけるキャッシュ・フロー・アンダーライティングに象徴的なように，保険市場の競争状況や金利状況によるのであろう。しかし，保険資金が増大したもとでは，金融利潤のみでも保険経営が可能となる場合があり，実際にそのような保険経営がなされる傾向を説明したのが利差説と言えよう。保険利潤については，主たる源泉を保障利潤と金融利潤の2つと把握し，実際の利潤の構成は保険市場に規定されるとしつつ，保険事業が発展した下では金融利潤一本になる傾向があるとすべきである。異常事態とは言えるが，わが国の生命保険危機における逆鞘状態なども理論として視野に入れるならば，必ず金融利潤一本になるとも言い切れないからである。以上から，保険利潤の源泉は，あくまで保障利潤と金融利潤の二元的に捉えるべきであるが，利差説は保険事業が発展した下では金融利潤のみで保険利潤が形成される傾向があることを示し，金融利潤の重要性を示したという意義があると言えよう。

ところで，庭田博士が，保険学説としての経済的保障説，保険利潤学説とし

1. 問題意識

ての利差説を展開したのは，それまでの保障と金融を分断して把握する捉え方や保障と金融との一体化を志向しつつもそれができていないとする理論や，保険自体を金融としてしまう保険学説に対して，保障と金融の一体的・融合的把握を可能とすることこそ正当であると考えたからと思われる。この点において，それまでの理論，学説に対して庭田博士の学説は卓越していると考える。また，この点から，その後の保険の金融分析も，庭田保険学を乗り越えるということが求められるのではないか。しかし，この庭田保険学を乗り越える形でその後の保険の金融分析が進められたのではなく，実務家の分断的資金運用論に経済学や投資理論を援用した形で保険研究者の研究も加わり，保険金融の分析がなされていったと言える。分析手法としては洗練され，高度化した観があるが，保障との分断の上に精緻な議論を展開しても，結局機械的な議論に終わり，必ずしも保険金融の分析が進展したとは言えないのではないか。こうした保険金融論の動向に並行しながら，米谷博士の研究を先駆的研究とするような保障自体を，したがってまた保険自体を金融と捉える分析が行われるようになったのである。これを新しい保険分析の動向として指摘することができるであろう。この傾向は金融論において顕著であり，それが第5章で取り上げた金融論的保険論であるが，金融論の影響を受けながら保険学にも当てはまる。

以上の保険の金融分析に関する過去の流れをまとめると，次の通りである。戦前に見られる保障業務の執行過程の一過程として金融機能を営むといった把握は，保険金融の発生契機に対する認識とすることはできても，それをもって保障と金融の一体的把握とするのは困難であり，むしろ，戦前に萌芽が見られ，戦後支配的となる分断的資金運用論の土台の役割を果たしたと言える。こうした流れに対して，保障と金融の一体的把握の志向が庭田博士による経済的保障説であり，利差説と言えよう。一方，保険自体に対する金融的分析が戦前の米谷博士の相互金融説であり，これを新しい保険分析の先駆的形態と考えることができる。分断的資金運用論自体に新しい金融論の中心である投資理論が適用され，また，保険を金融に包摂させる流れが重ね合わされ，保険と金融の融合を重視した考察が盛んとなってきている。こうして，投資理論を駆使している点で装いが新たではあるが中身は分断的資金運用論と変わらない保険会社の資金運用論の研究が散発的にみられ，資金運用論自体が保険そのものの金融

分析に埋没していきそうな方向にあると考える。本格的な保険金融論が必要とされる。

2. 保険金融論の課題

(1) 問題の所在

わが国の保険の金融分析の中心は，生命保険会社の資金運用論であると言え，業界人主導で進められた。海外の研究の紹介やどのような運用が行われてきたのかといった歴史的な考察が多かったが，単なる紹介や歴史的考察に終わるのではなく，考察を現実の問題に役立たせようという理論と実践の一体化に向けた並々ならぬ努力が感じられる。この点から，生命保険業界人による業績は，量・質を圧倒し，わが国の保険学にも貢献したと言えよう。しかし，一方では基本的な理論さえ実務的関心に埋没し，十分な研究がなされていない。また，生命保険会社の資金運用の自画自賛に終わっている観がある。そのような弱点が分断的資金運用論として現れたのであろう。

保険の金融的機能に関する研究を保険金融論とすれば，わが国の保険金融論は，長らく生命保険業界人による生命保険金融論であったと言えよう。そのような中で，わが国の高度成長期に当たる時期に明確となってきた見解を生命保険金融に対する通説とし，それを「限界供給者説に補完された『貸手の選択』論」と呼ぶことにする。一方，この見解を否定する見解が1990年代に登場した。前述の経済学や投資理論を援用した保険研究者の研究であり，小藤［1991］があげられる。小藤［1991］の見解を「限界供給者否定説」と呼ぶことにする。これらを取り上げて，保険金融の分析が高度化，洗練されたようにみえながら，ほとんど進展していない点を明らかにし，保険の金融分析の課題を明確にしたい。

(2) 「貸手の選択」論

「貸手の選択」とは，資金の貸手が運用対象の利子率相互の相対的関係から，比較的有利なものに移ろうとする態度のことである。生命保険会社が資金運用において，運用対象相互の相対的格差に注目してより有利なものへと資産構成

を変化させているとするならば,生命保険会社の運用に「貸手の選択」が働いていたと考えられる。生命保険金融において「貸手の選択」が働いていたとする見解を「貸手の選択」論[2]と呼ぶことにする。

さて,戦後長らく生命保険会社の主たる運用対象が貸付金と株式であったことから,両者の動きを中心に分析を進めた研究が多い。運用対象を貸付金と株式とすると,「貸手の選択」論からするならば,貸付金が株式に対して有利なときは貸付金の資産比率が増加して株式の資産比率が減少し,株式が貸付金よりも有利なときはこの逆となるはずである。ところが1955年(昭和30年),1965年(40年頃)の金融緩和期において,株式配当利回りが貸付金利を相当下回っておりかつ低下傾向にある局面で,貸付金の比率が低下し,株式の比率が上昇するという「貸手の選択」論に反する現象が生じた。これについては一般的に,「生保会社が限界供給者的立場を露呈した」[3]と言われる。これが限界供給者説である。すなわち限界供給者とは,金融逼迫期には他の金融機関から溢れた資金需要が向かい資金需要の増加が最後に現われる資金供給者であり,金融緩和期にはもとの金融機関に資金需要が戻り資金需要の減退が最初に現われる資金供給者のことである。限界供給者説は,生命保険会社を限界供給者とし,生命保険会社が貸付金を増加させたくても増加させることができず,運用難に陥って株式投資を増加させたと考える。これは生命保険会社が銀行のように企業との日常の取引関係がなく,企業との結びつきが弱いためとされる(山中[1986] p.354)。実際生命保険会社の貸付金増減率と銀行貸出増減率をみる

---

2)「貸手の選択」論としては,安井[1963 a, b],伊藤[1975]がある。「貸手の選択」論は,景気循環と生命保険金融の関係を主たる分析対象としている。

3) 山中[1986]において,「生保会社の資産運用は,30年代,40年代を通じて,貸付を中心に展開され,株式投資については,抑制方針が堅持されてきた。もっとも,産業界の資金需要が減退した41年度(1966年度…筆者加筆)には,増加資産の43.4%が株式に向けられた。生保会社は,30―31年度(1955―56年度…筆者加筆)の金融緩和期に増加資産の40%以上を株式に配分したが,それから10年目にして,再び同様な事態に遭遇したのである」(山中[1986] p.435)。また,同書 p.354において「金融梗寒期には生保にも貸付需要が殺到するが,金融が正常化し,緩慢化してくると,生保はまっ先に貸付分野から脱落するという限界供給者的現象がはっきり出てきたわけである」(同 p.354)。

とおおむね逆に動いているので，銀行貸出が減ると生命保険会社の貸付金が増え，銀行貸出が増えると生命保険会社の貸付金が減っている。限界供給者説と「貸手の選択」論は，前者が後者を補完する関係にあると言える。すなわち，貸付金利が恒常的に株式利回りに対して相当程度高かったことから，貸付金中心の生命保険金融の展開に「貸手の選択」が働いていたとし，金融緩和期にみられた「貸手の選択」論に反する現象を限界供給者説で補うというものである。したがって，「貸手の選択」論は貸付金を基軸に株式を貸付金のバッファーとして生命保険金融が展開されていたとの見方になる。さらに，「貸手の選択」論は利子率の相対的格差を考えるにおいて，貸付金利と株式配当利回りを比較していることから，生命保険会社の株式投資目的を株式配当としている。

以上の考察から，限界供給者説に補完された「貸手の選択」論の特徴は次のとおりである。

① 有利な貸付金に資金を移そうとしていることから，生命保険会社は収益最大化を目指して，積極的な運用を展開していると考えている。

② 生命保険会社の貸付金増減率と銀行貸出増減率の逆相関から，生命保険会社を金融市場において従属的に位置づけ，限界供給者と考えている。

③ 貸付金比率と株式比率との逆相関および貸付金利が株式配当利回りを恒常的に上回っていたことから，貸付金が生命保険金融の基軸であり，株式がそのバッファーであると考えている。

④ 生命保険会社の株式投資目的は株式配当であると考えている。

このような特徴を有する「限界供給者説に補完された『貸手の選択』論」を通説とするのは，次の理由からである。

限界供給者説に補完された「貸手の選択」論として直接的に想定しているのは，伊藤［1975］である。伊藤［1975］において，「こうした観点からの（「貸手の選択」論からの…筆者加筆）生保会社の資産運用についての論証は数少なく，筆者の知る限りでは安井信夫教授による昭和26年から36年に至る期間についての分析（安井［1963a, b］…筆者加筆）があるのみで，その後まったくおこなわれていないといってよい」（伊藤［1975］p.23）と言われるように，「貸手の選択」論によるアプローチは数少ないのかもしれない。ましてや「限

界供給者説に補完された『貸手の選択』論」を生命保険金融の通説とする筆者の見解については，偏見との批判がなされるかもしれない。しかし，高度成長期の生命保険金融についての常識的な見解を整理すれば，①生命保険会社は運用利回りを向上させるべく積極的に運用している，②運用の中心は貸付金である，③株式投資目的は株式配当利回りである，④生命保険会社は貸付市場において限界供給者である，といった特徴をあげることができるのではないか。こうした特徴を理論化した場合には，筆者の主張する「限界供給者説に補完された『貸手の選択』論」となってくるのではないかと考える。すなわち，以下の通りである。

　生命保険会社では運用利回りを向上させるべく保険資金を積極的に運用するにあたって，主たる運用対象である貸付金，株式の利回りが比較される。その際比較される利回りは貸付金利と株式配当利回りであり，前者が後者を恒常的に相当程度上回っていたことから，貸付金中心の運用が積極的な運用を意味し，これをもって「貸手の選択」が働いていたとする。しかし，金融緩和期には株式配当利回りが貸付金利を下回り，しかも低下傾向にあるにもかかわらず株式投資が増加し，「貸手の選択」では説明できない現象が生じた。「貸手の選択」論を否定することなく，この現象を説明するのが限界供給者説である。なぜならば，生命保険会社は常に「貸手の選択」を行使したいが，貸付市場において限界供給者であるために金融緩和期には十分にこれを行使できなかったからであるとする。このように限界供給者説が「貸手の選択」論を補完していると捉え，「限界供給者説に補完された『貸手の選択』論」を通説として把握することによって，上記の特徴を矛盾なく整理することができる。以上から，「限界供給者説に補完された『貸手の選択』論」をもって，生命保険金融の通説と捉えるわけである。なお，ここで安井信夫博士の見解について言及したい。

　安井［1963 a, b］からすると，この見解は極めて独特と思われる。安井博士は「オーバー・ローンの状態にあり，日銀に依存せざるを得ない銀行が金融引締政策によって貸出を抑制する結果，資金需要が生保会社の資金に向かう」（安井［1963 b］p. 434），また，「生保会社の貸付金の減少は，株式の保有に廻される」（安井［1963 a］p. 33）としていることから，生命保険会社の限界供給

者的立場を認めているようであるが，このことをあまり重視していないようである。それは「金利が上がるとき保険会社の貸付が増大するのは，資金の需給，公定歩合の引上げによって，金利が上昇するとき止むなく保険会社の資金が需要されるという，かかる消極的理由のほかに，金利が上昇するとき貸付を増大させるという貸手，すなわち保険会社側の意向を反映したものであろう。生命保険会社は他の金融機関に比べて，貸手の選択を行使する制約が少ないのである」(安井 [1963 b] p. 434) としているからである。すなわち，生命保険会社の限界供給者的立場よりも，金融引締期に貸付を増加させることができる生命保険会社の貸手の態度に注目し，この点を積極的に評価して限界供給者的立場をほとんど問題視しない点に，安井博士の見解の特徴があると考える。

(3) 限界供給者否定説

小藤 [1991] は生命保険資産の大半を占めるのが貸付金と有価証券であり，貸付金では財務貸付が，有価証券では株式が大きな割合を占めるので，財務貸付と株式の動きに注目する。これまで一般的に指摘されてきた財務貸付と株式投資の動きに関して，図7.1のように整理する。また株式配当利回りと生命保険会社保有株式残高対前年度比の関係をみると，全体的には両者が反対方向に動いていることから，株式投資目的として株式配当利回りは不適当とする（図7.2参照）。株式配当利回りの代わりに，株価上昇率と生命保険会社保有株式残高対前年度比の動きをみると，両者がほぼ同方向に動いていることから，株式投資目的は株価値上がり益とする（図7.3参照）。そして，貸付金利が硬直的であることから，「株式と財務貸付の動きが株価上昇率と貸付金利の相対的大きさによって決定づけられることを踏まえるならば，両者の動きを説明するにあたってとくに株価上昇率の動きに注目しなければならない」（小藤 [1991] p. 129) とし，財務貸付ならびに株式投資は株価値上がり率によって決定づけられていたとする。したがって，生命保険金融においては貸付金が基軸で株式がそのバッファーではなく，むしろその逆であり，株式投資目的は株式配当にあるのではなく，値上がり益にあるのであり，生命保険会社のこの運用パターンは生命保険会社がより高い収益を求めて積極的に運用した結果であり，生命保険会社は限界供給者ではないとする。「本来，生保会社の資産運用

2. 保険金融論の課題

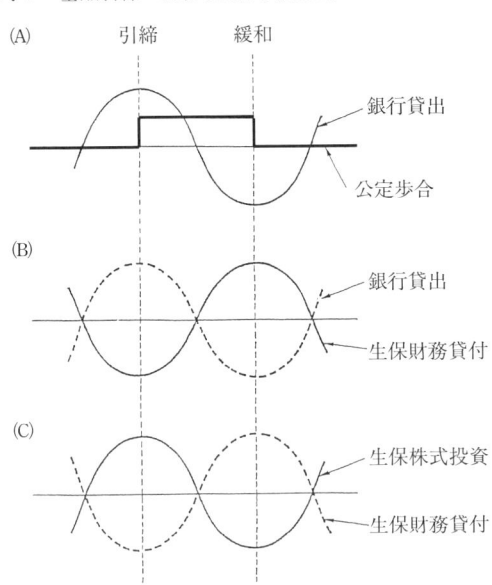

図7.1 金融引締・緩和と生保資産運用パターン

(A) 銀行貸出／公定歩合
(B) 銀行貸出／生保財務貸付
(C) 生保株式投資／生保財務貸付

(出所) 小藤 [1991] p.150, 図5-1。

行動を説明するうえで銀行貸出は無関係なもの」(同 p.170) であり, 限界供給者説の根本的な問題点を, 収益最大化行動から資産運用パターンを説明しない点に求めているようである[4]。

以上の考察から, 限界供給者否定説の特徴は次のとおりである。

① 生命保険会社は収益最大化を目指して積極的に運用していると考えている。

② 株式投資が生命保険金融の基軸であり, 貸付金がそのバッファーである

---

4) 小藤 [1991] において「このような生保会社特有の資産運用パターン (金融緩和期には財務貸付が低迷し株式投資が増加するのに対して, 逆に金融引締期には財務貸付が増加し株式投資が低迷するというパターン…筆者加筆) について一般に生保会社が限界供給者であるために生じたものであると解釈されている。…中略…(それに代わる説明として…筆者加筆) 生保会社を限界供給者と位置づけるのではなく, 収益最大化行動から資産運用パターンを説明する」(小藤 [1991] p.177)。

図7.2 保有株式と株式平均利回り

(出所) 小藤 [1991] p.159, 図5-6。

図7.3 保有株式と株価

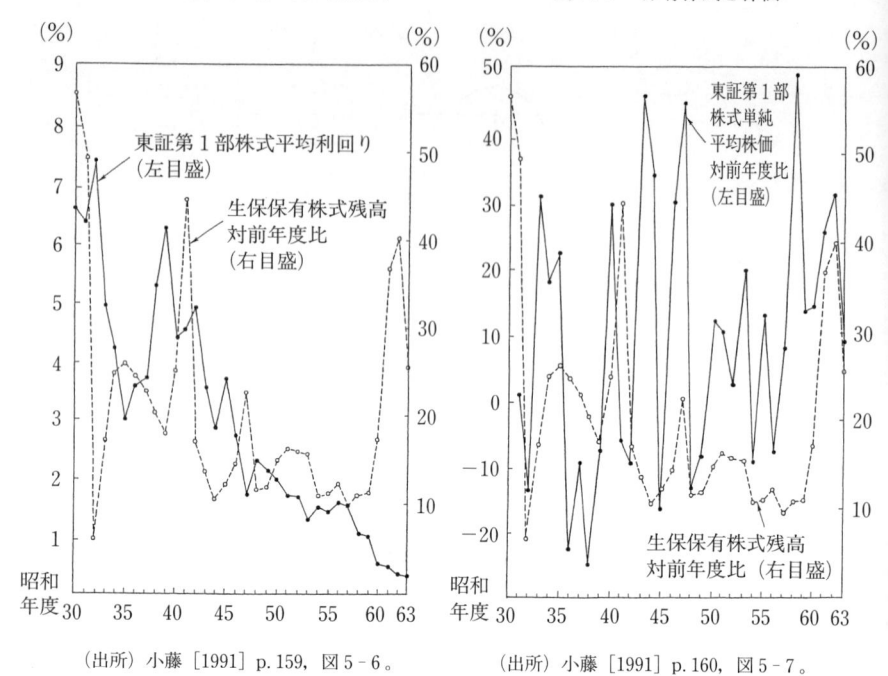

(出所) 小藤 [1991] p.160, 図5-7。

と考えている。

③ 生命保険会社の株式投資目的は値上がり益であると考えている。

さらに小藤 [1991] は簡単な需要・供給分析を通じて，限界供給者説を否定する（同 pp.163-176）。図7.4は銀行貸出市場を示し，DD 曲線は需要曲線を，SS 曲線は供給曲線を示す。高度成長期の特徴である低位硬直的金利 $\bar{r}_1$ を仮定するため，初期銀行貸出額は A 点から L_1 で示されることになる。このような状況で金融が引き締められると，SS 曲線は左にシフトし $S'S'$ 曲線となり，貸出額は L_2 に減少する。一方図7.5で生命保険財務貸付市場を考えると（記号は銀行貸出市場に同じ。ただし，L_1 は生命保険財務貸付額である），このとき限界供給者説は銀行貸出市場から溢れた資金需要が生命保険財務貸付市場に向かい DD 曲線が $D'D'$ 曲線にシフトすると考える。しかし DD 曲線がシフトしても貸付額が L_1 で変わらず，それゆえ限界供給者説では生命保険会社特有

図7.4 銀行貸出市場

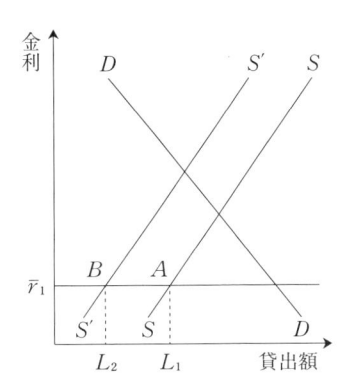

図7.5 生保財務貸付市場

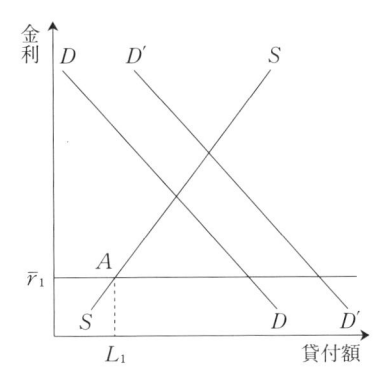

(出所) 小藤 [1991] p.164, 図5-10。

(出所) 小藤 [1991] p.164, 図5-11。

図7.6 株価値上がり率による
保有株式の変動

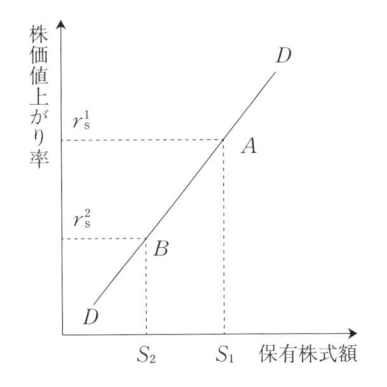

図7.7 株価値上がり率による
財務貸付の変動

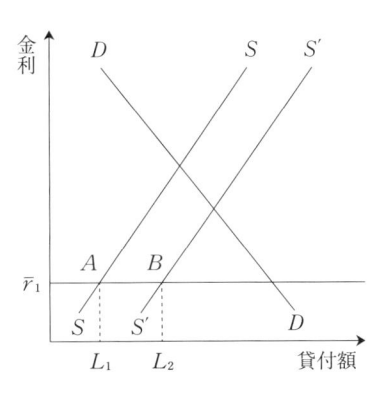

(出所) 小藤 [1991] p.167, 図5-13。

(出所) 小藤 [1991] p.167, 図5-12。

の運用パターンを説明できないとする。

小藤 [1991] は限界供給者説に代わる説明として株価値上がり率に注目し,次のように説明する。すなわち,金融引締期には株価が低下傾向にあるため,株式投資に対する魅力が減り財務貸付の供給が増大することになる。図7.6は保有株式額と株価値上がり率の関係を示したものであり,株式投資目的を株

図7.8 株式収益率と生保財務貸付増加額(フロー)

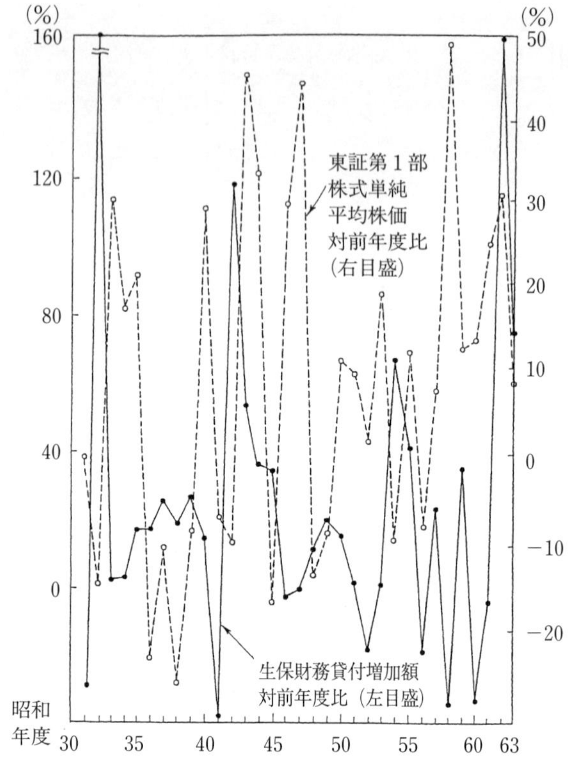

東証第1部
株式単純
平均株価
対前年度比
(右目盛)

生保財務貸付増加額
対前年度比(左目盛)

(出所)小藤[1991] p.185, 図6-5。

価値上がり率とすれば，右上がりの曲線で表わされることになる。初期における株価値上がり率をr_s^1，保有株式額をS_1とし，その交点をA点とする。この状況で金融引締政策が実施されると株価値上がり率がr_s^1からr_s^2に低下し，B点より保有株式額はS_2へ減少する。この保有株式額の減少から財務貸付が増加し，図7.7で考えると，SS曲線が$S'S'$曲線へと右にシフトし，貸付額がL_1からL_2へと増加する。「このようにして金融引締期に財務貸付が増加し保有株式が減少するメカニズムは低位硬直的貸付金利のもとで株価値上がり率が財務貸付額と株式投資に影響を与えた結果であると考えられる」(同 p.167)

2. 保険金融論の課題

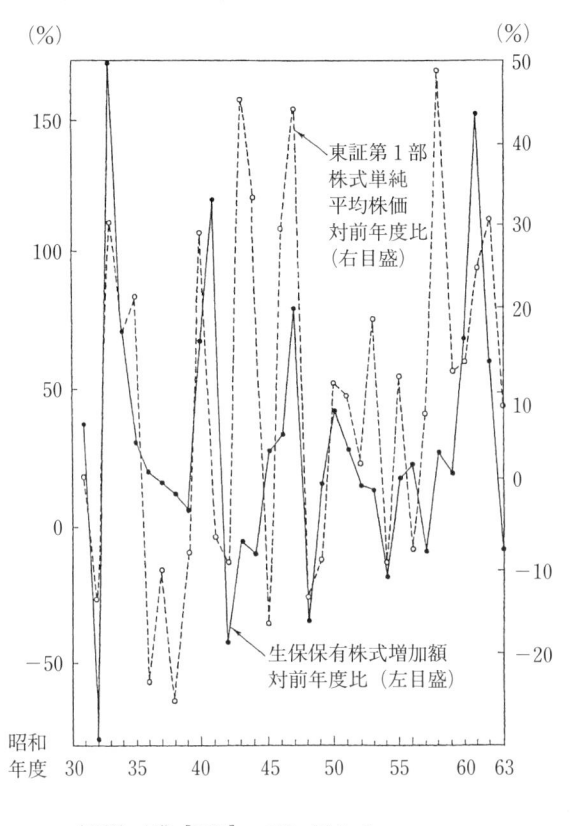

図7.9 株式収益率と生保保有株式増加額（フロー）

（出所）小藤 [1991] p.186, 図6‑6。

とする。限界供給者説は生命保険資金が積極的に運用されているとは考えないので，生命保険財務貸付市場において需要曲線に着目するが，供給曲線に着目すべきとする。

小藤 [1991] は限界供給者説を否定することによって，従来生命保険金融において常識的な見方が否定されると考えているようであり，しかも常識的な見方との根本的な相違点は生命保険会社の運用姿勢を積極的とみるか，消極的とみるかという点にあるとしているようである。さらに，小藤 [1991] の株式重視の姿勢は徹底している。増加資産をベースとしたフロー・ベースでは株式収

図7.10 生保資産構成比（ストック）と株式利回り

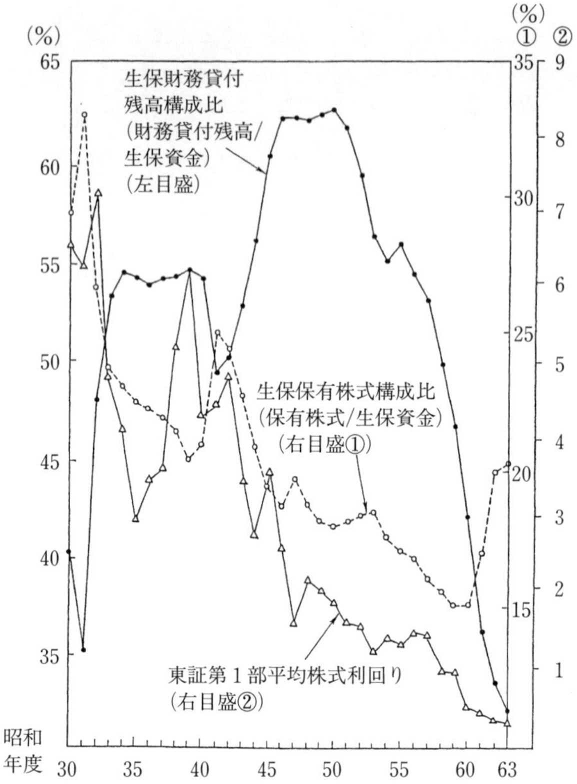

(出所) 小藤 [1991] p.192, 図6-7。

益率（ここでは株価値上がり率）と財務貸付の間に逆相関，株式収益率と株式投資に正の相関がみられるのであるが，保有残高をベースとしたストック・ベースでみると株式保有構成比は減少傾向にあり，株式収益率では説明できない（図7.8，7.9，7.10参照）。これを矛盾なく解釈するために総合利回りを導入し，生命保険会社は株式の総合利回りによって資産運用を決定づけるとし，短期では株式収益率が，長期では株式配当利回りがより重視されるとする（同 pp.195-197）。

⑷ 「貸手の選択」論と限界供給者否定説

　小藤 [1991] は限界供給者説を否定することによって常識的な見解が否定されたとするが、限界供給者説は「貸手の選択」論を補完するものと捉えるべきであろう。「貸手の選択」論自体は生命保険会社が収益最大化を目指して運用を行っていると考えているのであり、この点で限界供給者否定説とは異ならない。ただ貸付市場における生命保険会社の従属的立場を前提として、限界供給者説によって「貸手の選択」論を補完している。ここで注意しなければならないことは、生命保険会社が収益最大化を目指して行動していることと、実際に行動できるかどうかということを混同してはならないということである。すなわち、生命保険会社を貸付市場で従属的に位置づけることが、生命保険会社の収益最大化の行動を否定するとは限らないということである。生命保険会社は社会経済に超然と存在しているのではなく、さまざまな制約を受けている。生命保険金融の展開は当然土台である金融構造に規定されている。高度成長期の金融構造が銀行なかんずく都市銀行中心の間接金融であったことからすれば、こうした金融構造に生命保険会社も規定されていたと考えるべきである。限界供給者説が前提としている生命保険会社の貸付市場における従属的位置づけは、高度成長期の金融構造の反映であり、生命保険会社が置かれていた社会経済的条件を示すものではあっても、生命保険会社の収益最大化の行動を否定するものではない。否、銀行と生命保険会社の支配力の相違という点では生命保険金融にとって本質的ということができよう。「貸手の選択」論はあくまで生命保険会社の収益最大化を前提としているのであり、限界供給者説自体も生命保険会社の収益最大化行動を否定するものではない。収益最大化を前提とするならば、貸付金が増加してよいにもかかわらず、貸付金が増加せず株式が増加するのは何故か、という問題意識が限界供給者説の出発点となっているからである。さらに、限界供給者否定説の誤りは、詳しくは後述するが、収益最大化を単に運用利回りの観点のみで把握していることである。

　次に、「貸手の選択」論と限界供給者否定説の主要な相違点は、運用の基軸を前者は貸付金とし後者は株式としている点である。「貸手の選択」論は貸付金利が恒常的に株式投資目的である株式配当利回りより相当程度高かったことから、貸付金を基軸とする運用は「貸手の選択」が働いた結果であるとし、限

界供給者否定説は，株式投資目的は株式配当利回りではなく株価上昇率であるとする。「貸手の選択」論が株式投資目的を株式配当利回りとするのは，契約者配当金に回せるのはインカム・ゲインのみで売却益は旧保険業法第86条準備金に積み立てなければならないからであり，運用に対する規制上キャピタル・ゲインが積極的な意義を有しないからである。これに対して限界供給者否定説は株価上昇率の意義を売却益の確保ではなく含み益の蓄積に求めて，株価上昇率を株式投資目的とすることの正当性を主張する（同 pp. 132-143）。含み益の増大は資金運用の安全性（安定性）に寄与するとし，この点を積極的に評価する。なぜならば，「含み益は生保会社が資産運用に失敗した場合，それ自身をはき出すことによって収益の減少を補うことができる」（同 p. 141）からであるとする。

しかし，ここで問題なのは収益の中身である。小藤［1991］の説明からすると予定利率以上の収益を意味すると思われる[5]。予定利率以上という意味での収益となれば契約者配当金の対象になる収益と把握していると言え，そうであるならば，問題となる収益は利差益であり，その原資はインカム・ゲインに限られる[6]。しかし，含み益が資金運用の安全性を高めるというとき，それは利差益がマイナスになるという危険性に対して安全性を高めると言えるのであろうか。含み益が資金運用の安全性を高めるというのは，資金運用における巨額な損失といった異常事態という危険性に対して安全性を高めていると言えるのではないか。換言すれば，投下元本の果実である収益（インカム・ゲイン）の減少というよりも，投下元本自体の減少（キャピタル・ロス）という危険性に対する安全性ということになろう。やはり保険会社の運用においては，旧保険業法第86条準備金などの制約もあり，インカム・ゲイン志向がみられるとするべきであり，貸付金利と株式配当利回りとの間に恒常的な格差があったこ

5）小藤［1991］において，「この原則（安全性の原則…筆者加筆）は生保資金の運用にあたって予定利率を含めた収益をできる限り達成することである。もしこの大きさの収益が達成できなければ保険金の支払に支障をきたすため，生保会社にとっては必ずこの大きさの収益を確保しなければならない」（小藤［1991］p. 138）。

6）1972年より特別配当が実施されているが，ここでの考察期間は高度成長期とする。もっとも，特別配当を勘案しても，本質的な問題は変わらないと考える。

と，しかも株式配当利回りは低下傾向にあったこと，増資形態も株主額面割当増資から時価公募増資へと変化していったことも考慮すると，貸付金を基軸としたという見方が妥当なのではないか。高度成長期の金融構造が間接金融であったことから，生命保険会社は貸付金主体の運用を余儀なくされたと言え，しかもそのような運用が収益最大化行動を否定するものではなかったと考えるべきであろう[7]。小藤［1991］は高度成長期の貸付金の持つ意味を過小評価しているようであり，それが株式を過大評価するという誤りに結びついたと思われる。高度成長期の金融の特徴である人為的低金利政策は，市場の需給で決まったであろう金利よりも人為的に低水準に金利が規制されていたということであり，金融機関の運用利回りは規制がなかった場合に比べてその分低くなったのではあるが，必ずしもそのことが金融機関にとって不利な関係にあることを意味するわけではない。むしろその逆である。金利規制は企業に低コストの資金を供給すると同時に，金融機関に一定の利鞘を安定的に確保させ，貸せば貸すほど儲かる仕組みだったのではないか。だから企業支配力が強く，貸付先を多く抱えていた都市銀行はオーバー・ローンの状態にあったのである。もちろん日銀信用がオーバー・ローンを可能とした点を忘れてはなるまい。したがって，貸付金は各金融機関に極めて重要な役割を果たしていた。このように高度成長期における貸付金の重要性，金融構造や運用に関する規制などの諸条件を考慮すると，生命保険金融は貸付金中心と言えよう。それでは限界供給者説に補完された「貸手の選択」論という通説が正しいのであろうか。

「貸手の選択」論は，株式投資目的を株式配当利回りと考えるが，株式投資目的を株式配当利回りに求めるということは，いかなる意味を持つのであろうか。株式はそれを所有することによって，利潤の分配である配当を取得することができるので利潤証券であり，同時に，議決権を行使することができるので支配証券でもある。さらに株式価格は変動するから，価格変動差を取得できる

---

7) 山中［1986］において，「戦後一貫して貸付中心の運用が展開されたのは，基本的には高設備投資のもとにおける間接金融方式の進展で，生保会社に対する産業界の借入需要が旺盛をきわめたためだが，同時に貸付の高収益性が，資産運用の高利回りを保証し，契約者の実質的保険料負担を軽減しえたことも，貸付重点運用の背景として見逃し得ない」（山中［1986］p.426）。

可能性があるという点で，投機証券でもある（奥村 [1992] pp. 36-37)。「株式にはいろいろな使用価値があって，主観的にはそのいずれを目的として株式を購入しようとも随意であること，別言すれば，各人は多様な動機から株式を買うことができることを意味する」(川合 [1981a] p. 18)。したがって，株式投資目的を株式配当利回りとすることは，利潤証券として株式投資が行われているということを意味する。しかし，生命保険会社の株式投資を単なる利潤証券としての株式投資とすることができるであろうか。

高度成長期の過程は企業集団形成の過程でもあり，企業間の株式持ち合いが進展し，株式所有構造において法人化現象が生じた[8]。昭和40年代は資本の自由化を背景として外資による買い占め防止の観点からも安定株主工作が進められ，法人化現象が進展した。株式相互持ち合いの仕組みは，お互いが安定株主になることでそれぞれの企業を支配するために必要な株数を節約させ，支配の安定を得るための仕組みであると言える。したがって，その所有は支配証券としての所有となり，法人化現象の進展は支配証券として株式が買われることであり，ひとたび買われたならば，市場には特別な事情が発生しない限りは出てこないので，需給を逼迫させ，株価を上昇させる。利潤証券としての買いではないから株式配当利回りが確定利付き債券を下回ろうが株式は買われ，こうして株式配当利回りは著しく低下し，もはや利潤証券としては買えなくなってしまった[9]。特に増資形態が株主額面割当増資から時価公募増資へ移行したことの影響は決定的である。

生命保険会社も安定株主としての株式所有を要請されたと思われ，これに営業政策的投資として応えたのではないか。営業政策的投資は直接企業経営に支

---

[8] 法人化現象は高度成長期以前の昭和20年代からみられる。法人化現象およびその進展については奥村 [1991] pp. 75-78，鈴木 [1979] pp. 190-192 を参照。

[9] 川合 [1981a] において，「支配的な動機からする取引は総需要の中においても支配的な比重を占めるから，ほかの動機からする需給は，それに埋没させられてしまって，大勢に影響を与えることができない」(川合 [1981a] p. 17)。また奥村 [1992] において，「配当と株価の関係を切断させた最大の犯人は『法人買い』だったのであるが，株式所有の法人化現象が定着したことによって日本ではアメリカやヨーロッパと比較して考えられないほど利回りが低い，ということは株価が高いという結果をもたらしたのである」(奥村 [1992] p. 55)。

配力を及ぼすものではないが，企業の保険政策に対して影響を与えているであろうから，本質的に支配証券としての株式投資となろう[10]。生命保険会社の株式投資において利潤証券としての側面があることは否定できないが，支配証券としての把握も必要不可欠である。高度成長期の株式配当利回りの低下傾向は，法人化現象の進展にともない株価が利潤証券としての価格形成から，支配証券としての価格形成へ移行したためである。株式配当利回りと株価との関係が断ち切られ，支配証券としての買い以外は投機証券の買いとなり，株式配当利回りは著しく低下した。利潤証券として株式を保有し続けようとする株主にとっては，株式配当利回りの低下は株式保有の意義を減少させるが，株式を相互保有している法人にとっては，時価公募増資の定着により，高株価（＝低配当利回り）が低コストの資金調達を可能にするので，必ずしも不利な関係ではない。株式の相互持ち合いにおいて法人は他の企業の株主であると同時に，自らも株式発行者であるという二面性を有するからである。株主としてのデメリットが株式発行者としてのメリットで相殺されるわけである。むしろ高株価経営が指向されたと言える。こうしたなかで生命保険会社の株式所有は，単に金融機関による株式所有という点からではなく，特異な地位にある。それは，高度成長期の生命保険会社はその多くが相互会社形態であることから，高株価経営による資金調達のメリットを享受することができないことである。このため「同じく法人株主ではあっても，株式発行者としての利得機会をもたない相互会社である生命保険が終始時価発行に反対した」（川合 [1981 b] p. 155）のであろう。

　いずれにしても，株式所有構造において大きな割合を占める生命保険会社の株式投資に支配証券としての側面があったことを無視しては高度成長期の生命保険金融の解明は不可能であり，生命保険会社の株式投資において支配証券の側面が欠落している見解は，致命的な誤りを犯していると言えよう。生命保険会社の株式投資を利潤証券としてのみ把握している「貸手の選択」論，投機証券としてのみ把握している「限界供給者否定説」（ただし，総合利回りを株式

---

10) 奥村 [1991] において，「日本では生命保険会社の所有は機関投資家としてよりも，むしろ法人所有として考える方が現実的である。損害保険会社についても同じである」（奥村 [1991] p. 76）。

投資目的とする場合は，利潤証券と投機証券の統一としての把握となろう）いずれもが，致命的な誤りを犯していると考える。

(5) 保険金融の史的分析の方法論

保険会社は収益最大化を目指して行動しているが，保険は経済的保障機能と金融的機能を果たしているので，保険会社の収益最大化の行動は両機能の統一として現れる。両機能は相互に予定し合って絡まっているものとして把握するべきであるが，この絡み合いの条件は固定的ではなく，社会・経済の変化，保険企業間・隣接他産業間の競争を通じて変化するものである（笠原［1977］pp. 355-356）。保険の固有の機能である経済的保障機能の側面が形式化し，金融的機能の手段と化していく可能性を否定できず，現に生命保険における一時払い養老保険，変額保険，変額年金，損害保険における積立保険などのように，保障が金融の手段と化しているような保険も見られる。しかし，高度成長期においては，団体保険，年金保険の登場を背景として，その契約をとるための営業政策的投融資という形で，むしろ金融が保障の手段と化していたと言えるのではないか。さらに株式所有については営業政策的側面に加えて，有利な運用対象であった貸付金を増加させるために，貸付先確保の意味合いもあったと思われる。いずれにしても，「貸手の選択」論，限界供給者否定説のように運用利回りの観点から単純に収益最大化を前提とした考察は，景気循環と生命保険金融の関係に関する考察として意義なしとしないが，十分な保険金融の分析はできないのではないか。保険金融の史的分析の方法論としては，保険会社の収益最大化の行動原理を前提としつつも，収益最大化の行動が社会経済に規定されつつ経済的保障機能と金融的機能の統一としてどのように現れたかを分析するのが適切なのではないか。以上のような方法論に基づき，高度成長期の金融構造，生命保険金融を要約してみよう。

高度成長期の金融構造の特徴としては，都市銀行のオーバー・ローン，企業のオーバー・ボロウイング，資金偏在が指摘できる。大企業の旺盛な資金需要が都市銀行に集中し，都市銀行は恒常的に日銀から巨額の借入れを行うという資金偏在が起こり，都市銀行はオーバー・ローン，企業は他人資本過多でオーバー・ボロウイングとなった（天利ほか［1980］pp. 51-52）。高度成長過程は戦

後の産業再編成の過程でもあり，銀行を中心とした企業集団が形成されていった。企業集団形成にあたっては，株式所有，貸付金，社長会が梃杆となり，また企業を結合する紐帯となる。以上のような状況の下で，生命保険会社は金融市場において，特に銀行に対して従属的な位置づけとなっていた。また規制色の強い金融市場は同時に金融機関に安定的な収益を確保するシステムであったために，さしたる運用の工夫をせずとも運用収益をあげられた。加えて，生命保険業界内における運用競争も激しくなく（田畑［1989］p.90），これらが金融的機能が経済的保障機能に従属する条件となっていた。昭和30年代に団体保険，企業年金が登場し，これらも資金運用業務が保障業務に従属する条件となった。生命保険会社に対する資金需要が高度成長期の金融構造を反映して貸付金を中心に生じ，生命保険会社の資金供給は企業集団形成に寄与した。すなわち，生命保険会社にとって個別経済的には生命保険金融は保障業務に対して従属的に位置づけられながらも有利な貸付金を基軸に展開され，社会経済的には生命保険会社の株式投資，貸付金が企業集団形成に寄与したと考えられる。

　限界供給者説は，生命保険会社の金融市場における従属的位置づけを前提とした点において生命保険金融と金融構造との関わりを考慮していると言えるが，それは「貸手の選択」論を肯定するための譲歩であって，むしろ金融構造との関わりを都合良く取り入れたに過ぎない。限界供給者否定説に至っては，生命保険会社があたかも社会経済から超然とした存在であるかの如く捉えている。生命保険会社は収益最大化を行動原理としている，だから有利な運用対象に資金を配分している，といった単純な視点では，生命保険金融の動向は解明できないであろう。収益最大化ということが常に運用利回りの観点から捉えられるのであろうか。保障と金融との一体的把握こそ重視するべきであり，収益最大化の行動原理にのっとりながらも，生命保険金融の展開は社会経済的に規定されて現象するとすることこそ重要である。

　高度成長期から安定成長期への移行により，保険金融に一番大きな影響を与えた変化は，さしたる運用の工夫をせずとも十分な運用収益が確保できた運用環境の崩壊ではなかろうか。高度成長期の生命保険会社の貸付金は銀行保証や協調融資なども多く，審査能力が十分であったとは思われず，また有価証券投資にしてもいわゆる営業政策的投資が中心だったのではないか。それでも十分

な運用収益をあげられたのが高度成長期の運用環境であり,その崩壊として安定成長期を捉えるべきではないか。こうした流れを踏まえ,保険会社の収益最大化の行動が経済的保障機能と金融的機能あるいは保障業務と資金運用業務の統一として現れるとするならば,生命保険会社の資金運用業務面における収益最大化行動は常に運用利回りの観点から論じられるものではなく,「貸手の選択」論,限界供給者否定説いずれにも賛同しがたい。両業務の統一において,高度成長期には資金運用業務の保障業務への従属がみられたが,安定成長期への移行により資金運用業務の重要性が増してきた。しかも,保障業務が資金運用業務に従属する現象も見られる。

さらに,高度成長期から安定成長期への移行による金融構造の劇的な変化として,間接金融から直接金融への移行あるいは金融の証券化を指摘できよう。特に債券市場の発展には目ざましいものがあり,流通市場が整備されてきたのみならず,債券先物市場や債券現物・先物オプション市場も登場し,活発に売買されている。また,外国有価証券への投資も盛んである。貸付金と株式に注目して生命保険会社の資金運用パターンを考察するのみでは,もはや生命保険金融の解明はできない。高度成長期の運用環境の崩壊,金融の証券化から,生命保険会社が機関投資家として自立化し,積極的に収益を求めなくてはならなくなっている。一部で生じている保障業務が資金運用業務に従属するという現象をどのように評価し,経済的保障機能と金融的機能の両機能の統一としての収益最大化行動がどのように展開されているか,生命保険会社間のみならず隣接諸産業間との競争の激化は両機能の関係に,そして生命保険金融にいかなる影響を与えるか,解明すべき問題が山積している。運用利回りによる収益最大化行動で,これらの問題を解明していくのは困難であろう。

なお,補足として小藤[1991]と同様に簡単な需要・供給分析により限界供給者説について考察してみよう。図7.11で銀行貸出市場を考える。高度成長期の金融構造は人為的低金利政策をとって金融機関に安定的利鞘を確保させる間接金融優位のシステムであるから,銀行はできるだけ貸出額を増加させたい。したがって金利水準を r_1 とすると,r_1 の水準で貸したいだけ貸そうとするから,供給曲線である SS 曲線は横軸と平行になる。しかし窓口規制によって貸出総量が規制されているから,その貸出額を L_e とすると,そこからは供

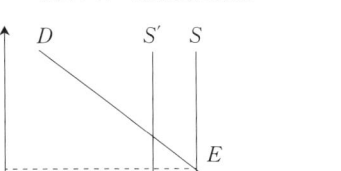

図7.11 銀行貸出市場

図7.12 生命保険貸付市場

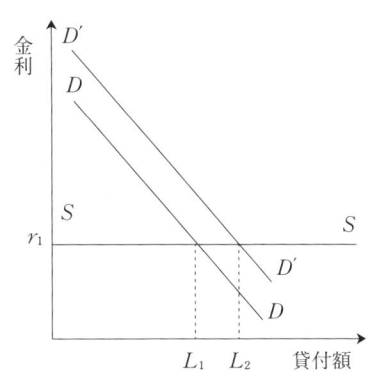

給量が増加しないので SS 曲線は折れ曲がり，結局図のような逆L字型となる。DD 曲線は需要曲線を示し，DD 曲線と SS 曲線の交点を E 点とすると，E 点は需給均衡を示す。E 点に対応する金利を r_e とすれば，r_e は市場が決定する金利を意味し，$r_e - r_1$ 分の金利が人為的に低く抑えられていることになる。この状態で金融引締政策がとられると，SS 曲線は SS' 曲線にシフトし，L_1 に貸出額が減少する[11]。限界供給者説は銀行の貸出額減少にともない，銀行貸出市場から溢れた資金需要が生命保険貸付市場に向かうと考える。

次に図7.12で生命保険貸付市場を考えてみよう。貸付金が有利な運用対象であることは生命保険会社にとっても同じことであり，生命保険会社も r_1 の金利でできるだけ貸出額を増加させようと行動をすると考えると，r_1 の金利水準で生命保険会社の SS 曲線は横軸と平行になる。銀行のように窓口規制がないから逆L字型とはならない。DD 曲線は需要曲線であり，生命保険会社の貸付額は L_1 となる。金融引締めにより銀行貸出市場から溢れた資金需要が生命保険会社に向かい，DD 曲線が $D'D'$ 曲線にシフトすると，貸付額は L_1 から L_2 に増加する。逆に $D'D'$ 曲線の状態で金融緩和政策がとられると，$D'D'$ 曲線が DD 曲線にシフトし，貸付額が L_2 から L_1 に減少し，その分生命保険

---

[11] 単純化のために，金利を変化させていない。金利を上昇させても，結論は変わらない。

会社は運用難に陥ることになる。

　以上から，人為的低金利政策を金融機関に安定的な利鞘を確保する政策と捉え，間接金融優位の下で貸付金の増加を最優先させたのが生命保険会社を含めた金融機関の行動原理であったとするならば，簡単な需要・供給分析を通じて限界供給者説が否定されることはない。

3. 保険金融論の埋没

　保険金融論の歴史的分析の方法論として，保険会社の収益最大化の行動原理を前提としつつも，収益最大化の行動が社会経済に規定されつつ経済的保障機能と金融的機能の統一としてどのように現れたかを考察するとしたが，これは歴史的分析に限らず，保険金融論の方法論とすべきである。このような方法論に基づいて保険金融論の体系化が期待されたところであったが，保険と金融の融合が声高に叫ばれるような流れが形成されてくると，金融論の基本スタンス自体において保険を特別視することから保険を積極的に包摂する姿勢がますます強くなり，保険学のほうも金融論を適用した保険の分析を行うようになって，資金運用論の金融論的把握や新しい金融論を駆使した保険自体の金融分析がなされるようになる。こうして徐々に保険金融論が金融一般の分析に埋没していっている観がある。たとえば，第5章で取り上げたガーレイ＝ショーの枠組みを使った資金運用についての議論もある。保険を金融に含めるという点で，新しい金融論を適用しているとも言える堀田［1993］を取り上げてみよう。

　堀田［1993］では，次のような指摘がなされる。「保険企業は，経済的保障機能を提供することを保証する保険証券（間接金融という）を発行して調達した資金を，保険契約者から融資先企業へ，貸手から借手へ，資金供給者から資金需要者へ，移動させることになる（このように金融仲介機関を通して資金移動が行われる方法を間接金融という）。保険企業は融資先の企業には貸付にともなう貸倒リスクを負うことになり，他方保険契約者に対しては，経済的保障を提供するという一種の債務を負うことになる。これに関していえば，保険企業の金融仲介機能は，銀行におけるそれと本質的に相違は見られない。金融仲

3．保険金融論の埋没

介機関としてのいま1つの機能として，資産変換機能（transmutation）がある。資金余剰主体（保険契約者）の運用期間は異なるのであるが，保険企業はこれを変換して資金不足主体（企業）が需要する資金形態で融資することを可能にする」（堀田［1993］p. 61）。

これは，金融論の保険への機械的適用とでも言うべきものであり，いくつもの無理な理解がある。たとえば，保険会社が蓄積した保険資金を投資運用することを，「貸手から借手へ，資金供給者から資金需要者へ」の資金移動と捉えられるであろうか。保険契約者は資金の貸手と言えるか。こうした批判は，すでに保険金融説に対する印南博士の批判（印南［1956］p. 368）にみられることから，理論的妥当性のみならず，保険学における先人の業績を軽視していることになりはしないか。銀行との類推によって，保険をわかりやすく理解するための一つの方便としてこのような理解は許されるかもしれないが，理論的には問題があり，「保険企業の金融仲介機能は，銀行におけるそれと本質的に相違は見られない」との指摘は，無理があると思われる。この場合の本質とは，金融仲介機能のことであると思われるが，金融仲介機能の本質とは何か。それは資金余剰主体から資金不足主体への資金の流れを仲介することであり，この機能を果たす金融仲介機関が間接証券を発行して資金を調達し，その資金で本源的証券を購入することを意味しよう。確かに，保険証券を間接証券とすれば，保険会社は間接証券を発行して本源的証券を購入していると言えるが，その資金の流れは資金余剰主体から資金不足主体への流れといえるか。言うまでもなく，保険契約者は資金が余っているから資金を供給するのではなく，経済的保障を得ようとして，保険料を払っているのである。第5章で考察したように，この点の違いを従来の金融論は把握しているから，「預金または借入金を一般の金融機関が受け入れるのとは性質が異なる」（堀家［1967］p. 73）としているのである。従来の金融論が把握していた保険の特殊性が，新しい金融論では失われ，それを機械的に適用したための誤りと言えよう。新しい金融論を適用したことによって，保険における金融の捉え方が後退しているのではないか。

また，金融が社会の制度として定着していることを背景として，保険は経済的保障機能発揮の過程で形成される貨幣の流れから付随的に金融的機能を発揮するのであるから，本源的証券と間接証券の利鞘ないしは金融利潤を理論的に

は前提としない。しかし，銀行は利鞘確保を目的に，すなわち，本源的証券と間接証券の利鞘を前提としているのである。この点において，保険会社と銀行は本質的に異なる。金融の定着によって，前払保険料に利子を支払うというのが常態化し，保険金支払いに不足が生じないようにするために保険会社も利鞘を意識せざるを得ないと言えるのであって，銀行のような利鞘確保目的の資金調達とは本質的に異なる。保険の発展によって，金融利潤が保険利潤の中心を占めてきたのに過ぎない。したがって，保険者の金融機関または金融仲介機関としての把握は，従来の金融論におけるのと同様に，一般の金融機関と違う特殊性を前提とした上での把握でなければならない。

保険の金融分析および金融論的分析の意義と限界を明確にしながら，保険金融論の体系化が必要とされていると考える。それでは，どのように体系化されるべきであろうか。

4. 保険金融論の体系

保険金融プロパーの研究は，若干の例外を除いて，これまでは「生命保険会社の資金運用論」であったが，近年は保険の貨幣そのものの流れを金融と捉える傾向にある。しかし，生命保険以外の損害保険や協同組合保険においても保険資金の蓄積はみられ，社会保険においてでさえ，金融との関係を無視できない。保険そのものの貨幣の流れに注目しても，保険金融の発生契機が保険資金の蓄積にある限り，保険資金運用論を中核とした保険金融論が必要とされる。

このような認識に基づくならば，生命保険金融論の他に損害保険金融論，協同組合保険金融論，公的保険金融論などが必要とされよう。また，規制緩和で保険会社の資金調達も自由化されてきているので，資金調達面も含めた総合的な保険金融論が求められる。各種保険は経済的保障制度として経済的保障機能を果たしているが，一方で金融的機能も果たしているため，保険現象を両機能が複雑に絡み合ったものとして把握する必要がある。保険の金融現象について，金融そのものとして把握するのではなく，その根底に横たわる保障との関係を探る視点が重要である。以上のような点を踏まえながら，保険金融論はどのように位置づけられるであろうか。

4. 保険金融論の体系

　保険は経済的保障制度・経済制度であるから，保険学は保険経済学であらねばならない[11]。保険学＝広義の保険経済学とするならば，広義の保険経済学は，狭義の保険経済学，保険経営学，保険学学理から構成される。保険は経済的保障機能と金融的機能の二大機能を果たし，それは保険者の保障業務と資金運用業務から発揮されることからすれば，保険経営学は保険マーケティング論と保険金融論によって構成されると言え，ここに保険金融論は保険経営学の一分野と位置づけることができよう。保険金融論は，各種保険に共通する金融現象およびその比較分析を行う保険金融総論と保険の運営主体別・経営主体別の保険の金融現象を分析する保険金融各論とに分けられる。さらに，保険金融総論は，理論と歴史に分けられ，理論では，保険金融発生契機である保険資金の蓄積要因，保険資金の性格，保険資金運用論などについて，経済学，経営学，金融論・金融工学・投資理論なども使って分析される。また，歴史では，保険金融の発展過程が，資本主義社会の動向や経済的保障機能との関連から跡付けられ，それぞれの時代における保険金融の歴史的意義が考察される。そして，経営経済学的には，保障業務と資金運用業務が時代ごとにいかに位置づけられ，両者の関係がどうであったのか，そして，社会経済学的には，両業務の展開がいかに社会経済的に位置づけられ，いかなる意義を有したかが明らかにされなければならない。保険金融各論は，各運営主体別・経営主体別の金融現象が考察される。

　実物経済に対する金融の肥大化が言われて久しい。金融デリバティブ化でますます金融は肥大化していると言える。保険においても保障に対する金融の肥大化とも言うべき現象が生じている。保険・保障のデリバティブ化が進んでいるとも言えよう。こうした保険経済における金融の肥大化は，保険現象の発展と矛盾の表れと言えよう。「保険現象の発展と矛盾は不断に保険学の新しい展開を要請する」（真屋［1991］p.20）とするならば，その新しい保険学の展開として，保険金融論の構築があげられよう。

---

11) ここでの保険学の体系については，庭田［1966］pp.1-31，石田［1989］pp.3-5，石田［1992］pp.1-5を参照。

第 8 章
保険代替現象

1. 問題意識

　保険学において，近年の保険リスクの証券化やあるいは広く Alternative Risk Transfer（ART）として指摘される保険（保険市場）を代替する手段（市場）についての研究が盛んとなっている。これは，金融市場へ保険に関わるリスクを移転している CAT ボンド（catastrophe bond）に象徴的なように，保険と金融が複雑な関わり合いを呈する現象を考察対象としている。一方，金融論においては金融工学が盛んとなって，金融のリスクを処理する面が重視されてきており，そのリスクの中に保険が対象としているリスク＝保険リスク（insurance risks）または保険が対象とできるリスク＝保険引受可能リスク（insurable risks）も含まれ，保険をも一体的に把握する試みもなされている。第5章で指摘したように，保険学と金融工学においてリスク処理手段をめぐった交錯がみられ，市場経済化の流れの中で，両者はいかにリスクを効率的に売買するかということに関心を寄せてきていると思われる。保険と金融の融合を指摘する向きが多く，自己責任を求める風潮に呼応しながら，世はまさに「リスクマネジメントの時代」と言っても過言ではない様相を呈している。
　リスクマネジメント時代ともいえる現代では，各種のリスクマネジメント手段が存在するが，それらの中には保険分野や金融分野において，特にこの30年あまりの期間のイノベーションと言える発展によってもたらされたものが多い。イノベーションを理論面で支えたのが金融工学と言えよう。前述の通り，金融工学は金融イノベーションに対して予め体系化されていたわけではないが，既に基礎理論は整っていた。その現実適用にはコンピューターや情報化の

発展が必要であり，IT（information technology）革命によってこれらの諸条件が整い，金融イノベーションとIT革命は互いに導き合いながら，社会の改革を推し進めたと言える。

しかし，変化が極めて急激であるため，保険学の動向としては，現象を追うのが中心となってしまっている面もある。保険学におけるARTの考察には，このことが当てはまる。それは，ARTに関わるキー・コンセプトの概念規定がきちんと行われていないことに象徴的に現れている。保険と金融との関係がますます複雑になる状況で基本的な概念が未整備であるならば，現実の動きに翻弄されてしまうのではないか。この点に，危機感を持つものである。ARTに代表される保険と金融の複雑な関わりに対して，それが保険制度全体にいかなる影響を与えつつあるのか，といった制度論的な視点での議論が展開されなければないであろう。そのために，ARTの定義・概念規定が必要である。

もちろん，言葉の定義自体にこだわることは，本末転倒である。しかし，真理に向かって考察するにあたって，その認識対象の特定・把握という作業は非常に重要であって，定義や概念規定自体を軽視するという姿勢もまた問題ではないか。このような観点からARTをめぐる議論を見ると，便宜的に定義した上での議論となっており，きちんとした概念規定が行われていないまま，ともかく今まさに動いている現実を分析することの方が暗黙のうちに重要とされているかのようである。こうした状況で「保険と金融の融合」などといったことがARTの研究において指摘される風潮にあるが，「保険と金融の融合」という主張における保険や金融の意味，何をもって融合とするのか，現在の現象を表現する用語は「統合」，「総合」などではなく「融合」でなくてはいけないのか，といった点に疑問が生じるのである。

考察が現実のフォローや事実関係の指摘・描写で精一杯の段階では認識対象の概念規定は困難で，そのため概念規定が軽視されるのは止むを得ない面もあるが，本来キー・コンセプトについては明確な概念規定を行う姿勢を保持すべきであり，そのような概念装置が用意されないならば有効な考察は不可能なのではないか。ARTとよぶ個々の手法の研究を中心とした考察では，保険という制度に与える影響やマクロ経済的な経済全体に与える影響等が十分に把握できない。もはや，ARTをめぐる考察は個々の手段といった観点でその特徴を

把握することに止まるのではなく、保険制度や経済全体に与える影響といったものを主眼とする分析に移行すべきであり、そのためには明確な定義・概念規定が必要であろう。本章では、一連の変化を保険を代替する現象、すなわち、保険代替現象として捉え、その生成・発展について考察する。そして、その考察を踏まえて、次章でARTの定義・概念規定を含む理論的考察を行う。

2. 代替（alternative）とは

　保険代替現象を考察するにあたって、まずARTのalternativeという用語について考察しよう[1]。Alternative Investment（代替的投資）などという用語もあり、alternativeという用語で示される現象は、保険特有の現象ではないようである。alternativeは通常、「代替」、「代替的な」という訳を与えられる。経済学で「代替」といった場合、まず思い浮かぶのは「代替財」の「代替」である。この点に関して、サムエルソン（Paul A. Samuelson）の分かり易い例を引用しよう（Samuelson [1980] p. 407）。

　茶の価格上昇は茶の需要量を変化・減少させるばかりでなく、他の諸商品の需要量にも影響を及ぼす。コーヒー、レモン、塩という商品と茶の関係を考えると、茶の価格が上がることで、コーヒーの需要量は増加し、レモンの需要量は減少し、塩には影響がないであろう。茶とコーヒーの関係は対抗的（rival）・競争的（competing）でこれを「代替財」（substitutes）といい、茶とレモンの関係は協力的（cooperating）・補完的（complementary）でこれを「補完財」（compliments）といい、茶と塩の関係は独立した（independent）商品を示す。

　したがって、substitutesという用語で示される代替は、競合的な関係の中で「他のもので代える」（新村編 [1998] p. 1608）ということになろう。alternativeも「他のもので代える」という「代替」に違いないが、しかし、alternativeには、「非伝統的で新しい」、「時代にマッチした」という意味がある。

---

[1] ここでの用語の考察は、主としてGove *et al.* [1993]、Pearsall＝Trumble *eds.* [1995]、小学館ランダムハウス英和大辞典第二版編集委員会編 [1994]、増田編 [1992] を参照した。

alternative birthing（代替的出産法：従来の一般的な方法とは異なる出産法），alternative energy（代替エネルギー：従来の地球環境に悪影響を与えるエネルギーに代わるエネルギー），alternative medicine（代替医療：西洋医学の療法と異なる他の療法）といった場合の alternative は，このような意味を含んでいる。それは，「伝統的なものに限界が生じてきたので，より時代に合ったものが代わる」という意味が込められていると言えよう。ただし，非伝統的で時代に合ったものとされる alternatives（代替物）は，必ずしも伝統的なものを駆逐し，全面的に置き換わる（replace）[2]というわけではなく，時に既存のものと併存し，それを補完している面がある。

先に指摘した Alternative Investment は，まさにこうした補完的意味を持つものである。Alternative Investment とは伝統的な投資対象とは異なるリスク／リターンの特性を持つ投資対象のこと，または，そのような投資対象への投資のことで，それをポートフォリオに組み入れることで，より効率的な投資・ポートフォリオの構築を可能とする[3]。したがって，Alternative Investment は既存の投資対象を駆逐するのではなく，むしろそれと組み合わされることによって，真価を発揮していると言えよう。その意味で，伝統的なものに対して補完的なのである。ART の場合の alternative も伝統的な（traditional）保険に対して，「非伝統的で新しい」，「時代にマッチした」という意味を有するばかりでなく，ART が伝統的な保険の不十分なところを補完する形で生成・発展してきた点を考えれば，補完的意味合いが強いと言えよう。以上から，ART は「伝統的な保険が不十分なところに補完的に保険に代わる」，「金融イノベーションの恩恵を受けることで時代にマッチした」リスク移転手段と捉えることができる。

---

2) Chapman *ed.* [1992] では，replace は substitute と関連語とされるが，alternative の関連語とはされない。

3) Alternative Investment は，組み入れ比率はあまり大きくないと言われるが，特に年金基金の運用対象として注目されている。色々なものがあるが，代表的なものとして，ヘッジ・ファンド（Hedge fund）への投資，特に色々な種類のヘッジ・ファンドを組み入れて一つのファンドを組成し，それを私募投資信託の形態で購入して組み入れることなどが行われている。ファンズ・オブ・ファンド（funds of fund）などと呼ばれたりもする。わが国の保険会社でも，投資しているところが多い。

また，alternativesの伝統的なものを補完する面を重視すれば，同じ「代替」でもsubstituteとalternativeは対比して考えることができ，この点を重視すれば，やや語弊のある言い方ではあるが，substituteを「競合的代替」，alternativeを「補完的代替」ということができよう。したがって，この用語法に従えば，ARTはもともと保険制度を補うものと捉えることができよう[4]。保険と保険を代替する手段との関係は，代替財や補完財の関係に簡単に割り切れるものではなく，補完的に代わる関係という点で，まさにalternativeなのである。この点を踏まえながら，保険に関する代替的な現象が生じた流れを考察したいが，その流れを形成した主因は金融イノベーション（innovation）にあると考える。そこで，イノベーションについて考察を加える。

3. イノベーションとは

イノベーションという用語は，周知の通り，1956年度経済白書で「技術革新」と訳され，広められたが，もともとはシュンペーター（Joseph A. Schumpeter）経済学の用語といわれ，単なる技術変化のみではなく，管理組織や経営組織の変化も含まれることから，「技術革新」という訳には問題があるとされる（星野［1979］p.200）。しかし，こうしたシュンペーター的な深みを持った用語としてではなく，抽象的に激しい変化の原動力あるいは激しい変化をもたらした要因といった程度に解されることが多く，保険や金融の分野においても同様の傾向がある。しかし，保険代替現象の分析のキー・コンセプトとしてイノベーションを位置づけるならば，シュンペーターを拠り所として考察する必要があろう。

シュンペーターは経済発展の原動力としてイノベーションを捉えた。シュンペーターは経済発展を「連続的にはおこなわれず，その枠や慣行の軌道そのものを変更し，『循環』からは理解できないような他の種類の変動」（Schumpeter［1926］S.93，塩野谷ほか訳［2004］p.171）とし，人口の増加や富の増加のよう

---

[4] たとえば，Swiss Re［1998a］では，「ARTは再保険を補完するもの（complement）」と明確に補完という用語を使用している。

な与件の変化への適用とは異なるものとしている（Ebenda S. 96，同訳 p. 175）。すなわち，「第一に経済から自発的に生まれた変化，第二に非連続的な変化を指す」（Ebenda S. 98-99，同訳 p. 179）ということである。そして，イノベーションの遂行を経済発展と捉え（Ebenda S. 99，同訳 p. 180），イノベーションは「必要とする生産手段をなんらかの旧結合から奪い取ってこなければならない」（Ebenda S. 103，同訳 p. 185）ので，イノベーションの遂行は「国民経済における生産手段のストック転用を意味する」（Ebenda S. 103，同訳 p. 186）とする。

「新結合」とも訳されるシュンペーターのイノベーションでは，生産的諸力の結合としての新結合が問題とされ，経済発展の形態と内容は新結合の遂行（Durchsetzung neuer Kombinationen）という定義によって与えられるとして，次の5つに分けられる（Ebenda S. 100-101，同訳［2004］pp. 182-183）。

① 新財貨の導入
② 新生産方法の導入
③ 新市場の開拓
④ 原料あるいは半製品の新供給源の獲得
⑤ 新組織の実現

金融を「資金の融通」とすれば，資金の融通がなされる過程が生産過程であろうし，資金の融通を行う手段が生産物であり，商品とされよう。金融については，顧客にとっての資金運用手段，資金調達手段は商品であり，それを販売する金融機関の商品でもある。しかし，顧客にとっての資金調達手段である借入は商品と言えるものの，金融機関から見れば貸出という商品となり，預金を受け入れて貸出を行うという過程を考えれば，預金が原材料で貸出が生産物といえ，議論が錯綜してくる観がある。また，通常の取引は貨幣（金，money）と物との交換であり，その物が最終消費者に購入されるまでの過程に，原料が転化されて別の物・生産物となる生産過程，その生産物が販売されるという販売過程を含むが，金融はどの切り口で眺めても資金の融通に過ぎず，物の転化といったことが見られない。

しかし，「ある財を生産物と考えるか生産手段と考えるかは，しばしば見方の問題である」（Ebenda S. 19-20，同訳 p. 52）とされ，さらに，「個々の経済主

体の内部においても，しばしば同じ財の性質は与えられる用途のいかんによって決定される」(Ebenda S.20, 同訳 [2004] p.53) とされ，金融業のみ議論が錯綜するわけでもないであろうし，議論の錯綜というよりも，立場によって見方が異なるというに過ぎないのではないか。また，金融では金と物との交換が見られないものの，金と証券（本源的証券，間接証券）が交換されており，金と物との交換を擬制して，金と証券の交換と捉えることができる。金融は確かに特殊であり，複雑ではあるが，一般の財への擬制は可能であろう。

　そこで，金融における商品，原材料，生産物，生産過程を次のように考える。資金運用手段・資金調達手段は金融商品である。借入は資金調達側からみた金融商品であり，貸付は資金運用側から見た金融商品である。ただし，金融機関が貸付を行う場合，金融機関にとって生産物・商品と言える。預金は金融商品であるが，金融機関から見れば資金調達手段であり，貸出原資であることからすれば金融機関にとって原材料と位置づけられる。このように一見錯綜したかに見える議論は，実は金融の特殊性に鑑みて一つの資金調達手段・資金運用手段が視点・立場の違いによって商品，原材料，生産物とさまざまに把握できるのであって，本来さまざまな見方が成り立つわけではない。さらに，金融機関が資金調達し，資金運用するまでの過程を生産過程とすれば，直接金融，間接金融という分類が重要となる。

　金融仲介機関が介在する間接金融は，前述の預金→貸出が典型的な例であるが，預金としての原材料から貸出という生産物を生産し（生産過程），それを商品として販売すると捉えることができる。ただし，金融では，あえて生産過程を把握するならば商品開発の段階が生産過程といえ，金融そのものは一種のサービスで生産即販売であるから，正確には生産物を商品として販売するとはならない。直接金融では，本源的証券が金融商品であり，資金調達者が自ら生産する形（証券発行）となる。証券会社などの金融機関は単なる流通業者に過ぎない。すなわち，間接金融では間接証券を発行し本源的証券への資産転換が生産過程として考えることができるのに対して，直接金融には資産転換がないのでこの意味での生産過程は含まれない。ただし，新たな本源的証券の商品開発という生産過程は含まれる。

　以上から，シュンペーター的意味でのイノベーション概念を金融に適用する

ことは可能であると考えるが，与件の変化を無視する点は問題であろう。与件の変化を無視する点に関して，シュンペーターのイノベーション概念を修正する必要があるのではないか。この点について，考察しよう。

イノベーションをもたらす原動力はなんであろうか。シュンペーターはイノベーションの担い手として「企業者」を考える。人口の増加や富の増加のような与件の変化への適用を軽視し，生産手段のストック転用を重視するシュンペーターにおいて，企業者による生産手段の転用こそがイノベーションの原動力と捉えられていたといえる。そして，シュンペーターにおいては，イノベーションは「新しい欲望がまず消費者の間に自発的に現われ，その圧力によって生産機構の方向が変えられるというふうにおこなわれるのではなく，…（中略）…，むしろ新しい欲望が生産の側から消費者に教え込まれ，したがってイニシアティブは生産の側にある」(Ebenda S. 100, 同訳 p. 181) とされる。金融イノベーションは，後に見るように，金融自由化・規制緩和を契機とするが，それは自由化や規制緩和によって生産手段の転用が容易になるからであろう。また，イノベーションは連鎖するが，それはイノベーションが非循環的な変化によって，ある部分を突出させたり，不均衡をもたらし，そのギャップを埋めるために次なるイノベーションを誘発するからである。イノベーションは連鎖し，集積現象をとることが重要である。いずれにしても，規制緩和は不利に置かれた業態が，規制における不均衡を是正する動きでもあった。しかし，これらの動きは，高金利という欲望を生産（金融機関）の側が消費者に教え込んだということができよう。この点で，シュンペーターの指摘が金融イノベーションにも当てはまると言える。しかし，高金利という欲望が消費者に教え込まれた背景には，金融資産が蓄積され，金利に敏感になりやすいという消費者側の変化・消費者嗜好の変化ないしは経済構造的な変化があったことを忘れてはなるまい。シュンペーターは「時間の経過とともに徐々に連続的に現われる一国の生産手段ストックの増加や欲望の増大は，数世紀にわたる経済史の経過の説明にとってはもちろん重要なことである。しかし発展の機構にとっては，これらは現存する生産手段の転用という要因の背後にまったく隠されてしまう。そのうえ，いっそう短い期間の観察においては歴史的経過に対してすらこれらは説明の役に立たない」(Ebenda S. 102, 同訳 [2004] p. 186) とする。しかし，生

産ストックの増加や欲望は何も数世紀にわたる経済史の説明だけではなく，数十年程度の経済史の説明にとっても重要であると思われ，また，発展の機構にとって生産手段の転用という要因の背後に隠れるどころかその背景として認識でき，数十年程度のいっそう短い期間の観察において役に立つのではないか。シュンペーターは，経済発展の契機を経済体系外の与件に対する影響によって説明する伝統的経済学に対して，経済体系内から生ずる非連続的な変化によるとし，この点を強調するために与件の影響をあえて無視していると思われる。しかし，これは需要と供給の二者択一的な偏った供給理論であり，無理があろう。与件の変化は，経済体系内から生ずる非連続的変化の背景と捉えるべきである。

この点を踏まえながら，本書では，イノベーションをシュンペーター的意味に解する。すなわち，生産的諸力の新結合として把握し，生産手段の転用がその原動力である。また，供給サイドがイニシアティブをもつものと考える。しかし，イノベーションがイノベーションとして成立するためには，与件の変化を背景とする需要サイドの潜在的ニーズが形成されていなければならないと考える点において，シュンペーター的イノベーションを修正する。

4. 金融イノベーション

そもそも保険や金融分野に大きな変化を生じさせた要因は，何であろうか。やはり，戦後構築された金融の枠組みが崩壊したことを起点とすることができよう。繰り返しになるが，戦後の国際金融の枠組みはブレトン・ウッズ体制に規定されていたといえ，このブレトン・ウッズ体制の下で世界経済，特に西側経済は飛躍的な発展を遂げた。しかし，1970年代のドル・金本位制の崩壊によりブレトン・ウッズ体制は崩壊し，為替相場は固定為替相場制から変動為替相場制に移行した。国際金融の自由化の始まりであり，自由化によって安定すると期待された経済・金融市場がかえって不安定となり，また，各国金融に規制緩和を求める圧力がかかり始めた。自由化は為替，債券，株式といった金融市場の価格の変動を激化させ，市場リスク（価格変動リスク）を増大させたため，リスク増大への対応手段が求められた。そのような対応手段として金融市

場に先行する商品市場で発達していたデリバティブ (derivatives) が，金融市場における原資産に対してまさに派生的 (derivative) に発生し，金融デリバティブとして発展した。それが1980年代に金融イノベーションが全面開花する下地を作った。しかし，金融の自由化自体は，1970年代のオイルショックによる高インフレ・高金利を背景にアメリカで進展する。高インフレ・高金利によって既存の規制商品に対して高金利の市場金利に連動する MMF (Money Market Mutual Fund) などの自由金利商品が登場し，ディスインターミディエーション (disintermediation) が生じた。これに対する銀行の対抗がさらなる金融自由化をもたらし，「金融革命」（伊東＝江口編［1983］）などとも呼ばれた。ディスインターミディエーションは既存の生産手段の転用と言え，既存の生産手段を新結合に転用された旧結合がその新結合に対して自らも新結合を試みるという現象がアメリカの金融革命と言えよう。ディスインターミディエーション自体は1960年代から高金利期に繰り返し見られたという点で循環的な現象といえるが，循環においては規制金利と自由金利の乖離が金融革命期ほど大きくなくかつ一時的なものであったため生産手段の転用が大きな意味を持たなかった。しかし，金融革命期には乖離が非常に大きくなり，一時的なものとはしがたい状況となって，金利感応度の高まりという与件の変化を背景としつつ非循環的な動きが生じ，それまでのディスインターミディエーションとは次元の異なる構造問題化したということである。金融革命と言われた変化には，非循環的な激しさがある。

保険においても，保険版ディスインターミディエーションとでも言うべき現象が生じ，ニューウェーブ商品と言える新たな保険商品が開発された（水島［2006］p. 127）。こうした新しい金融商品・保険商品や新しい取引形態が登場した背景には，膨大なデータ処理を可能とするコンピューターの発達があったことを忘れてはならない。膨大なデータ処理，さらには投資理論の実務への応用により，1980年代は金融技術が大いに発達した。金融技術は，デリバティブを巧みに取り込むことでリスク配分やキャッシュ・フローをコントロールし，各種のストラクチャード・ボンド (structured bond) を開発し，金融の証券化が生じた。イノベーションは単なる「技術革新」ではないが，技術が重要であることはいうまでもないことであり，特に金融にはこのことが当てはまる。そ

こで，金融技術について考察しよう。

単純な貨幣の貸借・資金の融通でも，それを成り立たせるためには技術が必要であろう。その意味での金融技術ははるか以前から存在していたと言える。しかし，本書で問題としている金融イノベーションとの関係での金融技術とは，複雑な資金の融通であり，さまざまなリスク配分やキャッシュ・フローの作りこみをするための技術である。このような意味での金融技術は，ポートフォリオ理論（Markowitz [1952]）を中核とする投資理論にオプション理論などが加わり，金融工学として発展していくという学問上の発展とコンピューターの発達などを背景としながら，1980年代半ばから普及・発展してくる。1970年代後半からの金融自由化を推し進めた新金融商品は，このような高度な技術が発揮されたわけではなく，膨大な顧客管理を可能とするコンピューターの発達を背景に，商品の内容としては比較的単純な商品開発であった。しかし，1980年代半ばからの金融技術は，高度な新金融商品を普及させた。このような新金融商品としてあげられるのが，デリバティブとストラクチャード・ファイナンス（structured finance）であろう（大垣 [1997] pp. 51-53）。

金融デリバティブは，前述の通り，1970年代に登場しているが，店頭取引を含めて本格的に普及してくるのは，株式，債券等各種オプションが登場し，定着してくる1980年代半ば以降である[5]。一般的に，先物（先渡し・forward,狭義の先物・futures），オプション（option），スワップ（swap）がデリバティブとされる。1980年代は金融情報通信手段の発達により，24時間取引が可能となり，デリバティブが普及していく。また，システム売買が取り入れられてくる。1987年のブラック・マンデーでは，株式先物との裁定取引・システム取引が暴落の一因とする見解も出された。その見解を支持するかどうかは別として，そのような見解が出されて大きく取り上げられるほどに，デリバティブに対する関心は先物を中心に高まっていたと言えよう。そして，1990年代にデリバティブはオプションを中心にさらなる飛躍的な発展を遂げ，派生市場が原資産市場を席巻するがごとき勢いとなったことから，後述するように，「モン

---

5) Swiss Re [2001] によれば，1986年から1999年に金融デリバティブの取引は20倍以上になったとのことである（Swiss Re [2001] p. 6）。

スター」などとまで揶揄されるほどになる。この背景には、デリバティブを駆使したレバレッジ運用を行うヘッジファンドの急成長があげられよう。ヘッジファンドの始まりは1949年とされ、当初は株式のロング（買い持ち）／ショート（空売り）を組み合わせて、レバレッジを利かせながら相場の方向性以外に収益機会を求める戦略をとっていたようであるが、1970年代にパフォーマンスが悪化し衰退した。それがデリバティブの普及によって、デリバティブを使ってレバレッジを利かせつつ、相場の方向性以外の複雑なポジションによって高収益を狙うファンドとして1990年代に急発展する。特に、1992年の欧州通貨危機でヘッジファンドは大いに注目され、その後のアジア通貨危機の主因とされ、ヘッジファンドに対しても「妖怪」（浜田［1999］）といった批判的な見方がある。ロシア危機におけるノーベル賞経済学者を擁したヘッジファンド、LTCM (Long Term Credit Fund) の破綻は、いかにヘッジファンドのポジションが大きいか、その妖怪ぶりを象徴した出来事と言えよう。しかし、投機的ではあるものの高パフォーマンスを期待できることから、今日ではヘッジファンドはファンズ・オブ・ファンドの形をとり、オルタナティブ・インベストメントという新たな範疇の資産にもなった。ヘッジファンドの運用には、非常に高度な金融技術（投資技術）が駆使されている。

　ストラクチャード・ファイナンスとは、何らかの特別な工夫＝仕組みが加えられた金融であり、ストラクチャード・ボンドという場合のストラクチャーと同じである。その仕組みをつくるために、金融技術が必要とされる。ストラクチャード・ファイナンスの本格的な始まりはMBS (Mortgage Backed Securities) とされる。MBSは住宅ローンを証券化することで資金調達を行うというものである。当初は単なる原資産のキャッシュ・フローを投資家に移転するに過ぎないパス・スルー債 (pass-through securities) であったが、1980年代になると高度化されたCMO (collaterlized mortgage obligation) が登場し、また、自動車ローンの債券化などのABS (Asset Backed Securities) が登場し、ストラクチャード・ファイナンスの技術が確立してくる（大垣［2004］p.4）。それはまた、新たな企業金融が構築されたことを意味しよう。各種債権を証券化する動き（ABS）やオプションの発展と呼応して株価リンク債のようなオプションを組み込んだストラクチャード・ボンドが登場し、「金融の証券化」と

言える状況となった[6]。特に，日本の低金利に対して株価や通貨などのリスクを組み入れることによって高利回りの債券としたさまざまなストラクチャード・ボンドが，日本の機関投資家向けに発行されたりもした。金融の証券化は金融仲介機関が行っている資金提供機能を投資家（証券購入者）に転嫁していると言えることから，金融仲介機能を分解（unbundle）しているといえる。そこで，「これまで制度に守られてきた金融の機能をアンバンドル（unbundle, 分解）し，経済全体の効率性を高める触媒としての機能を果たしている」（大垣［1997］p.1）と言われる。

　デリバティブ，ストラクチャード・ファイナンス両者に共通していえることは，リスクが重要であるということである。金融デリバティブは，そもそも金融市場の不安定性が高まったことを背景として登場しているように，市場リスクへの対応という側面が強い。ストラクチャード・ファイナンスは，銀行のBIS（Bank for International Settlements, 国際決済銀行）規制対策による資産のオフバランス化，一般企業の社債格付のための資産のオフバランス化などのための利用に見られるように，信用力を操作するという面があり，信用リスクへの対応という面が強い。このように，市場リスク，信用リスクという違いはあるが，両者ともリスクマネジメント手段として位置づけることができることが重要である。そして，両者の理論的な土台は金融工学である。金融工学は，「金融工学の主要なテーマは，以上のような意味における（好ましくない結果が生じたときに，事後的に適切な処置をとる一連の過程…筆者加筆）リスク・マネジメントである」（野口［2000］p.44）と言われる。さらに，金融業をリスクマネジメント・ビジネスとするものもいる（池尾［2000］p.47）。いずれにしても，金融，金融業，金融工学はリスク，リスクマネジメントとの関わりが重要とされる。

　デリバティブ，ストラクチャード・ファイナンスは金融イノベーションの代表的なものと言え，リスクマネジメント手段と位置づけられる両者の1990年

---

[6] 「金融の証券化」という場合，広義には証券による資金調達・直接金融が優位となる状況を指し，狭義にはABSやオプション組み入れのための有価証券化を指す。ここでは，後者・狭義の意味で用いている。この点に関しては，大垣［1997］pp.62-63を参照されたい。

代の発展は，リスクマネジメントにイノベーションをもたらした。金融イノベーションとリスクマネジメントのイノベーションの関係をこのように理解した上で，本書におけるイノベーション概念によって，金融イノベーションについて整理しておこう。まず，新結合の5つについてである。

① 「新しい財貨」としては，デリバティブとストラクチャード・ファイナンスが代表的なものとしてあげることができよう。この二者ほどの影響力はないが，金融サービスや資金運用手法なども含めて，ユーロ債，MMF，LBO（Leveraged Buyout），ジャンクボンド（junk bond），インデックス・ファンド（パッシブ運用），ATM（現金自動受払機），24時間取引，ETF（electronic transfer of funds，電子資金振替），電子証券取引などをあげることができよう。

② 「新しい生産方法」は，理論面で金融工学によりながら，実務面への応用においてはコンピューター処理によって高度・複雑な計算を行っての商品開発のことである。特にデリバティブ，ストラクチャード・ファイナンスを使った生産方法と金融のアンバンドリングによる生産をあげることができよう。自由な組み立てという点が特徴である。

③ 「新しい販路の開拓」は，デリバティブについては，原資産市場に対して派生市場という新しい市場を創造させたことがあげられる。ストラクチャード・ファイナンスは，デリバティブとは異なり，新たな市場が派生的に加わるというものではなく，元の債権が有価証券などへ転化しているに過ぎないが，それは債権の流動化という側面を持ち，一種の発行市場・流通市場は形成される。なお，各種オプションを組み込んだストラクチャード・ボンドは，新たな市場開拓を意味しよう。

④ 「原料あるいは半製品の新たな供給源の獲得」は，デリバティブ，ストラクチャード・ファイナンスのオフバランス化への寄与，ヘッジ手段としての活用によって，金融機関に新たな資金供給を可能とするという形で獲得されるということである。

⑤ 「新しい組織の実現」は，自由化を背景としてM＆Aなどを通じた企業合同が盛んとなったが，これが徐々に金融異業種でも行われる金融コングロマリット化を指摘することができよう。金融イノベーションによって一般企業の資金調達力が高まり，非公開化の動きも見られ，これも含めることができよう

(Crane et al. [1995] p.25, 野村総合研究所訳 [2000] p.61)。

　以上のような生産的諸力の新結合の遂行によって金融イノベーションが生じたが，生産手段の転用という点では，金融機関の資金供給能力，リスク・テイク力を一部転用あるいはアンバンドリングしているといえる。与件の変化については，アメリカの経済的・政治的・軍事的な圧倒的優位性が崩れたことによるブレトン・ウッズ体制の崩壊により，金融自由化・金融市場のボラティリティーに増加が生じたこと，戦後の発展によって金融資産の蓄積がなされたことおよびこのような変化によって形成される消費者嗜好があげられる。これらの与件の変化に対して，供給サイドの金融機関が働きかけた結果が金融イノベーションである。イノベーションは群生すると言われるが，まさに高金利対応新金融商品（MMF, CMA, MMC, 総合口座），リスクやキャッシュフローをコントロールする新金融商品（デリバティブ，ストラクチャード・ファイナンス商品），LBO，ジャンクボンド，大型合併といった現象が群生した。このような現象が生じた1980年代は金融イノベーションの10年と言えるのではないか。

5. リスクマネジメントのイノベーション

　1990年代になると，米ソ冷戦構造の崩壊，社会主義国の市場経済化，経済のグローバル化，情報技術の発達によって，世界は大きく変化する。1980年代の国際化とは次元の違った世界の一体化が進展した。グローバル化の影響はすさまじく，あらゆる分野でグローバル化が指摘され，その影響が問題とされるほどであり，また，情報技術の発達もIT革命とまでいわれ，社会経済に大きな変化をもたらした。情報技術の発達には，コンピューターの発達が不可欠であるが，前述の通り，コンピューターの発達は既に1980年代に顕著であり，自由金利商品，新しい金融商品・取引形態の登場を可能としたのはコンピューターの発達であった。1980年代の金融自由化・金融イノベーションは，コンピューターの発達なくしては不可能であったといっても過言ではないであろう。1990年代はコンピューター機能の発達もさることながら，インターネットという形でコンピューターを使っての情報処理の革命的発展が，社会経済を

根底から変化させたと言っても過言ではない。インターネットを使った情報アクセスが，さまざまな分野でのグローバルな競争を促進させてもいる。1980年代のコンピューターの発展は大量な顧客管理を可能とすることにより新商品を登場させ，その発展は大量ではあるが定型の処理であった。そのため，あらゆる業務にコンピューターが普及し，あらゆる人々にコンピューターの利用を促すというよりも，コンピューターのデータ処理を介して仕事が迅速になった。これに対して，1990年代のコンピューターの発展は，個別のニーズにあったオーダーメード型商品の開発をも可能とした。1990年代のコンピューターの発展は日常業務や日常生活にまでコンピューターが入り込み，IT先進国では多くの者がコンピューターによってつながりを持ったということである。このようにコンピューターが日常業務化・大衆化したので，コンピューター利用が不十分なことによる情報格差がデジタル・デバイド (digital divide) として問題とされるほどである。21世紀にはこのような動きがさらに徹底し，ユビキタス (ubiquitous) 社会とまで言われるほどになる。IT革命は，仕事のやり方・日常生活をまさに根底から変えたという意味で，第2の産業革命と言われる。

　このようなグローバル化，IT化に象徴される1990年代の変化は，市場経済の世界化によって自己責任がますます求められる社会への変化でもある。ベック (Ulrich Beck) の指摘した，リスクをとることを強制されるリスクあふれる「リスク社会」(Risikogesellschaft, Beck [1986], 東＝伊藤訳 [1998]) への変化といえよう。こうして，リスクマネジメントに対する重要性が飛躍的に高まった。1990年代の変化は，金融面でもさらなる金融自由化，金融グローバル化をもたらし，金融取引においても自己責任が求められることとなった。金融自由化の進展は，競争を激化させることで金融事業をそれまでよりもハイリスク・ハイリターン事業に変え，1980年代から1990年代初頭にかけて，アメリカでの金融機関の経営危機を経験しながら，金融機関に自己責任を求めるという形で，金融機関の経営にリスクマネジメントを要請することとなった。すなわち，金融面における自己責任はまず供給サイドに対して求められた。一方，1970年代の収益低迷から1980年代は効率性を高めるための企業組織の再構成を目的とした企業買収がブームとなったが，この買収を支えたのが金融イノ

ベーションの一つと言える LBO であり,それにジャンクボンド市場が結びついた。1980 年代のジャンクボンド市場のブームは,その仕掛け人であるマイケル・ミルケン (Michael Milken)[7] と運命をともにしたが,1990 年代半ばに復活し,投資不適格債,ハイイールド・ボンド (High Yield Bond) という新たな投資カテゴリーを定着させたと言える。従来の金融市場では資金調達がほとんど不可能な信用リスクの高い資金調達者に資金調達の道を開いたという点と新たなアセット・クラスという点で金融イノベーションの一つと言ってよいであろう。また,こうした企業買収ブームで株主がより収益性を重視するようになり,コーポレート・ガバナンスが重要となってきたが,収益性の重視は 1990 年代のリスクマネジメント重視の流れの中で,RAROC (Risk Adjusted Return on Capital, リスク調整後資本収益率) のようなリスク調整後の資本に対する収益率を重視することとなった。与件の変化としてのリスク社会の到来に,金融機関,一般企業問わずリスクマネジメントが重要となってきた。こうして 1980 年代のデリバティブ化,ストラクチャード化を支えた金融工学は,1990 年代になると本格的にリスクマネジメントに活用され,金融イノベーションの成果がリスクマネジメント分野に取り入れられ,発展してくる。その発展は,金融イノベーションのさらなる発展というよりも,リスクマネジメントのイノベーションということができよう。すなわち,イノベーションが質的変化を遂げたと考える。なぜならば,1980 年代のイノベーションは,高利回りやニーズに合ったキャッシュ・フローの組成など,あくまで資金の融通=金融面におけるイノベーションでリスク処理の面が重要でなかったのに対して,1990 年代のイノベーションは,以下に見るとおり,リスク処理の側面が前面に出ているからである。

　リスクマネジメントのイノベーションは,金融機関のリスクマネジメントとして一大国際金融の潮流となって進展した。この流れにおいて,BIS が重要な役割を果たしたと言える。正確には BIS そのものというより,BIS が主要国中央銀行総裁月例会議の場となっていて,主要国中央銀行総裁会議のもとに

---

　7) マイケル・ミルケンなど,金融イノベーションと関わる人物については,久原 [1999] を参照されたい。

ある委員会の一つに BCBS（Basel Committee on Banking Supervision, バーゼル銀行監督委員会）があり，ここで国際的に活動する銀行の健全性を確保するための規制などを決めており，その規制（合意）が大きな役割を果たしたということである。具体的に見ていこう。

「金融革命」とも呼ばれたアメリカの 1980 年代の金融自由化の期間に，金融機関は苦境に立たされた。1980 年代前半のメキシコ危機などのラテンアメリカ諸国の債務問題，いわゆる累積債務国問題でアメリカの銀行は困難に陥った。この原因はアメリカの銀行の野放図な融資行動にあるといえ，金融当局は銀行に健全性を維持させる必要性を痛感した。こうした国内事情に加え，薄利多売で国際金融を席巻し始めた日本の銀行の動きを牽制したいという国外事情とによって，アメリカで自己資本比率規制を導入しようとする動きが出る。この規制を国際的な規制にすれば，アメリカの銀行にのみ健全性を求めることでアメリカの銀行が不利に置かれることを避けることができ，オーバープレゼンスの日本の銀行の動きに対しても足かせをはめることができる。そこで，アメリカは舞台を BIS に移し，国際的な規制を設けることに乗り出す。紆余曲折はあったものの，イギリスを味方に引き入れ，自己資本に株式含み益の算入を認めることで日本も説得し，ついに 1988 年 7 月 BIS は「バーゼル合意」（Basle [1988]）を文章にして発表した。ここに国際的な規制としての自己資本比率規制である BIS 規制（第 1 次規制，以下，「バーゼル I」とする）が誕生した[8]。それはまた，規制によって金融機関を保護し金融機関の健全性を維持する行政から，自由化を前提としながら金融機関の健全性維持を指向する新たな行政への転換でもあった。自由化と対立する競争制限的な規制からの決別といえ，金融に関する規制・監督の枠組みが大きく変化しはじめたと言える。

わが国では，1980 年代の金融自由化によって国内問題として金融機関の自

---

8) 日本では「BIS 規制」という言い方が一般的であったが，もともと BIS が直接規制を作ったのではなく，BCBS での合意であるため，最近では海外の通称に合わせて「バーゼル合意」と呼ばれることが多くなった。BCBS [1988] はわが国では「BIS 1 次規制」とも呼ばれるが，本書では海外の通称に合わせて「バーゼル I」とし，2007 年 3 月実施の新規制を「バーゼル II」と呼ぶことにする。なお，市場リスクが追加された BCBS [1996] は，「バーゼル I（96 改定）」とする。

己資本の充実の議論がされていたので,自己資本比率規制の問題をまったくの外圧とはできないものの,よその国の制度という意識が強かったのではないか[9]。しかし,米英主導で国際的な規制がつくられ,1994年9月のBIS会議からFRB (Federal Reserve Board, 米連邦準備理事会) 議長が理事に就任したことは,戦後IMF (International Monetary Fund, 国際通貨基金) と世界銀行 (International Bank for Reconstruction and Development, IBRD, 国際復興開発銀行) によって国際金融システムをコントロールしてきたアメリカが,BISを国際金融コントロールの重要な要諦としたことを意味しよう。グローバル化による自由化への圧力を背景としながら,金融に関する国際的な規制がグローバル・スタンダードとして作られてくる。このような状況は,明らかに1990年代の金融自由化が1980年代とは次元の異なる展開を見せたということを意味しよう。

さらに,1990年代の金融において特筆すべきは,デリバティブ取引である。1990年代に入ってデリバティブ取引が急速に拡大し,その影響が懸念された。アメリカの議会では,下院でデリバティブ規制論が強まった。このようなデリバティブの規制をめぐる動きとして,象徴的な年となったのが1994年といえるのではないか。1994年は,特にわが国の新聞紙上等では,連日のようにデリバティブが取り上げられ,「オフバランス取引」,「先物・オプション取引」等といった用語に対して,「デリバティブ」という用語がわが国で定着しだしたのもこの頃であろう[10]。実際,1994年は2月にFRBが予想外の金融引き締めをしたことから,金融市場は波乱含みの展開となった。ペインウェーバー,バンカメリカ,キダー・ピーボディ等の米証券会社や銀行などが運用する投資信託で,デリバティブ取引による損失が相次いだ。また,欧州通貨危機で一躍脚光を浴びたヘッジファンドもこの時は,巨額な損失を被ったようである。金融

---

9) バーゼルIが導入されたときに大蔵省によってバーゼルI対策もとられた。規制を導入した当局自らがその対策を用意するあたりに,日本にはなじまないよその国の制度と捉えられていたことが如実に現れているのではないか (大垣 [1997] p.169)。

10) 「モンスター」等という言葉も使われて,デリバティブが大きく取り上げられた年であった。『日本経済新聞』では,「金融 虚像の反乱」といったデリバティブに関する特集記事を組んでいる。また,「35歳以下でないとデリバティブは理解できない」と言われた。

機関ばかりでなく，投機的な取引をしていたプロクター・アンド・ギャンブル（Procter & Gamble），ギブソン・グリーティングス（Gibson Greetings）（辰巳 [2005] pp.3-5）等の一般企業や米信用組合連合会の一つであるキャップ・コープ，さらには，カリフォルニア州オレンジ郡（Orange County）といった公共機関までも巨額損失が表面化した。1994年というのは，こうした巨額損失事件が相次いだ年でもあった。しかし，デリバティブに関しては，結局規制を強化するのではなく，金融機関にリスクマネジメント体制の構築を求めるとともに監視を強化しようとの方向性が打ち出されることになった。金融監督当局としては，規制よりも監視重視で，個々の金融機関にリスクマネジメントを徹底させることになったと言えよう。そのために，金融機関にリスクマネジメント体制の構築を求め，それをディスクロージャーする流れが形成されたといえ，このような流れが形成されるにあたって，BISが大きな役割を果たしたのである。

　バーゼルIは信用リスク規制のため，他のリスクへの対応も課題であるとして，特に市場リスクへの対応について言及されていた（BCBS [1988] p.2）。BCBSはこの検討を進め，1993年4月に市場リスクマネジメントの第1次案を公表した。しかし，第1次案は時代錯誤的とされて，大変評判が悪かった。BCBSが考えたリスクマネジメント手法が，既に先端を行く金融機関からすれば稚拙であったためである。そこで，BCBSは手法を一律に具体的に規定するのではなく，発達した銀行の内部アプローチ・モデルを認めることとし，1995年4月に公表された第2次案では銀行の内部で採用されている内部アプローチ・モデルが認められ，1996年1月にほぼそのままの形で最終案として公表され，1997年末から適用されることになった。この背景に，1993年4月のG30（Group of 30）によるリスクマネジメント・ガイドラインがある。これは，米議会のデリバティブ規制論に対抗し，民間の市場関係者が集まり，規制反対の立場から主張されたものであり，その後のリスクマネジメントのガイドラインとなったものである。VaR（Value at Risk）やストレス・テスト（stress test）も提示されており，BCBS [1994] やBIS [1994] にも影響を与え，バーゼルI（96改定）に結実する流れの直接的な起点と言えよう。

　BCBS [1994] では，銀行経営における内部リスクマネジメント体制の確

立・独立したリスクマネジメント部署の設置を提言し，リスクの計測，制限や各種リスクの整理などを行っており，基本的にデリバティブ取引に関わる提言ではあるが，リスクマネジメント体制，そのプロセス，さらには内部税制について，基本的枠組みを提示したと言える。金融機関で独立したリスクマネジメント部署が設けられるようになり，このような動きの一つの契機となったのがこの BCBS［1994］と言えよう[11]。売買を行う部署フロント・オフィス，受け渡し・決済を行う部署バック・オフィスに対して，リスクマネジメントを行う部署ミドル・オフィスといった分け方がされた。続く BIS［1994］では，今後は「ディスクロージャーの拡充は企業の健全性を示す一つの尺度と見られるようになるであろう」とし，そのための提案が BIS［1994］の目的の一つであると思われる[12]。BIS［1994］では単にリスクマネジメントのみならず，「リスクマネジメント・パフォーマンス」(risk management performance) ということが重視され，リスクマネジメント手法における情報提供を通じて，まずはその透明性を高め，そして比較可能性を高めることを考えている。リスク測定方法にコンセンサスはないと認識しており，リスクマネジメント手法の情報提供を通じて，一方でリスクマネジメント手法にある程度のコンセンサス作りを促しな

---

11) 内部統制について大きな影響力を持ったものに COSO（The Committee of Sponsoring Organizations of the Treadway Commission）［1992］がある。これは 1980 年代の米国における企業の粉飾決算を背景に公表され BCBS［1994］にも影響を与えたと思われる。しかし，巨額損失事件を受けて，BCBS［1998］で内部統制について本格的な提言がなされた。さらに，2000 年代に入ってもエンロン事件などが発生し，内部統制が重視されるようになると，COSO は SOX 法（Sarbanes-Oxley Act）に影響を与えるなど，内部統制のグローバル・スタンダードと化したと言える。COSO［1992］を発展させた COSO［2004］では，後述の ERM（Enterprise Risk Management）が注目されることとなった。COSO については，大村［2006］，樋渡＝足田［2005］155-164頁，後藤［2004］1-4頁を参照されたい。

12) このレポートは ECSC（Euro-currency Standing Committee）によって作成されたが，ニューヨーク連邦準備銀行（The Federal Reserve Bank of New York）のフィッシャー（Peter R. Fisher）が議長を務めたことから，「フィッシャー・レポート」(Fisher Report) と呼ばれている。ECSC は，当初急成長するオフショア市場の金融政策に対する影響に関心があったが，金融制度の構造変化を受けて，金融制度の安定などの大きな問題に関心が移ったため，1999 年より CGFS（The Committee on the Global Financial System）に名称が変更された（BIS［2007］）。

がら、他方で暗にリスクマネジメント手法をめぐる競争を促進していると思われ、リスクマネジメント手法自体が発展することが期待されているようである。先のBCBS [1994] の枠組みが、より詳細に、具体的に展開されていると言える。ディスクロージャーの例も示されており、VaRについては、詳細に紹介されている。BIS [1994] を契機に、リスクマネジメント手法としてのVaRが一躍脚光を浴びることとなり、多くの金融機関で採用されることになった。こうして、リスクマネジメント重視の流れが形成されたと言っても過言ではないであろう。

このような一連のBISの動向は、堅実な金融機関の経営には自己資本比率規制のような監督手法だけでは不十分であり、金融機関による内部リスクマネジメントが必要であるとの認識に基づくものであろう（BIS [1994] p.1）。そして、リスクマネジメントをきちんと行わせるために、ディスクロージャーの機能を活用しようという考え方であろう。ディスクロージャーは、直接的には情報を開示することであるが、情報を開示すればそれで良いかといえばそうではなく、開示された情報によって経営内容が悪いということが知らされれば、市場から不信任を受け、場合によっては、市場から淘汰されかねない。言わば、市場に金融機関を監視させるということである。したがって、ディスクロージャーは、ディスクロージャーをするに足る経営を促すという効果を有し、その点において健全な経営を促すのである。BISは、内部リスクマネジメントを求め、それをディスクロージャーさせることによって、充実した内部リスクマネジメントを促し、ひいては健全経営を促すことを意図していると言えよう。そのため、単にどのようなリスクマネジメントを行っているかを開示するだけではなく、わざわざ「リスクマネジメント・パフォーマンス」を指摘しているのであろう。さらに、リスクマネジメント手法自体の発達を期待し、各金融機関の独自性を尊重しつつも、ディスクロージャーの透明性を高めるためには、ある程度共通のリスクマネジメント手法がとられることが必要であり、そのためにVaRを紹介し、標準的計測手法を提示しているのであろう。BISの動向をこのように整理すれば、結局、色々な局面で求められたグローバル・スタンダードが、リスクマネジメント手法においてはBIS主導の下に構築されており、グローバル・スタンダードによるリスクマネジメント、そし

5. リスクマネジメントのイノベーション

て，リスクマネジメントのディスクロージャーを求めるという一大潮流が国際金融界に形成されたと捉えることができるのではないか。その具体的成果がバーゼルI（96改定）として結実する。それはまた，規制・監督の枠組みが自由化対応への自己資本比率規制に加えて，市場を活用する市場規律を重視した規制・監督への枠組みへの変化を意味しよう。

　1990年代の国際金融界の潮流はBISにより形成されたとしたが，それは前述の通りアメリカがBISを国際金融コントロールの重要な要諦としたからである。特に，国際金融界の最先端を行く米銀の影響は，大きいであろう[13]。そして，そのBISが監督の方法の柱として，従来の自己資本比率規制に加えて，金融機関にリスクマネジメントを促し，そのことを徹底させるためにディスクロージャーを行わせるといった形を形成し，自由化を前提とした市場規律重視の規制・監督の枠組みを形成し，いわば世界的な金融行政の型が構築されたと思われる。このような動きの中で，BISがVaR等のリスクマネジメント手法を紹介し，既に米銀で採用されつつある手法をオーソライズしつつ，リスクマネジメント論として新たな投資理論の生成・発展を促進してきたといえよう。こうした国際金融界の潮流は，金融機関のリスクマネジメントの発展を通じて，リスクマネジメントにイノベーションをもたらしたと言える。

　このリスクマネジメントの展開は，金融自由化・金融イノベーションに加えてモンスター化するデリバティブの急激な発展を背景としていることから，リスクマネジメントのイノベーションは財務リスクマネジメントに対するイノベーションと言える。1990年代の市場経済化の進展によって，財務リスクマネジメントが重要なのは金融機関のみならず一般企業も同様である。このような変化に対して，金融機関は自らの経営上のリスクマネジメントのみならず，一般企業にリスクマネジメント商品の販売やコンサルタントを行うこととな

---

[13] JPモルガンが「リスクメトリックス」（JPMorgan, *RiskMetrics™ — Technical Document*, 3rd ed., 1995. 参照）として，VaR算出に必要なデータを公表したことなどが一例といえよう。なお，G30でデリバティブの規制の反対をしたとき，同行のウェザーストーン会長が中心的な役割を果たした。また，同行は1997年4月信用リスクについて，「クレジットメトリックス」（JPMorgan, *Introduction to CreditMetrics™ : The Benchmark for Understanding Credit Risk*, 1997. 参照）を公表している。

り，金融業自体がリスクマネジメント業的展開を見せるようになった。こうしてリスクマネジメントのイノベーションは，まさにイノベーションと呼ぶにふさわしい展開を見せるが，対象とするリスクが財務的リスクであることから，純粋リスク，投機的リスクという分類からすれば，投機的リスクになるということが重要である。この点において，本来保険リスクとはならないリスクについてのイノベーションと言える。これを「投機的リスクマネジメントのイノベーション」と呼ぼう。

ところで，BIS規制は信用リスクから始まり市場リスクへと広がりを見せたことからすれば，これを投機的リスクマネジメントのイノベーションとすることに対して，信用リスクは純粋リスクなので投機的リスクマネジメントのイノベーションと呼ぶのはおかしいとの批判が出るかもしれない。確かに，デフォルト率として信用リスクを把握すれば，債務不履行という損害発生のみのリスク (loss only risk) ということで，純粋リスクと言えよう。しかし，信用リスクは，市場で形成される貸付金利や債券利回りに影響を与え，その変化もリスクと言えよう。たとえば社債で考えると，格付けがAからAAに格上げしたときは，他の条件を一定とすれば，格上げした分利回りが低下し，債券価格は上昇する。また，逆に格下げの場合は債券価格は下落する。これは信用度の変化によって資産価値が変動するリスクと言え，「信用度変動リスク」と呼べば，デフォルト率を動態的に観察したものとも言えよう。デフォルト率に基づく期待損失額は純粋リスクといえるものの，それが変動することが資金運用上は重要であり，その部分は投機的リスクとなろう。このように考えると，信用リスクは期待損失額・純粋リスクとして把握するのみでは不十分であり，信用度変動リスク・投機的リスクをも含むものと捉える必要があろう。そして何より，市場リスクと信用リスクの統合管理といった形でリスクマネジメントの高度化が指向されたことから，信用リスクを投機的リスクマネジメントのイノベーションに含めるのは適切であると考える。

投機的リスクマネジメントのイノベーションの流れに対して，純粋リスクないしは保険リスクに対するイノベーションも生じてくる。世はまさに，「リスク社会」であることを反映している。純粋リスクマネジメントのイノベーションも1990年代に発生するが，1980年代にその前史といってよい展開があるの

で，まずそちらからみておこう。自家保険の発展したキャプティブ（captive）が20世紀前半に発生するが，保険危機への対応として1980年代になると保険代替的な機能を果たすようになる。また，ロングテールの保険に対してファイナンシャル（再）保険（financial (re)insurance）が登場し，さらに1980年代にはキャプティブの発展形態としてのグループ・キャプティブ（group captive），レンタ・キャプティブ（renta captive）も発生し，リスク保有グループ（risk retention group）も形成された。これらはリスク保有手段であるからリスクの移転は行われず，資金調達機能のみを有するが，保険の資金調達機能を代替するので保険代替手段と言えよう。リスクマネジメント手段の保有のところでこのような保険を代替する動きが発生した。保険を代替する動きは，1990年代になるとリスク移転のところでも発生する。

　純粋リスクマネジメントに関するイノベーションは，1990年代初頭の自然災害の多発による巨額な保険金の支払いによって，再保険市場がハード化し，保険キャパシティが不足したことにより発生した。再保険市場のハード化はこれまで循環的に見られ，アンダーライティング・サイクルとも言われるが，これまでの循環とは次元の異なる，その意味で循環というよりも非循環的な構造変化といっていい大災害の多発を背景としているということである。大災害多発の理由としては，地球環境の変化，大災害に襲われやすい地域での人口増加および世界的な人口密度の増加，経済発展に伴う付保対象の増大などがあげられる（Misani [1999]，丁野訳 [2002] p.10）。いずれにしても，ここでも，非循環的側面が重要である。保険のキャパシティ不足を補うために，金融イノベーションが純粋リスクマネジメントにおいても生じ，保険デリバティブやCATボンド（catastrophe bond）が登場した[14]。これらはARTとよばれたが，保険リスクに対してデリバティブやストラクチャード・ファイナンスが適用される

---

14) アメリカの文献ではstructuredという用語ではなく，securitizationが使われることが多い。たとえば，Trieschmann et al. [2001] では，CATボンドのみならずデリバティブを含めてsecuritizationとしている（Trieschmann et al. [2001] p.149）。なお，Culp [2006] はstructured insuranceという用語が使われている。以上のように，これらの用語にコンセンサスはない。本書では，デリバティブそのものはsecuritizationに含めず，securitizationはstructured financeに含めることとする。

ことを意味するだろう。ARTは金融手段のリスクマネジメント手段への転用，金融市場への保険リスクの転嫁という意味で，まさにイノベーションと言えるであろう。ARTというリスク移転の保険代替手段に1980年代に発展したリスク保有の保険代替手段が合流し，保険を含めて総合的なリスクファイナンス手段の利用が指向されるようになった。しかし，純粋リスクマネジメントのイノベーションはこれに止まることなく，リスク社会においてより効果的なリスクマネジメントを指向して，保険を代替するというよりも，より高次元で効率的・効果的なリスクファイナンスが指向されることとなり，ARF（Alternative Risk Finance）とするのが妥当なまでに発展している（石田［2005］p. 11）。純粋リスクマネジメントのイノベーションは，保有における保険代替を前史とし，保険代替保有手段とARTの総合化からARFへの移行という発展過程をとったと言えよう。

　このARFへの発展は，純粋リスクマネジメントの流れに投機的リスクマネジメントの流れが合流し，あらゆるリスクを対象としたリスクマネジメントへの指向によりもたらされたと言えよう。今日言われるエンタープライズ・リスクマネジメントである。総合的リスクマネジメントと言ってもよいであろう。

　ARFとしてどのようなものが考えられるであろうか。詳細は次章に譲るとして，純粋リスクマネジメントのイノベーションとして発生した保険デリバティブ（insurance derivatives），CATボンドに代表される保険リンク証券（insurance linked securities）や保有形態であるファイナンシャル（再）保険，コンティンジェント・キャピタル（contingent capital）などが主要なものとしてあげられる。それでは，このようなARFを念頭に置きながら，本書でのイノベーション概念に沿って，リスクマネジメントのイノベーションを整理してみよう。

　① 「新しい財貨」としては，金融イノベーションと同様にデリバティブとストラクチャード・ファイナンスを中心としたARFをあげることができるが，これをリスクマネジメント手段として保険リスクに適用している点が新しい。また，VaRなどの新たなリスクマネジメント手法も含まれる。

　② 「新しい生産方法」は，理論面で金融工学が保険リスクやリスクマネジメントへも応用され，実務面への応用においてはコンピューター処理によって

高度・複雑な計算を行っての生産（商品開発）である。後者は金融イノベーションで見られた現象であるが，生産方法（金融技術）としてリスクマネジメントに応用され，さらなる発展が見られる点が新しい。

③「新しい販路の開拓」は，デリバティブ，ストラクチャード・ファイナンスいずれも保険リスクの金融市場への転嫁を意味するという点で，保険リスクに対する新しい販路の開拓を意味する。また，別の次元で，e-ビジネスの一つとしてのインターネットによる販売や銀行の保険窓口販売があげられよう。

④「原料あるいは半製品の新たな供給源の獲得」は，デリバティブ，ストラクチャード・ファイナンスを保険者が再保険代わりに利用すれば，キャパシティの獲得という形で新たな供給源の獲得を意味しよう。この関係においては，保険デリバティブ，保険リンク証券は保険企業にとっての原料あるいは半製品になぞらえることができる。

⑤「新しい組織の実現」は，アルフィナンツ（Alfinantz），バンカシュランス（Bancasurance）などの金融コングロマリット化の動きを指摘できる。ヨーロッパのING，アリアンツ，アクサやアメリカのAIG，シティを取り込んだトラベラーズ・グループなどがあげられる。もっとも，金融コングロマリット化を見直す動きもあり，一直線に進むというわけではないであろうが，新たな組織的な動きの柱であることには変わりないであろう[15]。また，独立したリスクマネジメント部署の設置，ミドル・オフィスの登場をあげることができる。

以上のような生産的諸力の新結合の遂行によってリスクマネジメントにイノベーションが生じているが，生産手段の転用という点では，金融商品を活用し，金融市場への保険リスクの転嫁，換言すれば，金融市場からのキャパシティの調達やリスク保有の新たな資金調達手段によって，あらゆるリスクに対する総合的リスクマネジメントが指向されている。このイノベーションの背景には，与件の変化として，圧倒的優位性を失い金融自由化のきっかけを作ったアメリカが，冷戦に勝利してグローバル・スタンダードとしてアメリカン・ス

---

[15] 1998年のトラベラーズとシティコープの合併が代表的であり，グラム＝リーチ＝ブライリー法（Gramm-Leach-Bliley Act）はこうした流れを後押しするものといえよう。しかし，2001年12月にシティグループはトラベラーズの財産及び傷害保険事業をスピンオフした。

タンダードを普及させるという動きをみせ，それがリスクマネジメントに関しては BIS を使って行われたことがある。そして，土台としての社会自体がリスク社会へと移行しリスクマネジメントの重要性を飛躍的に高め，総合的リスクマネジメントに対するニーズが高まるという変化に対して，純粋リスクマネジメントのイノベーションと投機的リスクマネジメントのイノベーションが合流する流れの中でリスクマネジメントのイノベーションが生成・発展したと考える。なお，BIS を使った投機的リスクマネジメントに関するグローバル・スタンダード化の動きは，BIS 自体は供給者ではなく監督者の立場となるが，バーゼル合意の背後で米銀を中心とした供給者の意向が大きく働いているという点で，シュンペーター的イノベーションの動きと言える。

6. 保険事業のイノベーション

1980-1990 年代の保険の動向は，銀行をフォローする展開と言える。金融自由化・金融イノベーションを先導したアメリカでみると，保険も BIS の流れに飲み込まれたと言えよう。BIS 規制の起点の一つは銀行危機であるが，1980 年代に保険会社，特に生命保険会社も同様な困難に陥る。銀行における BIS 規制と同様な RBC（Risk Based Capital）規制が保険会社に適用される。グローバルな視点でみると，組織的にも BIS と同様な IAIS（International Association of Insurance Supervisor，保険監督者国際機構）が 1994 年に設立される。その活動の中心は，保険の規制・監督に関する国際基準の策定にある。具体的には保険基本原則（Insurance Core Principles and Methodology）であり，1997 年に採択され，その後 2000 年 10 月に改正され，さらに 2003 年 10 月に改正されて現在に至る。BIS によって形成された国際金融潮流の中で，事前的な規制から事後的規制を重視し，保険会社の自己責任としての内部リスクマネジメント体制の充実を重視し，ディスクロージャーによって市場規律を機能させるというものである。この点で保険会社は BIS 規制の下での銀行と同様な状況に置かれてきたと言える。わが国でみても，1990 年代には BIS 規制を丸投げしたような事務連絡が保険会社に出され，そのことがわが国保険行政・保険業界も BIS の流れにいかに飲み込まれたかを象徴している。

6．保険事業のイノベーション

　このような動向は，保険会社にリスクマネジメントを求めることになる。この場合のリスクマネジメントとは，BIS の動向をフォローする流れから，当初は投機的リスクである財務リスクマネジメントであった。保険事業を保険の二大機能である経済的保障機能，金融的機能に沿って把握すると，金融的機能に関わる資金運用業務面でのリスクマネジメントが求められたということである。しかし，金融機関の健全経営が指向される中で経済的保障機能に関わる保障業務の面においてもリスクマネジメントが求められ，総合的なリスクマネジメントが要請される。わが国で言えば，2000 年に出された「保険マニュアル」がそれを象徴するといえよう。この点から，投機的リスクマネジメント，純粋リスクマネジメントを併せた総合的なリスクマネジメントが BIS をフォローする流れ，換言すれば，保険監督・規制の流れで生じたといえるが，純粋リスクマネジメントについては，前述の通り，キャパシティ不足を背景に 1990 年代前半にイノベーションが生じており，この流れこそが大元の流れを形成していると言える。

　1990 年代初頭の自然災害の多発によるキャパシティ不足に対して，金融イノベーションが保険リスクに適用され，純粋リスクマネジメントのイノベーションが発生したが，そのイノベーターは（再）保険会社といえる。すなわち，純粋リスクマネジメントのイノベーションは，（再）保険会社によるキャパシティ不足対策としての再保険代替手段の開発といった形をとった。したがって，純粋リスクマネジメントのイノベーションは保険事業のイノベーションと言うことができよう。むしろ，保険事業にイノベーションが生じ，それが純粋リスクマネジメントのイノベーションになったと言える。生産手段の転用という点では金融手段を活用した金融市場からの転用であり，リスク社会への移行，キャパシティ不足という与件の変化を背景として生じた。それがさらに投機的リスクマネジメントのイノベーションと合流し，総合的リスクマネジメントを指向するリスクマネジメントのイノベーションへと進化したと言えるが，保険事業のイノベーション自体は，こうした流れのなかで保険事業を進化させる下地を形成する役割を果たしたといえよう。なお，イノベーションによる「新しい組織の実現」という観点では，金融コングロマリット化などの保険業界再編成，保険会社に対する自己資本充実の要請から相互会社の存在意義が

乏しくなり，株式会社への転換，脱相互会社化の動きが生じていると捉えることができよう。

　ところで，保険事業の進化とは，保険事業が単なる保険リスクを処理する事業からリスクマネジメント業への進化を指す。その下地はキャパシティ不足への対応としてのARTによる金融市場の利用であり，このこと自体が保険事業の進化を意味し，その点でまさにイノベーションと言えるが，その流れが投機的リスクマネジメントの流れと合流し，リスクマネジメントの流れとなることで，保険事業はリスクマネジメント業へと進化しつつあると言える。もっとも，金融市場を使った保険リスクの処理については，投資銀行などの他の金融機関も参入し，リスクマネジメントのイノベーションを背景としながら，金融機関全般に事業がリスクマネジメント業になってきていると言える。したがって，保険事業のリスクマネジメント業への進化は，他の金融機関も含めて競争が激化してきたことも意味する。

　リスクマネジメント自体は，20世紀に保険マネジメントとして登場し，その後一貫してその発展は保険を相対化させる流れであったといえる。いかに保険を取り扱うかといった次元から，保険を一つのリスクマネジメント手段として相対化する。効率的・効果的なリスクマネジメントへの発展である。しかし，この段階ではあくまでも保険の対象となる純粋リスクのマネジメントに関わることであり，保険事業のイノベーションは純粋リスクを新たな市場である金融市場に転嫁する道を開いた。それは，保険リスク処理の手段を金融市場から転用してくることでますます保険を相対化するが，保険事業を保険，保険市場の限界から脱皮させたと言える。保険事業のイノベーション，リスクマネジメントのイノベーションで生じた新たなリスクマネジメント手段は，保険の限界を補う形で登場しているため，その代替性が指摘されても，補完的代替とでも言うべきもので，その存在自体が保険を相対化しても，保険を衰退させるものではない。しかし，新たなリスクマネジメント手段が保険に対して競合的な存在にならないとは言い切れず，その場合はますます保険の相対化が進展し，その延長線上に保険の衰退が見えてくる。まさに，イノベーションによって，私的保険が動揺しているといえよう。新たなリスクマネジメント手段と保険との決定的な相違は，保障制度であるか否かという点にあろう。保険はリスクマネジ

メントの一手段ではあるが，経済的保障制度でもある。新たなリスクマネジメント手段は保険と類似のキャッシュ・フローの組成に関心があるのであって，自らの保障性を確保するということには無頓着である。こうした点から，保険が新たなリスクマネジメント手段に押され，衰退していく方向は，保障が投機に席巻されてしまうような社会となる危険性がある。そうなれば，「リスク社会」への対応において投機が優位となり，リスク社会がカジノ社会化してますますリスキーな社会になるということを意味するのではないか。

　金融業全般にリスクマネジメント業となってきた観があり，金融コングロマリット化による経営形態の側面でもそのことが当てはまるが，これをもって保険と金融の融合とは言えないであろう。事業としての類似性，収斂現象を指摘できるが，融合しているのは保険と金融というよりも，企業金融とリスクマネジメントではないか。むしろ，資金の融通をリスクの観点から見ることによって金融がリスクマネジメントに取り込まれているのではないか。このようなリスクマネジメントの一大潮流の中で，リスクマネジメント業へと脱皮しつつある保険事業は，保険を金融商品的に扱い保障性を希薄化させることで投機を促進させる方向に進むのか，保険の保障性を保持しつつ各種リスクへの総合的・体系的対応を目指すのか，次なる進化へ向けた方向性を探ることになろう。

第9章
Alternative Risk Finance

1. 問題意識

 前章の考察において,近年の保険と金融の接近現象を保険代替現象として捉え,保険学サイドのART (Alternative Risk Finance) の考察も念頭に置きながら保険代替現象の生成・発展について考察し,イノベーションが重要な鍵を握るとした。いずれにしても,保険学におけるARTの考察が理論的考察に乏しく,保険代替現象をめぐる理論的考察が保険学の重要な課題の一つとして指摘できよう。本章では,前章で得られた,「保険代替保有手段とARTの総合化からARFへの移行へという発展過程をとって,あらゆるリスクを対象とするERM,総合的リスクマネジメントが指向されている」という認識に基づきながら,保険代替現象の理論的考察を行う。

 保険の代替手段について指摘した初期のものとして1980年代のMorgan=Anderson [1986] がある。そこでは,前章のalternativeという用語についての考察を裏付けるかのように,伝統的な保険の代替手段 (alternatives to traditional insurance) として考察されている。ただし,代替手段はARTではなく,"alternative risk financing"(代替的リスク・ファイナンシング)[1]とされる。ここで,リスク移転とリスクファイナンスの関係を明確にしておきたい。両者はリスクマネジメント手段であり,図9.1のようなリスクマネジメント手段の体系において,両者の関係も明確に示すことができる。図9.1に明ら

---

 1) 外国の文献をはじめとして,「リスクファイナンシング」という用語が一般的であるが,本書では「リスクファイナンス」とする。この点については,亀井 [2001] p.42 を参照されたい。

図9.1 リスクマネジメント手段の体系

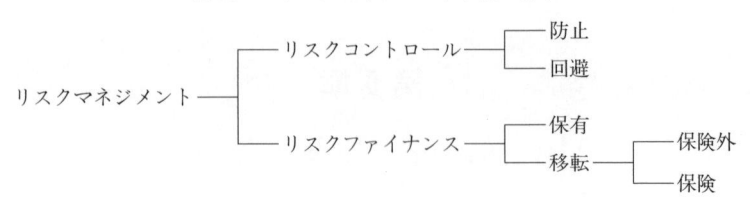

```
リスクマネジメント ─┬─ リスクコントロール ─┬─ 防止
                   │                      └─ 回避
                   └─ リスクファイナンス ─┬─ 保有
                                         └─ 移転 ─┬─ 保険外
                                                  └─ 保険
```

かなように，範疇的にはリスクファイナンスがリスク移転を含む，より広いものである。Morgan=Anderson [1986] では，具体的な手段として，レシプロカル (reciprocal exchange)，キャプティブ (captive companies)，相互会社 (mutual companies) を取り上げているが，「(代替の…筆者加筆) 傾向は『自家保険』の形態であり，消費者はリスク移転よりも保険への費用の一部を受け入れることを選んだ」(Morgan=Anderson [1986] p.26) との指摘が象徴するように，自家保険・保有を重視している。保有を重視したため，リスク移転よりもリスクファイナンスに重点が置かれ，alternative risk financing の考察になったと思われる。

なお，保険の代替手段は当然保険ではないとするならば，保険企業形態といえるレシプロカル，相互会社を保険の代替手段とするのは理論的には不適当と考える。伝統的な保険=営利的保険会社 (commercial insurance companies) に代替するものとして考察しているために，代替的なものにレシプロカル，相互会社も含めているのであろうが，保険の概念を厳格に把握した上で考察がなされるべきであろう。Morgan=Anderson [1986] は簡単な分析ではあるが，社会にすでに保険が定着している状況で，この保険が十分利用できないことを背景に生じた初期の保険代替現象の分析として注目される。

次に，保険を代替する手段が多様化した状況の分析として，Young [1991] があげられる。そこでは，伝統的な保険に代替する手段 (alternatives to traditional insurance) について "Risk Financing Alternatives"（リスクファイナンス代替手段）として考察が加えられている。リスク移転ではなく，リスクファイナンスとしている点は Morgan=Anderson [1986] と同様である。Young [1991] はこれまでリスクファイナンス代替手段に定義がなかったとし

1. 問題意識

て，次のように定義する。

　リスクファイナンス代替手段とは，費用と損害の発生との間に密接な相関があるリスクの保有，分配・移転を容易にする手段またはファイナンス・プログラムである（Young [1991] p. 15）。

さらにこのように定義をした上で，具体的なリスクファイナンス代替手段として次のものを挙げている。

免責金額（deductibles）
遡及的料率保険（retrospectively rated insurance）
配当プログラム（divided programs）
ストラクチャード・セトルメント（structured settlement）
認可自家保険（formal self-insurance programs）
賦課方式（pay-as-you-go funding arrangements）
団体自家保険（group self-insurance programs）
レンタ・キャプティブ（rent-a-captive）
シングル・オーナー・キャピタル（single-owner capital）
信託（trusts）
グループ・キャプティブとリスク保有団体（group captives and risk retention groups）
相互保険組合（mutual and P&I clubs）
レシプロカル（reciprocals）
ファイナンシャル保険（financial insurance）
資本市場のリスクファイナンス技術（capital market risk financing techniques）

　以上のように定義を行い，具体的な手法を網羅しようとしている点は意義深いことであるが，保険を代替する手段の量的な面に関心があるため，手段の分類まで及ばず，保険制度に与える影響といった質的意義はあまり考察されてい

ない。その点で定義が十分生かされておらず，定義に関してはただ定義しただけと言わざるをえない。しかし，全体像がはっきりしない保険代替市場が量的に無視できない存在となりつつあるという状況の下で，なかなか光が当て難いところ（量的な把握）に光を当てたという点にこそ，この研究の意義があろう。なお，ここでも営利保険の代替として考えられているようで，そのため賦課方式といった保険料支払い方式も含まれているのであろう。Morgan=Anderson [1986], Young [1991] に共通するのは，保険を営利保険と狭く限定し（伝統的保険＝営利保険），そこから逸脱したものを risk financing という広い範疇で括って考察するという思考方法である。また，金融市場のリスクファイナンス技術を指摘してはいるものの，デリバティブが金融市場で急速に拡大・普及し，金融イノベーションが進展しているにもかかわらず，金融との関わりの考察がほとんどなされていないのが興味深い。

その後の業績としては，Swiss Re [1999] がある。ART の発展を考慮しながら，ART が何を代替するかという点から，流通経路（channels），手法（solutions），リスク・キャリア（risk carrier）に分類する。そして，その目的を次のように整理する（Swiss Re [1999] p.6）。第1に代替的リスクファイナンス手段（alternative risk financing instrument）の発展段階では，リスク移転の効率性を改善するために既存のものを補完すること，第2に保険引受可能利益の範囲を拡大すること，第3に金融市場によって追加的なキャパシティを生成すること，としている。ART の生成・発展段階を踏まえながら，ART の分類と整合性を持たせる整理を志向していると言えよう。しかし，この考え方には，次のような問題があるのではないか。

第1の「リスクファイナンス手段の発展段階」では，リスク移転の効率性を前面に出すべきではないのではないか。少なくとも，ART の生成段階は，保険が対応できないところに保険的なものが生成し，保険と同様な機能を果たすことが期待されたということであろう。その意味で，まさに伝統的な，既存の保険への補完的な代替（alternative）が目的とされた。もちろん，そのことがリスク移転における効率性に結びつくことに間違いないが，対応できないところに代替物（alternatives）が生成された点こそが強調されるべきであろう。第2の「保険引受可能リスクの範囲を拡大すること」という捉え方は，alternative という言葉の意味から逸脱した捉え方になるのではないか。ART は今まで保険引受可能リスクとされていないリスクへも対応することで，結果的にそのようなリスクへの保険による対応を促進したという意味で保険引受可能リスクの範囲を拡大したとすべきであり，これを ART の目的とすることはできないのではないか。第 3 については，問題点ではないが，第 3 の点に関わる ART の効果についてここで指摘しておきたい。

　それは，金融市場に追加的なキャパシティを求めることで，閉鎖的な保険市場を金融市場に結び付けたという点である。この接合の役割を果たしたのが，デリバティブであろう。デリバティブの金融市場への普及は，前章で指摘したとおり金融イノベーションという面を有すると言え，保険市場と金融市場の結合はリスクマネジメントのイノベーションの一部と言ってよいであろう。そして，そのようなことを可能にした理論面の支柱は，ポートフォリオ理論（Markowitz [1952]）と言えよう。保険リスクを内蔵した金融商品（典型的なものとして，いわゆる CAT ボンド）によって，保険リスクがポートフォリオ理論上のリスク／リターンの関係に置き換えられた。そのリスクはこれまでの機関投資家のポートフォリオの組入資産とまったく性格の異なるリスクであるため，換言すれば，既存のリスクと相関のないリスクのため，今までにない画期的な投資対象という性格を有することになる[2]。この点で，CAT ボンドのような保険リスクにリンクした有価証券・保険リンク証券（Insurance Linked Securities）はまさに Alternative Investment なのである。すなわち，保険リンク証券は，保険市場にとっても金融市場にとっても代替物（alternatives）なのである。金融市場によって追加的なキャパシティを得ることは，結局は金融市場の投資家にリスクを移転すること，投資家が保険リスクを保有することであるが，そのようなことが可能となる理論的な背景は，このようにポートフォ

---

2) CAT ボンドは保険事故と同様なイベント（たとえば，地震）が起こった場合に償還金額を減額させるといった形で保険リスクを移転するため，保険リスクが直接的にはデフォルト・リスクとして現われ，プライシングにおいてもデフォルト・リスクとして考慮される。こうして価格付けされた CAT ボンドは，保険リスクと市場リスク，信用リスク等との相関が注目されて，ハイ・イールド・ボンドの一種としてポートフォリオに組み入れられる。

リオ理論に基づくのである。そして、より重要なことは、さらにもう一歩突っ込んでポートフォリオ理論による保険リスクの包摂ともいうべきこの問題の意味を考察することである。しかし、この点については後述するとして、ここでSwiss Re [1999] の意義と問題について簡単にまとめておきたい。

近年の保険市場と金融市場との関わりの重要性を明確にし、リスク移転に軸を置き、分類を行っている点に意義がある。しかし、理論的分類は、機能的な面を中心に据えるべきではないか。金融工学では、新しい商品の出現は、市場が不完備な状況にあるためにそれを埋める「不完備制度の完備化」プロセスとされ、天候デリバティブなどはその例とされる（刈谷 [2000] p. 135）。そして、天候デリバティブに限らず金融における大激変の要因を「伝統的あるいは制度的金融に対する機能的進化への要求の結果」に求めている（同p. 2）。金融における大激変によって伝統的なものに代わるものが登場しているという点を重視すれば、金融の大激変自体がalternativeな動きと言え、それが前章で指摘したイノベーションの原動力と捉えることができるのかもしれない。いずれにしても、「機能的進化」と指摘されるように、従来の制度が機能的にアンバンドリングされる現象が見られ、このアンバンドリングが新金融商品やART発生の原動力の一つと言えるであろうから、理論的な分類にあたっては機能を重視し、その機能発生のメカニズムである方法（仕組み）を基準とすべきである。保険と呼ばれる制度の機能発揮の方法について何をどのように代替しているのかという点にこそ、焦点が当てられるべきであろう。Swiss Re [1999] は、この点に問題があるのではないか。また、具体的な手法としては、ファイナイト・リスク（finite risk）、統合的マルチ・ライン／マルチ・イヤー商品（integrated multi-line/multi-year products）、マルチ・トリガー商品（multi-trigger products）、コンティンジェント・キャピタル（contingent capital）、保険リスクの証券化（securitization of insurance risks）、保険デリバティブ（insurance derivatives）を考察しているが、それが先の分類とどう結びつくのかわからない。この問題を解決するためには、保険の概念規定およびそれに伴う保険の機能・方法が明確とされなければならない。従来の研究は、暗黙のうちに営利保険、しかも損害保険に限定してきわめて保険を狭く把握した上で論じる傾向にあるが、それでもなお保険の捉え方、方法が明確でなく（おそらく、損害塡補

といった程度で捉えて方法など考察しなくても十分としているのであろう），ARTの厳格な定義がない。もちろん，ARTが「伝統的保険に代替するもの」という点では，大方の見方は一致していると言えよう。ただ，基礎的な概念装置がないこと，その概念装置に肝心の保険・伝統的保険が含まれることから，「代替する保険とは何か」，「どのように代替するのか」といった点の考察が混乱しているように思われる。

2. ARTとARF

　先に先行業績として海外の文献を取り上げたが，わが国でも近年多くの労作が発表されている。ARTはアメリカで生成・発展したため海外の研究が先行したものの，実務家を中心にわが国でも研究が盛んになってきた。なかでも日吉［2000］は，取り上げている対象が圧倒的に豊富であることに加えて，ARTの定義，分類もなされており，体系的な考察を志向している点でも優れた著作である。そこで，日吉［2000］を取り上げることから考察を始めよう。

　日吉［2000］では，ARTのalternativeの意味に「もう一つの」という意味がある点を重視し，「ARTは保険に代わるリスク移転の仕組みではなく，従来の保険とは異なった『もうひとつの』リスク移転の仕組み」（日吉［2000］p. 12）と捉えるべきとし，従来の保険と異なるのは，①塡補責任の決め方，②保険金支払の基準，③リスクの移転先のいずれかで，この3つのいずれかが従来の保険の損害塡補の仕組みと異なっているものは，ARTとする。したがって，「気象保険」は，気温を指数化したもので①塡補責任の決め方，②保険金の支払基準が従来の保険とは異なるので，「立派なART」（同 p. 12）とする。続いて，ARTの分類がなされる。ARTは従来の保険商品が多くの保険派生商品を経て進化したものとされるが，肝心の分類基準は判然としない。具体的な手法をあげて個々の手段の分類は示されているのであるが，保険派生商品の定義付けも便宜的に「従来型の保険の一部が形を変えた保険商品」としていることから，分類基準がわからないのである。おそらく，「進化の程度を見ますと，従来型の保険商品のてん補責任の決め方と，保険金の支払方法に変化が起こり，そしてリスク移転のメカニズムと，移転先に大きな変化が生じた」

(同 p. 15) としていることから，ART と呼べるほど3つの基準のいずれかに従来の保険と異なるものはないが，従来の保険と一部が異なるものが保険派生商品で，保険進化の過程を「従来の保険→保険派生商品→ART」と捉え，この進化の各段階を分類基準として ART の範疇を規定しようとするものといえよう。

このように，日吉［2000］は ART の定義，分類を行った上で多くの手段についてそれぞれ考察を加えていることから，その構成において筆者の問題意識に沿った内容である。しかし，内容そのものについては，次のような疑問がある。

考察の大前提として「従来の保険」が重要な役割を占めるが，この場合の「従来の」というのはこれまでの考察にあった「伝統的な」という意味と同じと考えてよいであろう。しかし，ART の定義を行うならば，まずこの「従来の保険」が明らかにされなければならない。保険派生商品についてもファイナイト・リスクに特定しているが，なぜファイナイト・リスクに特定できるのか分類基準を具体的に説明する必要がある。分類基準が明確に理論的に把握できないならば，個々の手段を分類していくことは不可能であろう。日吉［2000］も先にみた先行業績と同じくかなり保険を狭く解釈し，ほぼ損害保険会社が企業向けに提供している損害保険・企業保険として解釈しているのではないか。それでは，生命保険や社会保険などの公的保険の把握はどうなるのであろうか。保険の特徴の一つは，国家・政府といった公的機関や協同組合といった非営利組織も有力な保険運営主体・経営主体であることであるが，日吉［2000］を含めたこれまでの ART の考察では，こうした保険の多様な経営形態のことは顧みられることなく，「伝統的な保険」，「営利保険」，「従来の保険」として考察されている。

また，こうした保険の把握に対する曖昧さは保険発展の歴史的認識にも見られる。日吉［2000］は ART を保険の進化過程としているが，ART は保険として進化して「従来型と異なる保険としての ART」と「保険ではない ART」よりなるということであろうか。公的保険の登場は，ART の考察で想定していると思われる伝統的保険の限界を超えて登場してきた面があると考えるが，公的保険を ART に含めなくてよいのか。保険の進化といって保険の歴

史的な視点から把握するならば，公的保険を含めた現存する保険全体の生成・発展を理解するための保険史の延長線上に保険進化の過程が位置づけられなければならない。しかし，保険の進化とされる歴史的な視点は，長い保険の歴史を視野に入れず，せいぜいここ数十年の動きを限定的に取り上げたに過ぎず，保険史の視点が欠落している。

　また，保険派生商品という用語の使い方も問題である。日吉［2000］の保険派生商品の捉え方は独自の捉え方であると思われるが，派生商品はデリバティブ（derivatives）として定着しており，デリバティブは先物，オプション，スワップを指すとされ，しかも保険に関わる先物，オプション，スワップがあり，それらを指して保険デリバティブ（insurance derivatives）という用語が定着しつつあることを考えると，日吉［2000］のような独自の用語使用は避けるべきであろう。今後ますます，保険学と金融論・金融工学が接近していくであろうことを考えると，なおさらである。

　日吉［2000］は考察している手段の豊富さにおいて画期的であるが，「従来の保険」の規定，分類基準，歴史的考察の曖昧さから，残念ながら，ARTの定義，ARTの分類，個々の手段の考察が理論的に結びついてこないのである。日吉［2000］の意義は，各種手段を網羅して解説している点，しかも，従来の研究に比べても詳細を極めている点にあるのではないか。ARTの捉え方もユニークであるが，ARTで"A"（alternative）は重要であるものの，RT（risk transfer）も考慮しなければならないであろう。前述のように，ARFといわないでARTという限り，RTにも意味があるはずである。あるいは，意味を持たせるのでなければ，ARFと言わずにあえてARTとする意義が明確とならないであろう[3]。

　前述のSwiss Re［1999］では，「ARTという用語は，アメリカでキャプティブ，リスク保有団体，購入団体（purchasing group）を含む自家保険の種々の形態を意味するものとしてつくられた」（Swiss Re［1999］p.4）とする。この指摘が正しいならば，ARTという用語の発生時点での意味は，保険

---

[3] 後藤［1999b］でも日吉［2000］と同様な見解が見られる。「ARTは，保険を除くリスク・ファイナンシング手段の総称と考えることができる」（後藤［1999b］p.151）。

のリスク移転機能をリスク保有に代替させるということになろう。すなわち，保有による移転の代替である。しかし，初期の研究ではむしろすでに見たように alternative risk financing のように risk financing という用語の使用が見られた。前述のとおり，保有が意識されたため，初期の研究では alternative risk financing といった用語が使用されていたと思われる。ART という限り，ART 自体はリスク移転手段と捉えられるべきであろう。Swiss Re [1999] も日吉 [2000] と同様な問題を有すると考える。現在の ART という用語の使用においては，「伝統的な保険」，「従来の保険」といったものが非常に狭く捉えられ，伝統的な保険を代替する手段や保険の範疇に属するが従来なかった保険者の組織形態や保険料払込方法といった方法なども含めて，伝統的なものに対して新しいと思われる色々なものが ART という用語で括られる傾向がある。初期の研究が alternative risk financing, 略して ARF とすれば，ARF という用語を使用していたのに対して，ARF と同様に広い意味で ART という用語が使われるようになったのは，特にリスク移転手段でのイノベーションが進展したからであろう。しかし，そのことでますます考察が非論理的なものとなってしまったのではないか。前章での考察で明らかにしたように，1980年代に発展したリスク保有手段と ART が合流し，総合的なリスクファイナンス手段の利用が指向され，ARF とするのが妥当なまでに発展したと考えるべきであろう。

　保険代替現象の理論的考察の核心は，ARF の考察にあると考える。そこで，保険代替について理論的に考察した上で，ARF の分類などの体系的考察を行うこととする。

3. 保険の機能・方法

　まず，保険代替手段がどのように保険を代替するかを考察しよう。そのために，すでに本書で展開している，保険の概念，機能・方法について要約する。
　保険は経済的保障を達成するための経済制度である。リスクマネジメント論的な捉え方では，まず保険はリスクと関わり，リスク処理策の一つとされるのであろうが，リスクとは「偶然事象による経済的ニーズ発生の可能性」であ

り，そのようなリスクに対処する制度が保険であり，リスクに対処するとは「偶然の事象の発生によって経済的ニーズが生じたとしても，一定の経済状態を保持するようにすること」とし，これが「経済的保障」である。保険は〈多数×少額〉の貨幣を〈少数×多額〉の貨幣に転換することで経済的保障機能を果たしており，不測の事態に備えるための「予備貨幣」に適時性・適量性をもたらす。これは保険金の受け取り側から見れば，一種の資金調達（ファイナンス）であって，リスクに関わる資金調達という側面を保険は有する。そこで，リスクに対する資金調達手段ということで，リスクマネジメント論上保険はリスクファイナンス手段の一つとされるのである。そして，ここで重要なことは，保険によって調達される資金は返済義務等の何ら義務のない資金であるということである。換言すれば，保険が経済的保障制度として経済的保障機能を発揮できるのは，ただ資金を調達するからではなく，この何ら義務のない資金を調達するからである。これを保険加入者から見れば，何ら義務のない資金を調達できることで，保険者にリスク移転をしていることになるため，保険はリスクファイナンス手段のうちのリスク移転手段とされるのである。また，保険は経済的保障機能と金融的機能の二大機能を発揮しているので，金融的機能の発揮において，すでに金融市場と密接な関係を有するが，保険代替現象において重要なことは，経済的保障機能の面で保険と金融市場に関わりが出てきたという点である。

　さらに，保険事故発生による保険金の受け取りは，保険事故発生を条件とした保険金支払請求権の行使と言えるので，保険は保険事故発生を条件として保険給付を請求できる権利と言える。すなわち，保険は一種の選択権・オプション（options）と言える。オプションは今日デリバティブの中心であり，通常金融商品の売買取引に関わる「買う権利」の「コール・オプション」（call option），「売る権利」の「プット・オプション」（put option）に分けられる。しかし，本質的にオプションは選択権といえ，売買取引に限定することなく，貸借取引などにも適用できよう。コミットメントライン（commitment line, 借入可能な融資枠）などは貸借取引におけるオプションの典型例と言える。保険も，保険事故発生の場合保険金を請求できるオプションと言える。

　以上のように，元来保険や保険的制度はオプション性が濃厚なのである。そ

のことは，オプションの価格も保険料も「プレミアム」(premium) と言われることに象徴されている。近年の保険と金融の密接な関わり合いには，保険のファイナンス性とオプション性が重要な役割を果たしていると思われる。そこで，ファイナンス，オプションという面を重視して保険を捉えれば，次のように捉えることができよう。

　保険は，個々には一種のオプション契約である保険契約を通じて全体として保険団体を形成し，保険加入者に何ら義務のない資金を調達する（ファイナンスする）オプションを提供して経済的保障を達成する制度である。

　ところで，第2章の保険の本質に関する考察から明らかなように，保険の要件として次の4点を指摘できる。
　① 経済的保障の達成
　② 確率計算の応用
　③ 多数の経済主体の結合
　④ 偶然事象の存在
①は，保険の目的を示し，賭博性を排除することも意識している。②は，保険の方法に関わることで，結局，保険技術は大数法則を前提とした確率計算を応用したものということを示す。また，確率計算の応用としていることで，多様な方法が用いられる可能性を示唆し，保険の多様な経営主体の存在，さらには保険自体の多様性を意識している。③は，保険団体の形成を保険にとって必須の事項としている。④は，リスクの存在とも関わるが，保険はあくまで偶然事象に関わる制度であることを明記している。これらの要件を先のファイナンス，オプションという面を重視して捉えた保険の規定に沿って整理し直せば，次のとおりである。
　① 返済義務等何ら義務のないファイナンスによる経済的保障の達成
　② 予め決めた偶然な出来事（イベント）＝保険事故を条件としたファイナンス
　③ 保険団体形成によるリスク分散
　経済的保障達成の直接的な方法は，保険加入者からみれば，保険事故にあっ

たときにまとまった保険金という貨幣が手に入ることであり，しかも，その貨幣を自分のものとして入手できることである。①は，自分のものとして貨幣が入手できることを説明している。②は，貨幣受け取りには保険事故発生という条件がついていることを示し，そのことが保険のオプション性を示すこと，また，保険はオプション付ファイナンスの手段といえることを示している。③は，①，②がミクロ経済的な観点から保険を眺めたものであるのに対して，このようなことが各保険加入者レベル・ミクロ経済レベルで成り立つのは，保険団体が形成されることによるということを示している。保険団体の形成は保険経営の基礎と言え，また，保険技術を基礎とするのである。

このように保険には一定の要件があることから，保険成立の範囲，保険の限界が存在することになる。保険の限界は，一般的に経済的限界，技術的限界，法律的限界として指摘される。経済的限界とは，いわば保険成立の大前提として，資本主義社会であること，特に個人主義・自由主義・合理主義を基盤とした生活自己責任原則の社会であり，貨幣経済が発展していなければならないということである。法律的限界とは，公序良俗に反しないことである。いうまでもなく，保険の代替との関係で問題となるのはこうした経済的限界，法律的限界というよりも，技術的限界であろう。ただし，賭博性排除との関係で法律的限界は重要である。技術的限界とは，保険技術の特性から保険技術が適用しうるリスクが限られることを意味する。したがって，技術的限界には，保険引受可能リスクの範囲を特定するという面がある。保険の対象になり難いリスクとして，過大なるリスク，過小なるリスク，稀有なるリスク，頻繁なるリスク，同時性のリスク，特殊なリスクなどがあげられる。これらのリスクは，いずれも大数法則を前提として確率計算を応用しながら〈多数×少額〉の貨幣を〈少数×多額〉の貨幣に転換する保険技術に馴染まない。ただし，保険の限界を超えていても，公的権力を背景に保険化される場合があるなど，保険の限界自体は固定的ではなく，その意味で，列挙したリスクは保険の限界を画するものとしてあくまで相対的なものである点に注意を要する。こうした保険の限界と保険の代替手段がいかなる関係にあるかが，重要な視点の一つである。また，保険そのものの多様性と保険の代替現象とを区別する視点も重要である。

前述のとおり，これまでの保険の代替に関する研究は，保険一般ではなく，

「伝統的な保険」として暗黙のうちに営利的な保険が前提とされている。そして，この場合の営利保険は，前払確定保険料，現金給付，保険期間1年の損害保険が前提とされていると思われる。このように狭く想定した保険の限界を超えるべく保険は柔軟に対応している面があり，だからこそ多種多様な保険が存在しているのではないか。従来の研究は，このような保険の多様性を無視し，「伝統的保険」なる用語で保険を狭く解釈して，本来保険の多様性として把握すべき点も保険の代替手段としてしまっている。そして，そのことで多種多様な保険の存在という保険現象を分析する保険学の使命から逸脱しているのである。

本書では，保険の多様性を前提としつつ，保険をオプション付ファイナンス手段として捉えて，この保険の「何を」，「どのように」代替するのかという観点から，保険代替手段について考察する。

4. 保険の発展と代替手段の生成

保険の代替手段の発生は，保険でカバーできないものに代替物を求めるということである。それは，まず保有との関係で生じた。もともと，保険と保有は，リスクマネジメント手段として，補完的関係，競合的関係の両面を持つ。リスクの性質に応じたリスクマネジメント手段として，各種リスクマネジメント手段を次のように把握することができる（Dorfman [2005] p.59）。

図9.2は，リスクの性質を発生頻度［横軸・確率］，大きさ［縦軸・経済的ニーズの大きさ］として示し，大きな区分としてリスクの性質を［頻度・少，

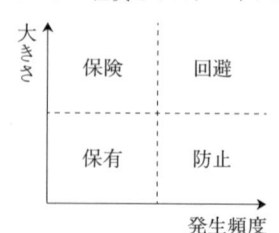

図9.2　リスクの性質とリスクマネジメント手段

大きさ	保険	回避
	保有	防止
		発生頻度

大きさ・小］，［頻度・少，大きさ・大］，［頻度・多，大きさ・小］，［頻度・多，大きさ・大］に分け，各リスクに適したリスクマネジメント手段を示したものである。［頻度・少，大きさ・小］のリスクは，回避したり，予防したりするほどのことではなく，また，わざわざ保険にかけることもないので，「保有」が適する。［頻度・少，大きさ・大］のリスクは，リスクが顕在化した場合の経済的ニーズの大きさは保有で対応困難であることから，保険が適する。［頻度・多，大きさ・小］のリスクは，大きさから保険で対応するほどのことでもなく，また，確率が高いので少額の費用で置き換えるという保険の機能が弱くなる。発生頻度を抑えることが最も重要となるので，「防止」が適する。［頻度・多，大きさ・大］のリスクは，確率的に保険の対象に成り難く，さりとて保有するにはリスクが大きすぎるので，「回避」が適する。

　図9.2の考察は単純化されており，たとえば事故が起きないように注意をするという意味で防止は常に必要とされる。むしろ，図9.2はリスクマネジメント手段としての保険の限界と各種リスクマネジメント手段の補完的関係を示唆する点が重要である。保険の限界については前述のとおりであるが，各種リスクマネジメント手段の補完的関係とは，それぞれがカバーすべき適したリスクがあるという点においてである。保険と保有について言えば，経済主体が晒されている種々のリスクのうち，［頻度・少：大きさ・大］のものに対して保険で対応し，［頻度・少：大きさ・小］のものに対して保有で対応して両リスクマネジメント手段を組み合わせることが，有効なリスクマネジメントになるという意味で保険と保有の相互補完的な関係が示唆されている点が重要である。もっとも，保険料が高騰したならばそれでも保険を選択するのではなく，防止（損害率の引き下げ）に努めながら保有を選択するという場合もあろう。この場合の保険と保有の関係は，まさに代替財（substitutes）である。このように，保険と保有は補完的，競合的関係の両面を持つのである。ARTの考察において通常ARTの代表的手段として取り上げられるキャプティブについて考える場合，保有のこの点を押さえておく必要がある。ARTという用語はキャプティブなどを指すものとして作られたとの指摘もあるほどキャプティブは重要であることから，ここでキャプティブについて考察しよう。

　改めて保有を考えると，それはリスクを自己負担することである。リスクの

自己負担において，保険技術を使ったものが自家保険と言える[4]。自家保険はいかに保険的であっても，一つの経済主体が行うので多数の経済主体の結合・保険団体の形成がみられない点において，保険という名称はついているが保険ではない[5]。キャプティブは自家保険をより効率的に行うために作られたことから，自家保険の高度化したものということができよう。ここで，「キャプティブとは，保険会社以外の親組織（含グループ）のリスクをファイナンスするために当該親組織（含グループ）により所有され，管理されている保険会社」（森宮 [1997] p.20) とする。

キャプティブを ART から除外する見解として，先に取り上げた日吉 [2000] がある。そこでは，キャプティブを ART に含めることを「間違いない」としつつも，キャプティブが何十年もの歴史を持つので，そのようなものを ART と称するのは，「若干の無理」がある，とする。ART と呼ばれるものが比較的新しいものであるのに対して，キャプティブはもっと古くからあるので，ART とするのに違和感があるというのであろう。しかし，この理由は，「間違いない」，「若干の無理がある」という表現に明らかなように，非論理的である。

初期のキャプティブは 1920-30 年代にイギリスで見られ，共同保険ベースで引き受けられていたとされるが，キャプティブの真の出発点は 1950 年代のアメリカで，現存のキャプティブの大半が 1950 年代以降の設立であるとされる (Bawcutt [1997] p.2, 日吉＝斉藤訳 [1999] p.10)。1950 年代のキャプティブ設立は，複雑な保険法制と高率課税を避けるためであり，この点で自家保険の高度化したものとしてキャプティブは登場したと言え，自家保険の代替手段 (alternatives) と言える。さらに，キャプティブはその後の保険危機時に発展

---

4) Dorfman [2005] では，保有 (risk assumption) と自家保険を混同してはならないとし，両者を区分しているが，自家保険は保有の一形態とすべきではないか (Dorfman [2005] pp.55-56)。

5) 自家保険が ART に含まれたとする見解もあるが（後藤 [1999 a] p.54），自家保険は保険類似制度というのがわが国保険学の通説と思われ，また，保有の典型的な形態と把握すべきであろうから，自家保険を ART に含めるべきではないであろう。たとえば，教科書的な文献で古いものとして本田 [1978] p.17, 最近のものとして安井 [2000] p.25, いずれも自家保険を保険類似制度として取り扱っている。

しており，それは大口の保険需要者が保険市場において保険カバーを得られないことを背景としている。保険法制や自家保険の課税上のデメリットを避けるために自家保険の代替手段として生成したキャプティブは，保険と比較して次のようなメリットもある（*ibid.* pp. 17-19，同訳 pp. 28-31）。

① 付加保険料の節約と保険資金の運用収益の享受
② 個別保険料主義の徹底・保険料割引の徹底
③ 再保険市場への参入

①は，キャプティブにも経費はかかるが，自らのリスク処理のためだけに経費がかかり他人のリスク処理や保険団体全体に関わる経費を削減でき，また，保険会社の利潤を見込まなくてよい点が大きく異なり，さらに，前払確定保険料の下で生じる保険資金の運用収益を自己のものにできるということである。②は，キャプティブ設立のニーズのある企業は通常グッド・リスクの企業で，個々のリスクに応じた保険料算出（給付・反対給付均等の原則適用）の不徹底による不十分な保険料割引というデメリットを受けているが，このデメリットを回避できるということである。また，個別に保険料を算出することは，保険サイクルに左右されないという点で，安定した保険料を享受できることにもなる。③は，キャプティブは保険会社であるから，直接再保険市場にアクセスできるということである。

①と②は自家保険にもみられるが，③はまさにキャプティブならではのメリットである。自家保険の代替手段としてのキャプティブは，保険危機を契機にこのような保険に対するメリットを追求することとなり，保険代替手段として自立化する形でさらに発展してくる。したがって，キャプティブの生成・発展とは，単なる自家保険の代替手段から保険代替手段への発展と捉えることができる。キャプティブが自家保険の代替手段の段階では，保険とキャプティブとの関係は保険と保有の関係である。前述のとおり，保険と保有はリスクファイナンス手段として競合する部分もあるが補完的部分もある。キャプティブに対する保険会社，保険ブローカーの反応が当初敵対的であったのに対してその後調和的となり，むしろキャプティブ業務に関わるようになってきた背景には，この保険と保有の補完性，競合性および保険代替手段としての補完性が関係していると思われる。当初，競合する部分が懸念されて敵対的であったが，

キャプティブが保険の不備に対して発展してきていることから保険に対する補完性が認識されたため，むしろそれと調和し，ビジネスとして自らも関わっていくことが得策であると考えられたのであろう。このようにキャプティブは，保険代替手段として位置づけられ，その発展に保険危機が密接に関わっている。このような保険代替の展開は，前章で指摘したように，1990年代の純粋リスクマネジメントのイノベーションの前史と位置づけられよう。

5. 保険代替手段の範囲

これまでのARTの考察が考慮しない保険史の観点からいえば，第3章の考察と関連するが，資本主義社会における最善の経済的保障制度としての保険は，経済的保障の不備（範囲・水準）に対して保険の社会化（範囲）および保険の混合経済化（水準）で対応し，経済的保障制度を発展させたと言える。それは保険自身の発展でもあった。しかし，保険代替現象はこのような保険の発展の中で整備されてきた保険市場の不備（保険危機）により発生したものであり，保険の社会化・混合経済化が保険の絶対的な位置づけの下で進展したのに対して，保険代替現象は保険を相対化する動きも含む。保険の代替が進む中で，保険リスクが金融市場と関連をもち，保険リスク処理の手段の形態が市場化（たとえば，デリバティブ，証券）し，保険がカバーする範囲の相対的な縮小と言える点では，これまでの保険の発展に逆行する動きと言える。特に，近年の動向においては，市場主義の動きが保険にも大きな影響を与えていると思われる。

経済社会全般に市場主義が志向されている現状では，国家権力を背景とした保険の限界の克服ではなく，まさに市場による保険の限界の克服が志向され，そのような動きを象徴するのが金融市場への保険リスクの移転であろう。国家権力を背景とした保険の限界の克服は，公的保険による対応ということで保険の混合経済化として捉えられる場合が多いが，市場による保険の限界の克服に保険を代替する動きが見られるのである。この代替において，補完的代替のみならず，競合的代替も見られるようになり，より一層保険が相対化されている。そして，保険相対化の動きは，金融工学が保険を他のリスク処理手段と平

5. 保険代替手段の範囲　　267

板に並べるということに結びついているのではないか。

　保険危機により生じた保険の代替は保険の不備なところを補うという側面があり，その点では自助的な保険の不備を経済的弱者の保険が埋めていく力や新しい危険に対して新種の保険で対応がなされる場合に働く力と同じ性格の力が働いているといえる。このような力が保険企業を多様化させる方向に働いたのが保険の社会化・混合経済化であるが，保険の社会化にせよ保険の混合経済化にせよ，保険企業を多様化させながらの既存の保険の補完は，結局は保険技術の具体的な適用において採用する方法の多様性による。先に保険の方法は多様であると指摘したが，公的保険における強制保険，賦課方式に止まらず，私的保険でも採用されているメリット制など実に多様である。ここに保険の多様性とは，〈多数×少額〉の貨幣を〈少数×多額〉の貨幣に転換する保険技術が採りうる方法の多様性のことである。保険を代替する動きを見る場合，保険の多様化と捉えられるものと代替手段とを峻別する視点が必要である。そして，その多様化が自助に対する互助，公助の流れで企業形態として生じたものについては，保険の社会化・混合経済化と捉えるべきである。従来の研究において，ARTの定義，分類が判然としないのは，従来にないものをARTとしてしまい，保険史との関係が忘却されているのが大きな理由の一つであろう。そこで，すでに取り上げた先行業績において指摘されていた具体的な手段を対象に，ARTではなく保険の社会化・混合経済化として捉えるべきもの，保険の方法の多様化として捉えるべきものを指摘しよう。

(1) 保険の社会化・混合経済化
●レシプロカル，相互保険組合

　自助が強制される資本主義社会において，自助的な制度として保険は生成・発展してきたが，それでは社会の経済的保障が不十分であることから公的な保険や相互扶助組織による互助的な保険も登場してきた。レシプロカル，相互保険組合とも自助的な保険が不十分なところ，または自助的な保険加入が困難な者によって形成された互助的な組織である。営利主義の伝統的保険の不十分なところに登場したという点では保険代替手段と共通点があるが，保険危機を背景に発生したわけではなく，また，保険企業の多様化として捉えられるべきも

のであろうから，保険の社会化・混合経済化の動きとして捉えるのが妥当であろう。したがって，これらは保険代替手段に含めるべきではない。

(2) 保険の方法の多様化

●免責金額

免責金額は保険契約におけるリスク負担額であり，保有に他ならない。保険料の高騰を背景に，保険料削減努力の中で発展してきたと言える。もともとは，より合理的な保険加入を果たすための方法と言え，小損害不担保とすることで経済的保障の達成，リスクマネジメントをより合理的にする方法である。保険代替手段というよりも保険技術の具体的方法の一つとして，保険の多様性と捉えられるべきものである。

●賦課方式

年金の給付を事前の財政準備によらず支給債務発生の時点における資金調達により行う方法で，国営年金制度が典型的な例としてあげられる。前払確定保険料が支配的な下でそれに代替する保険料徴収方法とも言えるが，歴史的には合理的保険料率算出が困難な状況で互助的な組織に見られた方法であるため，原始的保険に見られた保険料徴収方法と言われることもある。保険代替手段というよりも，保険料徴収方法の一つとして，保険の多様性として捉えられるべきものである。

以上が従来ARTに含まれて論じられることが多いもので，筆者がARTに含めるべきではないと考えるものである。

6. 保険代替現象の流れと理論的分類

保険の代替をめぐる現象では，保険の不備に対してリスクファイナンス手段としての保有による代替が見られ，それがキャプティブの発展という形で現われた。キャプティブの発展は，自家保険の代替としてのキャプティブが保険代替手段へと発展し，さらにその形態をグループ・キャプティブやレンタ・キャプティブなどに多様化させたことによる。また，自家保険の形態も賠償責任保険危機に対応して製造物責任リスク法 (The Product Liability Risk Retention

Act of 1981)が制定されたことにより，リスク保有グループが登場した。このように，保険代替現象の流れの一つに保有に関わる大きな流れを指摘することができる。繰り返しになるが，純粋リスクマネジメントのイノベーションの前史にあたる。

　もう一つの大きな流れとして，資金調達に関わる流れを指摘することができよう。財務体質改善のために利用されたファイナンシャル（再）保険は，タイミング・リスクを移転し，運用収益を勘案しながら資金調達を円滑にする手段と言えよう。運用収益が重視されるロングテールの保険に合致した手段であり，保険の資金調達機能の不備を補うものと言える。リスクは保有されたままであり，保険の資金調達機能の不備を補完するないしは保険の資金調達機能を代替するといえよう。本書では，ファイナイト・リスク（再）保険を本質的にファイナンシャル（再）保険と同一のものと単純化して捉えることとする。ただし，マルチ・ライン型はリスク移転において注目すべき点があり，リスク処理の対象リスクが拡大される動きともいえ，近年生じた現象で今後その動きが最も注目されるところである。なぜならば，従来の保険のリスク移転機能を代替するばかりでなく，保険のあり方にも影響を与える可能性があるからである。

　また，資金調達をめぐる動きでは，異常災害保険危機を背景として，巨額な保険金の支払いに伴う資金繰り上のリスク，流動性リスクが重要となってきたことから，非常時資金調達手段（contingent capital）の登場をあげることができる[6]。非常時の資金調達手段としては，借入と有価証券の形態に大きく分けられる。前者は，非常時の融資枠を確保するということで非常時融資枠（Contingent Credit Facility）と呼ばれ，融資請求のトリガーが保険事故といった条件のついているコミットメント・ラインと言える。これを債券発行の形態で行うのが非常時債券発行枠（Contingent Debt Puts）である。これらはいずれも負債による調達であるため，財務内容を悪化させる。そこで，自己資本形態で調達するものとして，非常時サープラス・ノート発行枠（Contingent Surplus

---

[6] 主として，保険会社が利用する手段と言えるが，一般企業も利用可能である。非常時資金調達手段については，森本［1999］pp. 14-15，日吉［2000］pp. 59-73を参照。

Notes), 非常時株式発行枠 (Contingent Equity Puts) がある。非常時サープラス・ノート発行枠は, 劣後債として自己資本に組み入れ可能なサープラス・ノートの発行枠である。これらの手段で特に重要な点は, 非常時になった場合 (特定のイベント発生を条件) に, ある形態で資金が調達できるというオプションであるという点, 資金調達は銀行や有価証券市場 (機関投資家) からで資金調達先が金融市場となる点である。そして, 注意しなければならないのは, あくまでも資金調達の権利を確保することが目的であって, 保険リスクの移転が行われていないことである。

この点に関連して, 非常時融資枠は負債による調達であるから保険リスクの移転がないが, 非常時サープラス・ノート発行枠, 非常時株式発行枠は自己資本による調達であるから保険リスクの移転があるとの見解がある (日吉 [2000] pp.68-70)。この見解は, 保険リスクと (保険) 経営リスクを混同した誤った見解であると考える。非常時の資金調達で問題とする保険リスクは, 自然災害等による大規模な保険金支払等の契約に当たって特定したイベントであり, イベント発生→サープラス・ノート発行または株式発行による資金調達は, 保険事故発生→保険金受取による資金調達と同じ流れであり, しかも, 自己資本による調達であるから返済義務もない。返済義務の有無は, リスク移転を判断するにあたっての重要な要素の一つといえるが, 保険におけるリスク移転とは返済義務を含め何ら義務のない資金を調達できるということである。なるほど出資金には返済義務はないが, 何ら義務のない保険による資金調達とは明らかに異なり, 出資者に対して出資に伴う義務を負う資金調達となる。出資金は, イベントの保険金支払などに充当されるであろう。しかし, 調達した資金は保険によって調達した資金と異なり, 義務を負うのである。保険金の授受によって保険加入者と保険者はその後何らその保険金授受に起因した関係を持つわけではないが, 自己資本形態の非常時資金調達手段は, 出資 (保険金に相当) の形態を取って会社 (保険加入者に相当) と出資者 (保険者に相当) に新たな関係が発生するのである。近年の株主重視の経営の高まりや ROE (Return on Equity, 株主資本利益率) 重視の経営の下では, 保険との違いはなおさらである。出資者は, 保険金支払などに自らの出資金が使用されたとしても, 出資者としての権利を取得する。しかし, 出資者としてその企業の経営に対するリス

6. 保険代替現象の流れと理論的分類

図9.3　ARFの分類

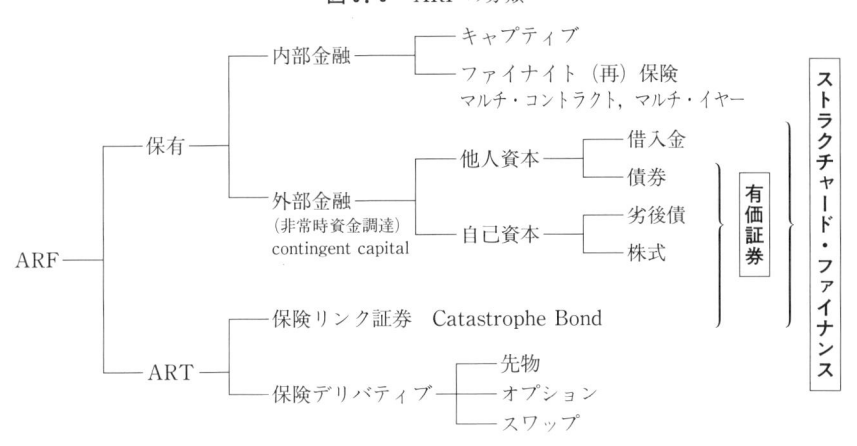

```
ARF ─┬─ 保有 ─┬─ 内部金融 ─┬─ キャプティブ
     │        │            └─ ファイナイト（再）保険
     │        │               マルチ・コントラクト，マルチ・イヤー
     │        └─ 外部金融 ─┬─ 他人資本 ─┬─ 借入金
     │           (非常時資金調達)      │           └─ 債券         ┐有価証券
     │           contingent capital   └─ 自己資本 ─┬─ 劣後債       │
     │                                              └─ 株式         ┘
     └─ ART ─┬─ 保険リンク証券　Catastrophe Bond
             └─ 保険デリバティブ ─┬─ 先物
                                   ├─ オプション
                                   └─ スワップ
```

（右側：ストラクチャード・ファイナンス）

クを負担したのであり，決して保険金のような意味で資金を企業に支払うことにはならないであろう。負債，自己資本いずれの形態でも，非常時資金調達手段では保険リスクの移転はなされておらず，リスクマネジメント手段としてみた場合，保有として把握されるべきであろう。

　さらに，金融市場との結びつきがもっと強くなり，金融市場へリスク移転した方法として保険デリバティブと保険証券化の動きをあげることができる。保険市場のキャパシティ不足を背景として生じたこの現象は，金融市場からのキャパシティ調達という機能を果たし，保険代替の大きな流れの一つを形成している。この流れの特徴の一つは，損害保険における特定の保険事故による損害填補という仕組みではなく，ほとんどがインデックスを基準としていることであり，そのため実際に発生した経済的ニーズとデリバティブや証券によって調達する資金とに乖離が生じるリスクが発生する。いわゆる，ベーシス・リスクである。これまでの研究では，ベーシス・リスクはあまり問題視されていないが，後述するように，キャパシティ調達の代償としての不安定要素と言え，軽視できないと考える。

　以上のように保険代替の流れには，機能・仕組みという観点から，いくつかの大きな流れがある。そのような保険代替手段を登場させた原動力はイノベー

ションであり，保険代替手段は単に保険を代替するのではなく，総合的リスクマネジメントを指向するリスクマネジメント手段＝ARFへと質的転化を遂げていると言える。そこで，これまでの考察に基づき，ARFの理論的分類を試みる（図9.3参照）。

　保険の本来的機能である経済的保障機能は，リスクが移転されることによって達成される。そして，リスク移転は何ら義務のない資金を調達することにより可能となる。保険の代替とは，本来メインの機能に関わるリスク移転機能の代替であり，このような役割を果たしている手段をARTとすることができよう。具体的なものとしては，金融市場からのキャパシティ調達という形で，リスク移転を行っている保険デリバティブや保険リンク証券があげられる。資金調達の機能のみを代替する手段はARTに含められないが，保険の資金調達機能を代替する手段と言えよう。したがって，リスク移転はないが資金調達機能はある手段ということになる。また，この手段はリスク移転機能のない資金調達手段であるから，リスクファイナンス上保有と言える。そして，保有の資金調達を考える場合重要なのは資金調達先であり，外部金融，内部金融が分類基準となる。自己資本であるか，他人資本（負債）であるかということは，前述のとおり，保険リスク移転の有無という点で重要ではない。外部金融で重要な点は，ARTによるキャパシティ調達の機能も果たしている金融市場からの調達である。金融市場からの調達において，デリバティブやストラクチャード・ファイナンスという金融技術が重要な役割を果たしているのである。

　前章の結論を繰り返すが，以上のような分類を通じて全体的な大きな流れとしていえることは，リスクマネジメントの一大潮流として生じていることである。ARFとの競合の可能性，保険の相対化の流れの中で，保険はその特質である保障性をどのように展開していくのであろうか。そこに，今後の保険代替現象における保険の動向が集約されていると考える。

第10章
今後の保険学

1. 問題意識

　ここ数年マスコミでは「融合」という言葉が踊っている。たとえば,「生損保融合」などである[1]。しかし,生損保融合という場合,これまでの業態を超えて一つの保険証券で生命保険と損害保険の契約ができることを指していると思われ,融けて一つのものになるという本来の「融合」の意味とは異なるようである。生存保険と死亡保険を一体化させた保険は生死混合保険であり,わが国では通常養老保険と呼ばれるが,混合保険とは2種類以上の保険を一つに組み合わせた保険という意味の保険用語である。マスコミの言う生損保融合と混合保険とはどこが違うのか。生命保険と損害保険の混合保険と言えないか。何か,事態をセンセーショナルに書き立てるマスコミ本来の習性が「融合」という言葉には表れているように思われるが,近年の保険と金融をめぐる議論においても融合という指摘が多く,むしろ一般化してきている観さえある。そこで,「融合」という用語について考察を加えたい。植草［2000］では,「産業融合」をテーマに融合について論じている。しかも,産業融合の具体例の一つとして,保険事業・金融産業が取り上げられていることから,直接的な意味でも大変参考になる。そこで,植草［2000］を取り上げよう。
　植草［2000］では,近年の大型合併の多発を産業融合によるものとし,「産業融合とは,従来は異なる産業に分類されていた複数の産業が,そのうちの一

---

　1) 例年発行される『週刊東洋経済』損害保険特集臨時増刊号の2001年版のサブタイトルは「生損保融合へマグマ動く」である（『週刊東洋経済臨時増刊・損害保険特集2001年版―生損保融合へマグマ動く』東洋経済新報社,2001/3/7）。

方ないし双方の産業における技術革新によって相互に代替的な財・サービスを供給できるようになって，ないしは規制緩和によって相互参入が容易になって，双方の産業が一つの産業に融合し，相互の産業の企業が競争関係に立つ現象をいう」（植草 [2000] p. 19）とする。したがって，産業融合を進めるのは技術革新ないしは規制緩和であるとし，具体例として生命保険業，損害保険業を取り上げ，保険業の場合は保険業法改正による規制緩和・子会社形態による相互参入によって，それまでの生損保兼営禁止が緩和されたため両業界が競争関係に立ち，産業融合が発生したとする（同 pp. 15-16）。そして，より大きな流れとして，金融ビッグバンによる規制緩和は，保険業のみならず銀行業，証券業を巻き込んだものなので，銀行，証券，保険が競争関係に立ち，それらが金融産業に融合しているとする。さらに，「産業融合はもともと広い意味で同一の財・サービス分野に属していた産業郡において発生する」（同 p. 23）とし，金融産業の場合貯蓄，資金調達，投資，金融決済，リスク管理などで同質性を持っているとする。こうした同質性を持っていても個別産業ごとの差別性・特異性により，また規制という法律によって競争が分断されることにより，産業間の境界が形成されているが，技術革新によって財・サービスの用途が近似して競争関係に至ったり（技術融合），規制緩和によって競争関係が新たに作られたりするのが産業融合であるとする。保険業・金融産業における産業融合は後者とするが，「情報通信産業と金融産業がIT（情報技術）とFT（金融技術—中でもリスク分散を目的とする金融工学）を基軸にして技術融合を開始している」（同 p. 179）として，金融技術や金融工学も重視している。したがって，産業融合は産業間の競争関係の発生を契機に生じ，競争関係は財・サービスの代替関係によって生じるとする見解と思われる。「代替」が産業融合の原動力とされているのではないか。〈技術革新・技術融合または規制緩和による財・サービスの代替関係発生→産業間に競争関係発生→産業融合〉という図式に整理できるであろう。なお，植草 [2000] の「代替」とは，その説明から明らかに経済学上の代替（substitute）と思われる（同 pp. 19-20）。さらに，もう少し具体的に融合そのものについて考察してみよう。

　植草 [2000] では，「産業融合」という用語について，英語では一般的にInter-industry Convergenceと言い，Industrial Fusionと言っても間違いな

1. 問題意識

いとする（同 p.18）。融合という用語の考察として，convergence, fusion を取り上げてみよう。

Convergence は生物進化の過程で系統の異なる生物が次第に形質が似てくるという生物学の用語であり，これを経済現象に当てはめて使われていると思われ，資本主義と社会主義が新しい産業国家に収斂（convergence）していくとしたガルブレイス（J.K.Galbraith）のコンバージェンス理論が有名である（Galbraith [1979]）。Convergence という場合，形質が似てきて新たなものに変化していくという面がなければならないであろう。銀行・証券・保険が金融産業として融合（convergence）するといった場合，融合（convergence）して何が新しくなるのであろうか。銀行での保険窓口販売や保険会社による外国為替業務によって相互参入がなされ，そのことをもって融合といっても，その中身は銀行あるいは，保険会社では取引できなかったものができるようになるということに過ぎないのではないか。預金，有価証券，保険といったものを総合的に管理する口座，あるいは，それらが統一されたような金融商品が登場したとしても，おおもとの預金，有価証券，保険に大きな変化は生じていない。既存のものの組み合わせ，統合・総合と言ったほうがよいと思われる。バンカシュアランス（bancassurance）についても convergence という用語が使われるが（Hoschka [1994] p.1），銀行業と保険業を一つの経営体が営むということに過ぎない。1980年代に「金融革命」，「金融革新」として騒がれたときに登場した「総合金融機関」(one stop financial center)（吉川 [1985]）という用語とどこが違うのであろうか。

Fusion といった場合，植草 [2000] でも取り上げられている「核融合」のように，溶けて一つになるということであろう。しかしながら預金，有価証券，保険といったものが溶けて一つになるという場合，そのイメージが湧かない。天候デリバティブのような新商品は従来保険が対応したものにデリバティブの形態で商品化されたものとして注目され，また，改めて保険のオプション性が確認されたとも言えるが，保険と金融が何か別のものに一体化した商品とは言えないであろう。それは，保険とオプションの同質性を土台とした商品と思われるが，現在進んでいる保険と金融の関係の密接化は，融合というよりも，既存のものの組み合わせ，既存のものの隣接分野への適用および縦割りの

業態別規制が撤廃され垣根がなくなったという市場の錯綜とでも言える事態ではないか。

　なるほど，規制緩和によって銀行業，証券業，保険業などの境界が溶けて一つになるという意味で，産業融合という用語を使用できるのかもしれない。ただし，金融コングロマリットなどの企業合同と産業融合の関係など理解するのが困難なところがある。いずれにしても，金融産業として産業融合と捉えることができても，必ずしも商品面，技術面，リスクマネジメント面など色々な面の現象を「融合」をキー・ワードにして把握するのは困難ではないか。保険リスクの考察や処理，保険者のリスクマネジメントへのポートフォリオ理論の適用や，機関投資家のポートフォリオへの保険リスクの組み入れ，また，保険リスクの「金融的プライシング法」(刈谷 [1999]) による価格付けは，ポートフォリオ管理，プライシングいずれにおいても，金融工学・ポートフォリオ理論によって保険が金融に包摂されるような動きである。たとえ保険サイドからキャパシティ調達という形で金融へ接近したとしても，デリバティブ，特にオプションが保険と金融の垣根を低め，保険リスクに関わる資金の流れが金融的に処理されてきていることを示すのではないか。換言すれば，保険と金融の同質性が重視される現象であり，研究の方も金融工学中心に同質性に焦点を置いた考察となっているということである。そして，このような同質性を重視した考察において，保険の経済的保障の側面が取り去られ，単なるある貨幣の流れを形成するリスク処理手段とされているのではないか。しかし，両者の異質性に焦点を置いた考察が必要である。そのことが特に保険学サイドに求められていると思われ，今後の目指すべき方向であろう。

　保険の歴史には賭博性を排除してきた歴史という側面があり，投機についても排除する面が強かった。もちろん，再保険などの大きなリスクが取り扱われるところでは，投機と密接に関連するところもあったであろう。一般論として，リスクの大きいところには，投機資金を呼び込まないと市場の成立が困難なのかもしれない。カタストロフィ・リスク対応として保険リスクの証券化やデリバティブ化が生じたのは，こうしたリスクの巨大さと投機の結びつきを示唆しているように思われる。それはまた，金融市場と投機の結びつきの深さも示唆するのではないか。しかし，保険制度全体さらには経済的保障制度全体に

1. 問題意識

とって，投機が大きな役割を占めることは困難であろう。それは，本質的に保険・経済的保障は安定と関わり，投機は不安定と関わると言えるからである。デリバティブは，スペキュレーターの存在から投機に関わると言えるが，ここでは保険デリバティブがベーシス・リスクを持ち込む点を指摘しておきたい[2]。ベーシス・リスクは，換言すれば，実際の損益とデリバティブでヘッジした結果として得られる損益がずれるリスクと言えるが，このずれに投機が蔓延ってくる可能性がある。それは単にスペキュレーターが蔓延ることではなく，保険代替的にデリバティブを利用していた参加者の中にも，投機が芽生えてくる可能性があるということである。そうなれば，投機が投機を呼ぶ展開となり，経済的保障制度におけるデリバティブの肥大化現象が生じる可能性がある。その場合，経済的保障の側面が歪められ，保障が投機に飲み込まれる危険性もある。

第8章で考察したように，1990年代後半は，金融機関のリスクマネジメントが大きなテーマとなった。この背景にデリバティブの肥大化があった。デリバティブに絡んだ巨額損失事件が相次ぐ中，市場経済化の徹底・自己責任原則の貫徹のために，金融機関のリスクマネジメントが一大テーマとなったといえる。投機によるデリバティブの拡大は，コントロール不可能になる危険性があり，そのような危険性を浮き彫りにしたのが，金融機関によるリスクマネジメントへの取り組みであろう。こうしたデリバティブの現象を見ると，デリバティブにより保険市場や経済的保障制度が活性化するかのような楽観的な側面ばかりに目がゆき，社会に安定をもたらす制度の充実という究極的な社会の目的にまで十分目が届いていない危険性があるのではないか。社会に安定をもたらす制度の充実のために，不安定をもたらしかねないデリバティブをどう活用していくのかという発想を持たないでデリバティブの肥大化を許したとき，保険市場や保険代替市場が混乱する可能性があることを認識しておく必要がある。それは，イノベーションによって生じた保険の動揺を悪化させ，混乱をも

---

2) すべてのデリバティブがベーシス・リスクを持ち込むわけではない。イベントを保険事故のような個別のイベントではなく，指数化された一般的・標準的なものとした場合ベーシス・リスクが発生する。したがって，ここでのベーシス・リスクについての議論は，保険リスクの証券化にも当てはまる。

たらす危険性である。

　保険と金融の同質性の議論はどこか便宜性を帯びたものであり，単にリスク処理という機能あるいは貨幣を流すという機能に注目するべきではない。なぜならば，保険は独特の社会経済的役割を果たすためにリスクを処理し，貨幣を流しているのであり，この目的と離れて貨幣を流すという機能に着目し，貨幣の流れを単純に追うべきではないからである。保険の意義と限界を捉える姿勢が必要であり，同質性の議論では保険の意義と限界を考えるという保険学の核心のテーマが軽視されることとなるのではないか。このような問題意識を持って，金融工学の保険と金融に関する同質性の議論を摂取しながら，保険と金融の異質性を明確にしていくことが，今後の保険学が目指すべき方向であろう。

2. 現代の保険分析の問題

　保険と金融が密接になってきていることを「保険と金融の融合」と捉え，保険の分析の主流はアメリカ流のリスクマネジメント論と新しい金融論による金融論的保険論となってきている。そこでは，金融の機能的把握が基本とされ（Crane et al. [1995]，野村総合研究所訳 [2000]），機能的に見た場合，金融はリスクマネジメントの一種あるいはリスク処理と関わるとされ，リスクを処理するという機能の点で保険と金融は同一に把握される。この背景には，市場経済化の流れの中で社会が「リスク社会化」し，「リスクマネジメント時代」となってきている状況で，金融論が金融工学という分野でリスクファイナンスの考察を中心としてリスクマネジメント論に呼応しながら，リスクマネジメント時代を演出する重要な役割を果たしていることがある。この新しい金融論には情報の経済学も大きな役割を果たしており，市場経済化の流れで大いに動揺している社会保障制度やその中核を占める社会保険制度の分析においてまで情報の経済学が適用されている。時代文脈として，いわば私的保険，公的保険いずれもが大いに動揺していると言えるが，そのような保険の分析において中心を占めつつあるのがリスクマネジメント論と金融論的保険論と言える。それらが保険学の隣接科学として保険学と切磋琢磨する関係にあるならば，そのような分析も意義があろうが，近年の保険分析の動向は，先人の業績・伝統的保険学

2. 現代の保険分析の問題

を無視し隣接科学に安易に迎合する流れであるという点が大きな問題である。もちろん，伝統的保険学になんら価値がないならば，そのような姿勢も当然であろう。しかし，こうした伝統的保険学を蔑ろにした分析は，これまでの章において指摘したような，さまざまな問題を抱えている。

たとえば，情報の経済学による社会保険の強制保険制の説明などは，その象徴的な例の一つである。契約ごとにリスクの高低を考慮した保険料が個別保険料であり，この違いを無視して同一に適用されるのが平均保険料である。情報の経済学によれば，第5章で考察した通り，事前情報の非対称性によって情報劣位にある保険者は平均的な質で判断せざるを得ないということであるから，平均保険料を仮定しているといえる。しかし，保険学的には，任意保険で考えると，平均保険料を採用すれば危険率の低い保険契約が離脱し，保険団体の危険率が上昇するから平均保険料が上昇することとなり，そのため上昇した平均保険料の水準で危険率が相対的に低い契約が離脱し，さらに保険団体の危険率が上昇するという悪循環が生じ，ついには最も危険率の高い契約が残り，保険団体は崩壊することとなる。そこで，任意・自由に契約できる任意保険を前提とする限り，個別の保険契約の危険度・状況に応じた保険料を志向する個別保険料にならざるを得ない。平均保険料に関わる問題は，情報の経済学が主張するような逆選択の議論ではなく，任意保険における個別保険料の必然性の問題として捉えるべきであろう（大林［1995］pp.152-153）。そうすることで，平均保険料を採用する場合の強制保険制の有効性が理解でき，社会保険の議論にも資するであろう。しかし，情報の経済学では，事前情報の非対称性から全ての保険の保険料は平均保険料とされ，社会保険の強制保険制も理論的に説明できない。保険学の個別保険料必然性の議論があるにもかかわらず，わざわざ情報の経済学に頼る必要もあるまい。伝統的保険学の既存の理論を保険学サイドは大切にすべきであり，社会保険の考察における保険学無視のこのような議論を許すべきではない。

保険企業形態論についても，情報の経済学の適用には慎重であるべきである。特に保険事業特有の相互会社形態の分析においては，エイジェンシー理論がどこまで有効なのであろうか。伝統的保険学に蓄積されている相互会社の考察を理念と現実を区分することを通じて発展させることのほうが，はるかに有

益な議論が展開できるのではないか。相互会社自体の考察，保険の本質と保険企業の本質などが重視されるべきであるが，保険の本質など本質論的な議論が嫌悪され，また，保険の異質性が軽視され，汎用性を持って情報の経済学が適用されている。そのような分析は，現実から乖離した空理空論に過ぎないのではないか。

　金融工学と保険学との関係も微妙である。デリバティブを使った手法で保険リスクが金融市場で処理されるようになり，保険学にとっても金融市場，金融工学から目が離せなくなってきたとは言える。しかし，こうした新しいリスク処理手段を ART（Alternative Risk Transfer）として分析する保険学の動向には，保険学の先人の業績を乗り越えるといった姿勢に乏しく，金融工学に飛びついているという面が強いのではないか。伝統的保険学の意義と限界を踏まえ，それを乗り越えるという形で ART の考察がなされるべきではないか。現状は，金融工学の盲目的な適用で，体系的・理論的志向に乏しく，ART の理論的な定義，基礎理論さえできていない。ART の理論的考察が必要である。

　このような状況は，「金融市場において，他業態から保険市場への参入がややむずかしいのと同様に，思いつきや片手間に保険学領域に進出することは困難であり，進出できても正道を歩めない」（石田 [1998] p. 202）ということを意味するのではないか。学問の方向性という観点からも，同様な問題を指摘できる。保険と金融が非常に密接になったことで，保険と金融商品の違いが問題となり，「保険とは何か」という根源的問いかけをしなければならないのに，保険を単なる資金の融通＝金融の一形態と捉えたり，リスクマネジメントの一手段としてしまっていることである。こうした保険と金融の同質性の議論はまったく意義がないとは考えないが，かなり単純化した次元の限定的考察であることを認識する必要がある。こうした保険と金融の同質性の議論に対して，異質性を保持した議論が重要である。

3. 異質性の議論に向けて

　異質性を重視して保険の独自性に注目すると，保険によるリスク処理は偶然事象による経済的攪乱に対して資金調達ができるようにしていることと言えよ

う。資金調達という点で金融である,あるいは,経済的撹乱に対する資金調達ということでリスクファイナンスであるとはいえようが,保険によるリスクファイナンスは経済的保障を意味する点が重要である。こうした保険の独自性に注目したとき,同質性の議論において基本とされるリスクという用語も,本来保険独自の意味を持った用語となるのではないか。「偶然なくして保険なし」と言われるように,保険にとって偶然性は必須の重要なものである。偶然性はリスクの前提と言え,保険リスクの独自性はその前提の偶然性との関係が重要であると思われる。しかし,従来から保険学では偶然性が軽視されてきたといえる。保険本質論重視の伝統的保険学では,偶然性を保険の要件の一つとしておきながら,詳しく論じたものが少ない[3]。偶然性の意味を自明のことと考えたからであろうか(印南 [1971] p.100)。近年の保険学ではリスクに焦点が当てられ,その前提である偶然性については関心が払われていない。異質性を重視した議論の前提として,保険と金融の同質的把握における基本用語あるいは保険と金融の媒介用語とも言える「リスク」の保険独自性について,その前提である「偶然性」に焦点を当てた考察が必要である。

　偶然という用語は日常でも使われる用語であるが,本来哲学などで論じられる難解な用語といえよう。しかし,保険との関係では偶然を数値化することが重要であり,確率論との関係が重要となる。確率は言うまでもなく0から1の値をとるから,「0」,「1」という2つの極限値と両極限値の間「0から1」が重要である。確率1は「必ず起こる」という意味で必然であるのに対して,確率0は「起こりえない」という意味で不可能といえよう。必然,不可能という両極限値は確定した事態を示すので,両極限値の間の値は不確定と言える。すなわち,$0 < 不確定性 < 1$である。偶然は必然の否定であるから確率的には偶然 $\neq 1$ であるが,偶然は起こるか起こらないかわからないという不確定な状態であるから偶然 $\neq 0$ でもあり,かくして $0 < 偶然性 < 1$ となる。さらに,不可能の否定は可能であり,可能は「あることができるかもしれない」というこ

---

[3] 保険法学では,商法642条の解釈をめぐって主観的偶然性の観点から偶然性について考察されるが,偶然性に対する考察そのものからすれば,限定的な考察に過ぎない。たとえば,田辺 [1975],鈴木 [1999] を参照されたい。

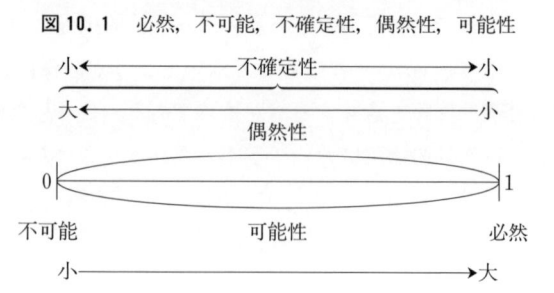

図 10.1　必然, 不可能, 不確定性, 偶然性, 可能性

```
小 ←―――――― 不確定性 ――――――→ 小
大 ←――――――――――――――――→ 小
          偶然性
0 |――――――――――――――――| 1
不可能        可能性        必然
小 ―――――――――――――――→ 大
```

とであるから不確定な状態と言えるので，偶然と同様に，0＜可能性＜1となる。なお，0から1という一定の幅の数値を取るものに対して，不確定̇性̇，偶̇然̇性̇，可̇能̇性̇のように「性」をつけることにする。このように，不確定性，偶然性，可能性は0と1の間の値となるが，不確定性は偶然性，可能性の上位の概念といえ，確率1に近づけば発生確率が高まるという点で不確定性が減少し，確率が0に近づけば不発生確率が高まるという点で不確定性が減少するので，不確定性は発生する確率と発生しない確率が均衡する点，すなわち，確率0.5で最大となる（亀井［2005］p.75）。「偶然は必然の方へは背中を向け，不可能の方へ顔を向けている」（九鬼［1981］p.32）と指摘されるように，確率が0に近いという稀少性が偶然を先鋭化するといえるので，偶然性は確率0に近くなるほど大きくなると言えよう。偶然性に対して可能性は，「あることができる確率，あることが発生する確率」とでも言うことができるから，偶然性とは対照的に1に向かって大きくなると言える。したがって，「可能性増大の極は偶然性減少の極に一致する」（下中編［1993］p.366）。以上から，確率論的に必然，不可能，偶然性，可能性，不確定性を整理すれば，図10.1のようになる。

　しかし，生命保険が対象とする人の死は，確率的には1，必然である。なぜ，必然である人の死が保険の対象となるのか。ここに，保険に引き付けた偶然性一般の考察ではなく，保険における偶然性の考察が必要とされる。

　必然である人の死が保険の対象となるのは，人の死が保険ニーズを喚起するからであろう。そして，通説的な偶然性の理解により説明できるであろう。すなわち，保険にとっての偶然性は，事象の発生の有無がわからないということ

3．異質性の議論に向けて

だけではなく，発生の時期や発生の態様が分からないことも含まれ，これら3つのうちの1つが分からなければ，保険にとって偶然性とされる，ということである。発生の有無・時期・態様が分からない偶然性が絶対的偶然性であり，発生の時期が分からない偶然性が相対的偶然性とされる。生命保険にとっての死は，相対的偶然性と把握すべきであろう。したがって，相対的偶然性として把握することの意味を考えることが重要である。

人の死そのものは必然であっても，その死によって埋葬費用が必要となったり，家計の稼ぎ手の死の場合は所得喪失により残された家族の生活保障（所得保障）が問題となる可能性がある。発生の有無が明確であっても，発生の時期が分からない人の死は，このような経済的攪乱要因となる可能性があるので，死への経済的対応が求められたといえる。こうして，本来偶然性に備えるための保険において，人間の生活上死もその他の経済的な攪乱要因となる偶然性と同様な影響があるので，保険での対応がなされることになったのであろう。保険金支払い事由である保険事故の発生は，偶然事象の現実化・顕在化であり，保険における偶然事象は，発生の有無，発生の時期，発生の態様のいずれかが分からない事象である。そして，発生の有無の分からないリスクを if risk，発生の時期の分からないリスクを when risk，発生の態様の分からないリスクを how risk と言い，保険の対象とするリスクとされる。

ここに，保険偶然性とは経済的攪乱を引き起こす可能性のある様相であり，経済的攪乱は経済的ニーズを発生させて経済に打撃を与える事象とする。したがって，保険偶然性を有する偶然事象とは経済的攪乱を引き起こす可能性の原因であり，そのような偶然事象による経済的ニーズ発生の可能性をリスクとすることができよう。このリスクは常に経済的にマイナスとなる可能性を持つと言えるので純粋リスクとなる。この純粋リスクに対応して一定の経済状態を保持しようとするのが経済的保障であり，保険である。いかなる社会でも経済的攪乱に対する備えとして平素から社会的に予備の資源が必要とされる。資本主義社会ではこの予備の資源の一つとして貨幣が重要であり，そのような貨幣が予備貨幣である。保険は予備貨幣の再分配という独特の貨幣の流れを形成することを通じて，経済的攪乱に対応して経済的保障を達成する。

「偶然事象による経済的ニーズ発生の可能性」としてのリスクを給付・反対給

付均等の原則と収支相等の原則という保険の二大原則にしたがい処理することで，予備貨幣の再分配がなされ，保険が自由主義・個人主義・合理主義的＝資本主義的な経済制度として，資本主義社会における支配的な経済的保障制度となる。ただし，現実の保険経営では単純に保険の二大原則が適用できるわけではなく，さまざまな困難があるため，保険技術が発揮される。特に，期待値として見込んだ保険金の偏差に対しては，割増保険料・準備金の設定や再保険のような工夫もなされる。あるいは，保険の資本主義性を修正して特殊な保険によって対応することが必要な分野に対して，公的保険（特に，社会保険）のような特殊な保険や民間企業がノーロス・ノープロフィット原則に従って対応する半公的・半私的保険が存在する。

　保険でリスクを処理することの意味，そのリスクの前提としての保険偶然性の把握が重要である。保険本質論重視の伝統的保険学の成果によりながら，偶然性の把握など伝統的保険学でも不十分であった点の考察を深め，また，保険と金融が密接になってきている状況で，何が保険であるかを明確にしつつ保険の意義と限界を考察することが，現代保険学の目指すべき方向であろう。保険と金融が密接になる中で，伝統的保険学がもてあました社会保険への考察を，近年の保険学はリスクを重視することで忘却し，その結果公的保険の研究が貧困な私的保険に偏った議論となっていることを認識すべきである。

　保険と金融の密接な関係は，保険と金融の融合と言うよりも，リスクマネジメント手段としての保険を相対化する現象と言えよう。この保険の相対化の現象は，保険を補完的に代替する動きのなかで生じているが，保険と保険代替手段との関係がこのまま補完的な関係に留まるのか，それとも競合的な関係になっていくかは重要問題と言える。なぜならば，保険代替現象はリスク社会への移行によりいっそう進展し，投機性と密接に関係するからである。競合的な保険代替化は社会の投機化をもたらす危険性があり，社会の経済的保障制度のあり方という問題を提起する。こうした問題に答えるにはアメリカ流のリスクマネジメント論や金融論的保険論では不可能であり，答えは伝統的保険学の延長線上にあるのではないか。伝統的保険学も保険本質論偏重に陥り，現存の保険の体系的把握に弱く，ましてや保険代替現象についてはカバーできていないので，こうした点の克服を目指しながら，現在主流となっている保険の分析を

批判することが必要である。伝統的保険学を批判的に乗り越えるところに今後の保険学が目指すべき方向があるのではないか。

4. 今後の保険学

　今後の保険学が目指すべき方向は，伝統的保険学の批判的継承にあると考える。その具体的な方向を明確にするための現代保険学の課題を設定しよう。

　分析対象である保険現象の特徴は，供給主体が通常の民間企業の他に，協同組合があり，社会保険をはじめとする公的保険を提供する公的機関もあり，しかも，民間企業の場合他産業では株式会社形態が支配的であろうが，保険産業では相互会社も存在するので，多様な保険企業の存在することである。多様な保険企業がさまざまな保険を提供しているので，保険現象の特徴は，一言で言えば，「多種多様な保険の存在」ということになろう。また，保険は貨幣の操作を通じて経済的保障を行う制度であるが，経済的保障機能を発揮する過程で保険者の手許に巨額な保険資金が蓄積され，それが金融市場に投資運用されるので金融的機能も発揮する。こうして保険は金融，金融市場と密接な関係にあるが，保険自体が一種の金融であり，デリバティブなどの金融におけるイノベーションやリスクマネジメントの重要性が増してきたことによって，保険を代替する金融商品の登場や保険が対象としていたリスクを金融市場で処理するなどの保険代替現象も生じている。そこで，現代の保険現象の特徴は，「保険代替手段も登場しながら，多種多様な保険が提供されていること」と言える。

　実にさまざまな保険が存在するのであるが，保険の全体像を把握するためには，経済の混合経済化に対応して保険も混合経済化している点が重要である。すなわち，経済的保障制度としての保険を公的保険，私的保険を軸に把握すべきである。現代の経済的保障は，いわゆる三層構造を成している。公的保険を土台に，公的保険，私的保険いずれにも分類し難い半公的・半私的保険，私的保険の三層構造である。この三層構造の私的保険部分は，金融自由化・金融グローバル化，保険自由化の流れの中で，金融コングロマリット化や保険代替現象が生じ，大いに動揺していると言えよう。他方，市場経済化・金融グローバル化はメガ・コンピティションによって社会保障制度等を国民経済の大きな負

担とさせ，公的保険を大いに動揺させている。リスク社会においてリスク処理手段として一世を風靡してよさそうな保険であるが，効率性・金融性／政策性・福祉性を軸に私的保険，公的保険いずれも大いに動揺していると言える。このような動揺する保険の分析が現代保険学の課題であるが，近年の安易な隣接科学への依存傾向により，市場経済化の中で保険の分析がもっぱら私的保険が対象とされ，体系的・総合的考察に弱い。特に公的保険の一種ともいえる社会保険に関しては，保険学無視の社会保険論も見られる。体系的・総合的考察を行うことが，現代保険学の課題である。それでは，この課題を克服するための現代保険学の枠組みを伝統的保険学の批判的継承によって提示したい。

「多種多様な保険の存在」という保険現象の特徴から，保険の共通性と個別性が重要であろう。さまざまな保険が存在しても，あるものを保険といえる限りはそこには保険といえる何らかの共通性があるはずである。この共通性こそが保険の本質であろう。一方，さまざまな保険は共通性を持つと同時に，それぞれの個性をもっているので各々の保険の個別性も重要であろう。保険の共通性＝保険の本質と保険の個別性＝個々の保険の性質との関係が重要である。保険は資本主義社会において生成・発展した制度であるから，体制関係における保険の性格が保険の本質となろう。その保険を多様な保険の運営主体・経営主体が供給するのであるから，個々の保険の性質は体制関係における保険の本質と制度的環境の影響を受ける保険の運営主体・経営主体の主体性によって規定されると考える。そして，その主体性発揮を次のような理論的枠組みの中における保険の運営主体・経営主体の適用する保険技術に求める。

保険現象はすぐれて貨幣的現象であり，その現象形態は保険料——保険資金——保険金である。この貨幣は経済的保障を達成するための予備貨幣であり，予備貨幣の再分配によって保険現象が生じていると言えよう。この貨幣の流れは，〈多数×少額〉の貨幣を〈少数×多額〉の貨幣に転換することにより形成され，その流れの原理は保険の二大原則によって把握することができる。給付・反対給付均等の原則は，応益負担の原則を意味し，保険取引が等価交換であることを示す。保険は，基本的に，自分の判断に従って，自分の保障に対して正当な対価である保険料を支払って加入するので，自由主義的にして個人主義的な制度であると言える。もし，保険がなくて各人が個々にリスクに備え

たならば，巨額な貨幣がミクロ経済的にもマクロ経済的にも必要とされるが，保険はそのような貨幣を節約させ，経済的保障達成のための貨幣準備に適時性・適量性をもたらすという合理的な制度である。ここに，保険の特徴として，個人主義・自由主義・合理主義を指摘することができる。この特徴は，保険の土台である資本主義社会の特徴そのものである。

ところで，個々の契約ごとに給付・反対給付均等の原則が成り立たなくても，収支相等の原則が成り立てば事業としての保険の運営・経営は可能であり，このことから収支相等の原則を「保険経営の原則」ともいう。二大原則は大数法則によって結びつけられ，同質の危険が大量に集積されれば，危険率の実績値が予測値へと一致していき，給付・反対給付均等の原則に従う保険契約の大量集積によって，収支相等の原則が成立するのである。ここに，大数法則を介した保険の二大原則による保険原理の世界は，いわばスミス（Adam Smith）的な予定調和説の世界といえる。それは，「各人が利己心に基づき給付・反対給付均等の原則に従って保険に加入しても，大数法則に導かれて全体の収支（収支相等の原則）は達成される」とすることができるからである。大数法則は保険における「神の見えざる手」に他ならない。しかし，実際の経済が予定調和説通りにいかず，市場経済化を志向しても所詮混合経済の枠内にあるのと同様に，保険も単純に大数法則に導かれるわけではない。主たる原因は2つある。

第1に，大数法則が要請する同質の危険の大量集積は二律背反するところがあり，現実問題としては困難である。現実の保険経営では危険同質性の原則よりも，危険相殺の原則や危険混合の原則が優先される場合がある。ここに保険の原則がどの程度重視されるかが示唆されていると言えよう。保険経営では保険経営の原則といえる収支相等の原則を第一義としてできるだけ給付・反対給付均等の原則が達成されるとされ，ここに保険の二大原則の関係は逆転するといえる。そして，保険の原則を絶対視し，収支相等の原則よりも給付・反対給付均等の原則を重視する伝統的保険学の保険原則観，二大原則の捉え方が否定される。

第2に，危険率に応じた保険料の算出が困難であるということである。個々の保険契約の正確な危険率算出というのは不可能であろう。どんなに科学が発達したとしても，個々の契約についての正確な危険率の算出は不可能であると

考える。科学が発達し危険率の測定がどんなに正確になったとしても，あくまでもその時の危険率の測定の科学技術や保険技術の水準によるものであって，完全・完璧な科学がありえないのと同様に，完全・完璧な危険率の測定というのはあり得ない。このような危険率の実態を踏まえるならば，危険率をめぐる情報について情報の経済学を適用することの意義がどれほどのものかが示唆されていると言えよう。

　以上から，同質の危険を大量に集積するというのは二律背反的な問題があり，また，現実問題としては危険率の正確な測定の困難などさまざまな問題があるため大数法則の適用というのは簡単なことではないと言える。そこで，保険経営では必ずしも危険同質性の原則に固執せず，保険料徴収方法を工夫するなどして，収支相等の原則の達成に努める。この収支相等の原則の達成に向けた努力が保険技術の適用と言えよう。すなわち，保険技術とは〈多数×少額〉の貨幣を〈少数×多額〉の貨幣に転換する業である。この保険技術の適用において保険の運営主体・経営主体の主体性が発揮されると考える。保険の運営主体・経営主体は社会経済・国民経済を一般的に支配する法則に媒介された経営体であるが，独自の一定の組織原則を有した経営体でもあり，そのような組織原則が保険技術の適用を通じて保険に反映し得るということである。かくして，個々の保険の性質は，体制関係における保険の本質と制度的環境の影響を受ける保険の運営主体・経営主体の主体性によって規定されると言えよう。保険の相互扶助性は，保険の本質として指摘できることではなく，こうした個々の保険の性質の一つとして，保険の運営主体・経営主体を介在させて考えられるに過ぎない。

　このように，保険を予備貨幣の再分配制度と捉え，保険の原則を柔軟に把握し，原理論としての保険の二大原則，すなわち大数法則による予定調和説的な世界を保険経営を介して現実世界へと接合するのである。そして，保険経営においては保険企業が保険技術を適用することが重要であり，保険の本質と保険企業の本質，個々の保険の性質などの関係が整理できるのである。これは保険の共通性を重視した考察と言えるが，共通性を重視した考察として，保険機能の考察としての保険金融論も重要である。保険代替現象に関わる考察は保険の金融性の考察とも言えるが，保険の金融性の考察に保険金融論が埋没しそうな

ため，保険金融論を構築し，そのことによって安易な保険の金融性の考察や隣接科学への安易な依存を防ぐことが期待できるからである。保険の個別性重視の考察では，公的保険論の構築が必要である。公的保険論構築によって保険の全体像の三層構造的把握が可能となろう。そして，これらの考察の根底には，経済的保障を軸とした金融一般，リスク一般に対する異質性の議論を展開する視角を保持しなければならない。

　これは伝統的保険学の保険本質論，保険原則観の批判的継承と言え，このような保険の原理・原則，保険経営，保険の運営主体・経営主体，保険技術，保険金融論，公的保険論から保険学の枠組みを考えることによって，正しく保険の相互扶助性を捉え，隣接科学に対する批判も可能となろう。本書でふれた保険本質論争，保険利潤源泉論争，保険資本論争，保険の二大原則についての論争，保険の相互扶助性をめぐる論争などから学ぶべき点は多く，まずは伝統的保険学の再評価が待たれるところである。

参 考 文 献

Abel-Smith, Brian [1985], "Assessing the Balance Sheet," in Glennerster, Howard *ed.*, *The Future of the Welfare State : Remarking Social Policy*, Reprinted, Hampshire, Gower.
Albert, Michel [1991], *Capitalisme Contre Capitalisme*, Paris, Editions du Suis.〔久永宏久監修 [1992], 『資本主義対資本主義』竹内書店新社〕.
天利長三=矢島保男=加藤穣編 [1980], 『金融論』学文社。
American Council of Life Insurers [2005], *Life Insurers Fact Book*, 2005.
浅冨智則 [2004], 「CSR (企業の社会的責任) の潮流と生保業界——生保経営の21世紀型新展開に向けて」『生命保険経営』第72巻第6号, 生命保険経営学会。
馬場宏二 [1997], 『新資本主義論——視角転換の経済学』名古屋大学出版会。
Bank for International Settlements (Euro-currency Standing Committee) [1994], *A discussion paper on Public Disclosure of Market and Credit Risks by Financial Intermediaries*, Basel, Bank for International Settlements.
Bank for International Settlements [2007], http://www.bis.org/cgfs/index.htm.
Barou, Noah [1936], *Co-operative Insurance*, London, P. S. King & Son, Ltd.〔水島一也監修 [1988], 『協同組合保険論』共済保険研究会〕.
Basel Committee on Banking Supervision [1988], *International Convergence of Capital Measurement and Capital Standards*, Basel, Basel Committee on Banking Supervision.
——— [1994], *Risk Management Guidelines for Derivatives*, Basel, Basel Committee on Banking Supervision.
——— [1996], *Amendment to the Capital Accord to Incorporate Market Risks*, Basel, Basel Committee on Banking Supervision.
——— [1998], *Framework for Internal Control Systems in Banking Organisations*, Basel, Basel Committee on Banking Supervision.
Bawcutt, P. A. [1997], *Captive Insurance Companies*, 4th ed., London, Witherby & Co. Ltd.〔日吉信弘=斎藤尚之訳 [1999], 『キャプティブ保険会社——その設立, 営業と経営』増補・改定第1版, 保険毎日新聞社〕.
Bech, Ulrich [1986], *Risikogesellschaft : Auf dem Weg in eine andere Moderne*, Suhrkamp.〔東廉=伊藤美登里訳 [1998], 『危険社会——新しい近代への道』法政大学出版局〕.
Benston, J. George *ed.* [1983], *Financial Services : The Changing Institutions and Government Policy*, Englewood Cliffs, New Jersey, Prentice-Hall, Inc..
Beveridge, William [1958], *Social Insurance and Allied Services : Reported by Sir*

William Beveridge, Presented to Parliament by Command of His Majesty Novemver 1942, rpt., (Cmd. 6404), HMSO. 〔山田雄三訳 [1969], 『ベヴァリジ報告 社会保険および関連サービス』至誠堂〕.

Black, Jr., Kenneth and Harold D. Skipper, Jr. [1994], *Life Insurance*, 12th ed., New Jersey, Prentice Hall.

Boyer, Carl B. [1968], *A History of Mathematics*, New York, John Wiley & Sons, Inc. 〔加藤美鐵雄=浦野由有訳 [1984], 『ボイヤー 数学の歴史4』朝倉書店〕.

Chandler, Lester V. [1948], *The Economic of Money and Banking*, New York, Haper and Brothers.

―――― [1969], *The Economic of Money and Banking*, 5th ed., New York, Haper and Brothers.

Chapin, Earl and Will Oursler [1950], *The Prudential : A Story of Human Security*, New York, Doubleday & Company, Inc. 〔原年廣監訳 [2003], 『プルデンシャル――成功への道』毎日新聞社〕.

Chapman, Robert L. ed. [1992], *Rojet's International Thesaurus*, 5th ed., Harper Collins Publishers.

Crane, Dwight B., Robert C. Merton, Kenneth A. Froot, Zvi Bodie, Scott P. Mason, Erik R. Sirri, Andre F. Perold and Peter Tufano [1995], *The Global Financial System : A Functional Perspective*, Harvard Business School Press 〔野村総合研究所訳 [2000], 『金融の本質――21世紀型金融革命の羅針盤』野村総合研究所〕.

Culp, Christopher L. [2002], *The ART of Risk Management : Alternative Risk Transfer, Capital Structure, and the Convergence of Insurance and Capital Markets*, U.S.A., John Wiley & Sons, Inc..

―――― [2006], *Structured Finance and Insurance : The ART of Managing Capital and Risk*, Hoboken, New Jersey, John Wiley & Sons, Inc..

Dionne, Georges, Neil Doherty and Nathalie Fombaron [2000], "Adverse Selection in Insurance Markets", in Dionne, Georges ed., *Handbook of Insurance*, Boston, Kluwer Academic Publishers.

Doherty, Neil A. [2000], *Integrated Risk Management : Techniques and Strategies for Managing Corporate Risk*, New York, McGraw-Hill.

Dore, Ronald [2000], *Stock Market Capitalism : Welfare Capitalism-Japan and Germany versus the Anglo-Saxons*, Oxford, Oxford University Press 〔藤井眞人訳 [2001], 『日本型市場主義と市場主義の衝突』東洋経済新報社〕.

Dorfman, Mark S. [2005], *Introduction to Risk Management and Insurance*, 8th ed., New Jersey, Pearson Prentice.

Duesenberry, James S. [1964], *Money and Credit : Impact and Control*, New Jersey, Prentice-Hall 〔貝塚啓明訳 [1966], 『貨幣と信用』東洋経済新報社〕.

Edmister, O. Robert [1980], *Financial Institutions : Market and Management*, New York, McGraw-Hill Book Company.

Foster, Major B., Raymond Rodgers, Jules I. Bogen and Marcus Nadler [1953], *Money and Banking*, 4th. ed., New York, Prentice-Hall.

Galbraith, John Kenneth ［1967］, *The New Industrial State*, Boston, Houghton Mifflin.
後藤和廣 ［1999 a］,「ART の概要と特徴（上）」『インシュアランス』損保版，新年特集号，保険研究所.
―――― ［1999 b］,「オープン市場における保険リスクの価格形成――ART の利用と検討事項」『損害保険研究』第 60 巻第 4 号，損害保険事業総合研究所.
―――― ［2004］,「コーポレート・ガバナンスとリスクマネジメント――COSO, OECD, 経済産業省及びサーベンス・オクスレー法の概要とリスクマネジメント」『損害保険研究』第 66 巻第 2 号，損害保険事業総合研究所.
Gove, Philip Babcock = the Merrian-Webster Editorial Staff ［1993］, *Webster's Third New International Dictionary of the English Language Unabridged*, Springfield, Massachusetts, Merrian-Webster INC.
Gurley, John G. = Edward S. Shaw ［1955］, "Financial Aspects of Economic Development", *American Economic Review*, Sept..
――――=―――― ［1956］, "Financial Intermediaries and the Saving-Investment Process", *The Journal of Finance*, May.
――――=―――― ［1957］, "The Growth of Debt and Money in the United States, 1800-1950: A Suggested Interpretation", *The Review of Economics and Statistics*, Aug..
――――=―――― ［1960］, *Money in a Theory of Finance*, Washington, D. C., The Brookings Institution.〔桜井欣一郎訳 ［1967］,『貨幣と金融』改訳版，至誠堂〕.
浜田和幸 ［1999］,『ヘッジファンド――世紀末の妖怪』文藝春秋.
Hansmann, Henry ［1985］, "The Organization of Insurance Companies: Mutual versus Stock," *Journal of Law, Economics and Organization*, Vol. 1.
Hart, Albert G. ［1948］, *Money, Debt and Economic Activity*, New York, Prentice-Hall.
――――=Peter B. Kenen ［1961］, *Money, Debt and Economic Activity*, 3rd ed., New Jersey, Prentice-Hall〔吉野昌甫＝山下邦男 ［1967］,『現代金融論――理論・政策・歴史』日本評論社〕.
箸方幹逸 ［1992］,「近代保険の起源と相互主義――経済人類学に学ぶ」倉沢康一郎＝今泉敬忠＝大谷孝一編『保険の現代的考察』（鈴木辰紀教授還暦記念）成文堂.
Henderson, Charles Richmond ［1909］, *Industrial Insurance in the United States*, Chicago, The University of Chicago Press.
Hetherington, John A. C. ［1991］, *Mutual and Cooperative Enterprises: An Analysis of Customer-owned Firms in the United States*, Charlottesville and London, The University Press of Virginia.
広井良典 ［2001］,『日本の社会保障』第 7 版，岩波書店.
広海孝一 ［1971］,「経済準備説の『旧説』批判と『新説』――印南教授の回答と批判をめぐって」『保険学雑誌』第 454 号，日本保険学会.
―――― ［1989］,『保険論』改定版，中央経済社.
久原正治 ［1999］,『金融イノベーター群像』シグマベイスキャピタル.
樋渡淳二＝足田浩 (2005)『リスクマネジメントの術理――新 BIS 時代の ERM イノベーション』金融財政事情研究会.

日吉信弘［2000］,『代替的リスク移転（ART）――新しいリスク移転の理論と実務』保険毎日新聞社.
本田守［1978］,『保険総論』成文堂.
堀勝洋編［2004］,『社会保障読本』第3版, 東洋経済新報社.
堀家文吉郎［1967］,「金融機関」小泉明編『金融論講義』青林書院新社.
堀内昭義［1990］,『金融論』東京大学出版会.
Hoschka, Tobias C. [1994], *Bancassurance in Europe*, New York, ST. Martin's Press, Inc..
星野芳郎［1979］,「技術革新」大阪市立大学経済研究所編『経済学辞典』第2版, 岩波書店.
堀田一吉［1993］,「保険の機能とファイナンス」庭田範秋編『新保険学』有斐閣.
古川孝順［1995］,『社会福祉学序説』初版第2刷, 有斐閣.
古瀬正敏［1990］,「相互会社における自己資本の帰属について――自己資本に対する社員の権利」『経済学研究』第55巻第4・5号, 九州大学経済学会.
井口富夫［1996］,『現代保険業の産業組織――規制緩和と新しい競争』NTT出版.
池尾和人［2000］,「銀行のリスク管理と自己資本比率規制」筒井義郎編『金融分析の最先端』東洋経済新報社.
────編［2004］,『エコノミクス 入門金融論』ダイヤモンド社.
今田益三［1965］,「保険学の基礎的概念について――損害・利益・危険」久川教授退官記念論文集刊行委員編『保険の近代性と社会性』（久川武三教授退官記念論文集）久川教授退官記念論文集刊行会.
今岡健一郎［1981］,「イギリス社会福祉発達史」今岡健一郎＝星野貞一郎＝吉永清『社会福祉発達史』初版第10刷, ミネルヴァ書房.
印南博吉［1956］,『保険の本質』白桃書房.
────［1970］,「経済原則と保険の関係――広海・古沢両教授の批判に応えて」『所報』No. 17, 生命保険文化研究所.
────［1972］,『新訂保険経済』6版, 白桃書房.
────［1978］,「東ドイツの保険辞典」相場勝夫博士古稀祝賀記念論文集刊行会編『現代保険学の諸問題』（相場勝夫博士古稀祝賀記念論文集）専修大学出版局.
インシュアランス編集部［1978a］,「保険学界の諸先生に聞く（アンケート・特集）民間保険事業は助け合いの制度なのか」『インシュアランス』生保版, 1978年新年特集号, 保険研究所.
────［1978b］,「保険学界の諸先生に聞く（アンケート・特集）民間保険事業は助け合いの制度なのか（続）」『インシュアランス』生保版, 第2821号, 保険研究所.
石田重森［1979］,「現代における保険(2)」石田重森＝真屋尚生『保険理論の新展開』慶應通信.
────［1989］,「保険概論」庭田範秋編『保険学』成文堂.
────［1992］,「保険経営総論」庭田範秋編『保険経営学』有斐閣.
────［1998］,「保険学発展への庭田保険学の貢献」『保険研究』第50集, 慶應義塾保険学会.
────［2005］,「保険業を取り巻く新たな動向」『現代保険学の諸相』（松島恵博士古稀記

念）成文堂.
伊東政吉＝江口英一編［1983］,『アメリカの金融革命』有斐閣.
伊藤哲士［1975］,「景気循環とわが国生保の資産保有――『貸手の選択』の論証」『生命保険経営』第43巻第2号, 生命保険経営学会.
岩田規久男＝堀内昭義［1983］,『金融』東洋経済新報社.
地主重美＝堀勝洋編［2001］,『社会保障読本』第2版, 東洋経済新報社.
亀井利明［2001］,『危機管理とリスクマネジメント』改訂増補版, 同文舘.
金子卓司［1971］,「保険資本と相互会社」『経営研究』第110, 111, 112号, 大阪市立大学経営学会.
刈谷武昭［1999］,『信用リスク分析の基礎――保険リスクのプライシング』東洋経済新報社.
――――［2000］,『金融工学とは何か――「リスク」から考える』岩波書店.
笠原長寿［1963］,「保険資本と保険利潤について」『保険学雑誌』第421号, 日本保険学会.
――――［1977］,『保険経済の研究』未来社.
――――［1978］,「近代保険と『助け合いの制度』とのかかわり」相場勝夫博士古稀祝賀記念論文集刊行会編『現代保険学の諸問題』（相馬勝夫博士古稀祝賀記念論文集）専修大学出版局.
川合一郎［1981a］,『川合一郎著作集 第3巻 株式価格形成の理論』有斐閣.
――――［1981b］,『川合一郎著作集 第4巻 戦後経済と証券市場』有斐閣.
Kessler, Denis [2000], "Preface", in Dionne, Georges ed., *Handbook of Insurance*, Boston, Kluwer Academic Publishers.
木村栄一＝近見正彦＝安井信夫＝黒田泰行［1993］,『保険入門』有斐閣.
木下泰雄［1959］,「英国の協同組合運動と保険事業」『共済保険研究』第1巻第7号, 共済保険研究会.
金融庁［2004a］,「変額年金保険等の最低保証リスクに係る責任準備金等に関する告示及び事務ガイドラインの改正（案）について」『金融庁ホームページ』
　http://www.fsa.go.jp/news/newsj/16/hoken/f-20041202-1/01.pdf
――――［2004b］,「金融改革プログラム――金融サービス立国への挑戦」『金融庁ホームページ』http://www.fsa.go.jp/news/newsj/16/f-20041224-6a.pdf
――――［2006］,「はじめての金融ガイド――金融取引等の基礎的知識」2005年版,『金融庁ホームページ』http://www.fsa.go.jp/teach/kou3.pdf
小藤康夫［1991］,『生命保険の発展と金融』白桃書房.
小島寛之［2000］,「金融工学とリスク社会」『現代思想』第28巻第1号, 青土社.
近藤文二［1952］,『社会保障』東洋書館.
――――［1963］,『社会保障』岩波書店.
――――［1965］,「保険の近代化と社会化」久川教授退官記念論文集刊行委員編『保険の近代性と社会性』（久川武三教授退官記念論文集）久川教授退官記念論文集刊行会.
――――［1974］,「相互会社論」『所報』第28号, 生命保険文化研究所.
Korn, Meir [2004], *Financial Institutions and Markets*, 2nd ed., Oxford, Oxford University Press.
Kreps, JR. Clifton H. = Olin S. Pugh [1967], *Money, Banking and Monetary Policy*, New

York, Ronald Press.
Loubergé, Henri [2000], "Developments in Risk and Insurance Economics: the Past 25 Years", in Dionne, Georges ed., *Handbook of Insurance*, Boston, Kluwer Academic Publishers.
Lubove, Roy [1986], *The Struggle for Social Security 1900-1935*, Pittsburgh, The University of Pittsburgh Press.
Lundahl, Mats [2004], "Among the Believers: The Emerging Threat to Global Society", in Södersten, Bo ed., *Globalization and the Welfare State*, Palgrave Macmillan.
米谷隆三 [1960], 「保険の研究」米谷隆三選集刊行会編集委員会編『米谷隆三選集』第1巻, 「米谷隆三選集」刊行会.
Markowitz, Harry [1952], "Portfolio Selection", *The Journal of Finance*, Vol. 7, No. 1.
Marx, Karl [1962], *Das Kapital, Institut* für Marxismus-Leninismus beim ZK der SED, *Karl Marx-Friedrich Engels Werke*, Band 23, Berlin, Dietz Verlag. 〔岡崎次郎訳 [1979], 『資本論』大内兵衛＝細川嘉六監訳『マルクス＝エンゲルス全集 第23巻第1分冊』第18刷, 大月書店〕.
増田綱編 [1992], 『新和英大辞典』第4版, 研究社.
真屋尚生 [1977], 「公的保険の経営」庭田範秋編『保険経営論』初版第3刷, 有斐閣.
―――― [1978], 「公的保険の諸特性について」相場勝夫博士古稀祝賀記念論文集刊行会編『現代保険学の諸問題』(相場勝夫博士古稀祝賀記念論文集) 専修大学出版局.
―――― [1987], 「保険制度をめぐる自由と平等――予備貨幣説の再検討」真屋尚生＝石田重森編『新時代の保険』(庭田範秋博士還暦記念論文集) 千倉書房.
―――― [1989], 「社会保険論」庭田範秋編『保険学』成文堂.
―――― [1991], 『保険理論と自由平等』東洋経済新報社.
―――― [1992], 「保険政策と保険経営」庭田範秋編『保険経営学』有斐閣.
―――― [1993], 「自助と互助の社会経済学」庭田範秋教授退任記念論文集編集委員会編『生活保障の経済学と社会学』庭田範秋教授退任記念論文集編集委員会.
―――― [1994a], 「共済協同組合と保険」白井厚＝小松隆二監修『現代の経済と消費生活――協同組合の視角から』コープ出版.
―――― [1994b], 「イギリスにおける生活保障と簡易生命保険――日英国際比較的観点から見た諸問題」『生活経済研究』No. 10, 生活経済学会.
―――― [2004a], 『保険の知識』第2版, 日本経済新聞社.
―――― [2004b], 「イギリスにおける簡易生命保険の盛衰」『三田商学研究』第47巻第4号, 慶應義塾大学商学会.
McNamara, M. J. = S. Ghon Rhee [1992], "Ownership Structure and Performance: The Demutualization of Life Insurers", *Journal of Risk and Insurance*, Vol. 59.
Misani, Nicola [1999], *Risk Management between Insurance and Finance: New Instruments for the Management of Pure Risks: Catastrophe Bonds, Insurance Derivatives, Contingent Capital, Risk Fusion* 〔丁野昇行訳 [2002], 『保険リスクの証券化と保険デリバティブ』シグマベイスキャピタル〕.
Mishra, Ramesh [1990], *The Welfare State in Capitalist Society: Policies of Retrenchment and Maintenance in Europe, North America and Australia*, New York, Har-

vester Wheatseaf.
三隅隆司［2000 a］,「金融機関の会社形態と行動：展望(1)」『文研論集』第131号，生命保険文化研究所。
――――［2000 b］,「金融機関の会社形態と行動：展望(2)」『文研論集』第132号，生命保険文化研究所。
――――［2000 c］,「生命保険会社の企業形態とリスク」小川英治監修『生命保険会社の金融リスク管理戦略』東洋経済新報社。
三輪昌男［1960］,「『共済』と『扶け合い』の関連――佐波先生のお説を拝読して」『共済保険研究』8月，共済保険研究会。
三宅義夫［1979］,「貨幣」大阪市立大学経済研究所編『経済学辞典』第2版，岩波書店。
水島一也［1956］,「英国における生命保険相互会社の発生――生命保険相互組織の歴史的研究序説」『所報』第3号，生命保険文化研究所。
――――［1957］,「近代保険の系譜と歴史的性格」大林良一＝池田地平＝木村栄一編『加藤由作博士還暦記念保険学論集』春秋社。
――――［1960］,「近代保険の歴史性」『所報』第7号，生命保険文化研究所。
――――［1961］,『近代保険論』千倉書房。
――――［1970］,「近代保険の生成」近藤文二編『保険の基礎理論』千倉書房。
――――［1975］,「保険企業経営と相互主義理念――比較経営史的観点に立って」『保険学雑誌』第469号，日本保険学会。
――――［1976］,「転換期の相互会社経営」『国民経済雑誌』第133巻第3号，神戸大学経済経営学会。
――――［1985］,『近代保険の生成』2刷，千倉書房。
――――［1987］,「生活保障論のフレームワーク」水島一也編『生活保障システムと生命保険産業』千倉書房。
――――［1994］,「保険学における"神話"」『創立60周年記念 損害保険論集』損害保険事業総合研究所。
――――［2006］,『現代保険経済』第8版，千倉書房。
Morgan, Christopher = Thomas B. Anderson [1986], "Alternatives to traditional insurance", *Canadian Insurance/Agent & Broker*, August 1986.
森宮康［1997］,『キャプティブ研究』損害保険事業総合研究所。
森本祐司［1999］,「金融と保険の融合について」, *IMES Discussion Paper Series*, No. 99, 日本銀行金融研究所。
望月昭一［1980］,「金融制度」天利長三＝矢島保男＝加藤譲編『金融論』学文社。
Moulton, H. G. [1938], *Financial Organization and the Economic System*, New York, Mcgraw-Hill.
毛利健三［1991］,『イギリス福祉国家の研究――社会保障発達の諸画期』第2刷，東京大学出版会。
村上博信［2000］,「諸外国生保相互会社の株式会社化」『生命保険経営』第68巻第2号，生命保険経営学会。
村本孜［1999］,「金融ビッグバンと生保事業」『文研論集』第129号，生命保険文化研究所。
村田敏一［2003］,「相互会社の現在――理論と現実」『生命保険論集』第142号，生命保険

文化センター。
長濱守信 [1992],「新相互会社論」『保険学雑誌』第 538 号, 日本保険学会。
二宮茂明編 [1997],『図説 日本の生命保険』平成 9 年版, 財経詳報社。
西村豁通 [1989],『現代社会政策の基本問題』ミネルヴァ書房。
庭田範秋 [1960],『保険経済学序説』初版, 慶應通信。
────── [1962],『わが国近代保険学の発展』慶應通信。
────── [1964],『社会保障の基本理論』慶應通信。
────── [1966],『保険理論の展開』有斐閣。
────── [1970],『保険経営論』有斐閣。
────── [1972],「協同組合保険の新理論」庭田範秋=平井仁『協同組合保険の歴史と現実』共済保険研究会。
────── [1973],『社会保障論──現代における保障と保険の理論』有斐閣。
────── [1974],『現代保険の課題と展望』慶應通信。
────── [1976 a],「イギリスにおける保険事業の諸特性と問題点」庭田範秋=庭田芳子『保険におけるイギリスと日本──保険社会学への序章』共済保険研究会。
────── [1976 b],「保険総論」木村栄一=庭田範秋編『保険概論』有斐閣。
────── [1976 c],「社会保険」木村栄一=庭田範秋編『保険概論』有斐閣。
────── [1978],『社会保障の基本理論』増補改訂版, 慶應通信。
────── [1979 a],『損害保険の経済分析』千倉書房。
────── [1979 b],『現代生命保険の課題』東洋経済新報社。
────── [1979 c],「わが国保険企業形態をめぐる現代的考察」『三田商学研究』第 22 巻第 1 号, 慶應義塾大学商学会。
────── [1981],『社会保障と個人保障』慶應通信。
────── [1982],『社会保障の課題と財政』千倉書房。
────── [1983],『環境変化と生命保険──近未来社会を生きぬく生活保障事業の条件』東洋経済新報社。
────── [1985],「保険経営における競争激化と金融問題」庭田範秋編『高齢者の生活保障と年金問題』成文堂。
────── [1986 a],『生活設計と生活保障』東洋経済新報社。
────── [1986 b],『競争時代の保険・共済』慶應通信。
────── [1987],『共済は保険を越えられるか』共済保険研究会。
────── [1988],『新種保険論』初版, 慶應通信。
────── [1989],「生命保険論」庭田範秋編『保険学』成文堂。
────── [1990],「保険における営業性と福祉性」庭田範秋編『保険における営業性と福祉性』東洋経済新報社。
────── [1992],「保険の側よりする業際対応」庭田範秋編『保険経営学』有斐閣。
────── [1993],「協同組合保険とその時代」庭田範秋編『新保険学』有斐閣。
────── [1995],『新保険学総論』慶應通信。
野口悠紀雄 [2000],『金融工学, こんなに面白い』文藝春秋。
──────=藤井眞理子 [2000],『金融工学──ポートフォリオ選択と派生資産の経済分析』ダイヤモンド社。

野津務［1935］,『相互保険の研究——特に其の法的性質を中心として』有斐閣.
O'Coner, James [1973], *The Fiscal Crisis of the State*, New York, St Martin's Press〔池上惇＝横尾邦夫監訳［1981］,『現代国家の財政危機』御茶の水書房〕.
小川浩昭［1987］,「保険業法第86条準備金の経済分析」『損害保険研究』第49巻第3号, 損害保険研究所.
――――［1993］,「保険業法第84条の考察」『インシュアランス』損保版第3545号, 保険研究所.
――――［1994］,「上場債券の評価法の改正について」『インシュアランス』損保版第3599号, 保険研究所.
――――［1996］,「保険金融論研究序説——わが国保険金融論の発展（戦前）」『生命保険経営』第64巻第2号, 生命保険経営学会.
――――［2003a］,「予定利率引下げ問題についての予備的考察」『西南学院大学商学論集』第50巻第1・2合併号, 西南学院大学学術研究所.
――――［2003b］,「改正保険業法の考察——既契約の予定利率引下げ」『西南学院大学商学論集』第50巻第3号, 西南学院大学学術研究所.
奥村宏［1991］,『法人資本主義』改訂版第1刷, 朝日新聞社.
――――［1992］,『株とは何か』改訂版第2刷, 朝日新聞社.
小野英祐＝春田素夫＝志村嘉一＝山口重克＝玉野井昌夫［1971］,『現代金融の理論』時潮社.
大林良一［1952］,『社会保険』春秋社.
――――［1961］,『団体保険論』有斐閣.
――――［1995］,『保険理論』第3版第10刷, 春秋社.
大垣尚司［1997］,『ストラクチャードファイナンス入門』日本経済新聞社.
――――［2004］,『金融アンバンドリング戦略』日本経済新聞社.
大村敬一＝浅子知美＝池尾和人＝須田美矢子［2004］,『経済学とファイナンス』第2版, 東洋経済新報社.
大村岳雄［2006］,「企業のリスクマネジメントとCOSO」『経営戦略研究』Vol.8, 大和総研.
大塚英明［1983］,「保険相互会社概念の再構成(1)」『損害保険研究』第45巻第3号, 損害保険研究所.
――――［1984］,「保険相互会社概念の再構成（2・完)」『損害保険研究』第45巻第4号, 損害保険研究所.
――――［2001］,「相互会社の株式会社化」『保険学雑誌』第572号, 日本保険学会.
大塚久雄［1969］,『大塚久雄著作集第11巻　比較経済史の諸問題』岩波書店.
Pfeffer, Irving [1956], *Insurance and Economic Theory*, Illinois, Irwin.
Pierson, Paul [1994], *Dismantling the Welfare State？: Reagan, Thacher, and the Politics of Retrenchment*, Cambridge, Cambridge University Press.
Pritchard, Leland J. [1958], *Money and Banking*, Boston, Houghton Mifflin.
Rasmusen, E. [1988], "Mutual Banks and Stock Banks," *Journal of Law and Economics*, Vol. 31.
Raynes, Herold E. [1964], *A History of British Insurance*, 2nd ed., London, Pitman &

Sons〔庭田範秋監訳 [1985],『イギリス保険史』明治生命100周年記念刊行会〕.
酒井芳清＝前多康男 [2003],『新しい金融理論』有斐閣.
──────＝────── [2004],『金融システムの経済学』東洋経済新報社.
Samueluson, Paul [1980], *Economics*, 11th ed., International Student ed., McGraw-Hill International Book Company.
佐波宣平 [1951],『保険学講案』有斐閣.
────── [1960],「共済保険と『扶け合い』運動」『共済保険研究』6月, 共済保険研究会.
佐和隆光 [2003],『日本の「構造改革」──いま, どう変えるべきか』岩波書店.
Schumpeter, Joseph A. [1926], *Theorie der Wirtschaftlichen Entwicklung*, 2 Aufl.〔塩野谷裕一＝中村伊知郎＝東畑精一訳 [1977],『経済発展の理論──企業者利潤・資本・信用・利子および景気の回転に関する一研究』上, 岩波書店〕.
生命保険文化センター編 [1977],『生命保険物語──助け合いの歴史』第3刷, 生命保険文化センター.
島崎晴哉 [1994],「ドイツにおける社会政策の成立」平田冨太郎＝佐口卓編『社会政策講義』3訂版, 青林書院.
下和田功編『はじめて学ぶリスクと保険』有斐閣.
新村出編 [1994],『広辞苑』第4版第4刷, 岩波書店.
白杉三郎 [1954],『保険学総論』再訂版, 千倉書房.
Smith, Adam [1789], *An Inquiry into the Nature and Causes of the Wealth of Nations*, 5th ed., London〔大河内一男監訳 [1993],『国富論II』5版, 中央公論社〕.
園乾治 [1961],「保険の進化──保険の制度と学説」園乾治編『現代保険学の課題』東洋経済新報社.
Stalson, J. Owen [1969], *Marketing Life Insurance : Its History in America*, Homewood, Richard D. Irwin〔安井信夫監修 [1981],『アメリカにおける生命保険発達史　上』明治生命100周年刊行会〕.
Steiner. W. H. = Eli Shapiro [1953], *Money and Banking : An Intoroduction to the Financial System*, 3rd. ed., New York, Henry Holt and Company.
鈴木譲一 [1980],「保険分類の方法」『損害保険研究』第41巻第3号, 損害保険事業研究所.
鈴木芳徳 [1979],『証券経済論』初版, 税務経理協会.
Swiss Re [1996], Insurance derivatives and securitization : New hedging perspectives for the US catastrophe insurance market?, *sigma*, 5/1996, Swiss Reinsurance Company Economic Research.
────── [1997 a], Alternative risk transfer via finite risk reinsurance : an effective contribution to the stability of the insurance industry, *sigma*, 5/1997, Swiss Reinsurance Company Economic Research.
────── [1997 b], Too little reinsurance of natural disasters in many markets, *sigma*, 7/1997, Swiss Reinsurance Company Economic Research.
────── [1999], Alternative risk transfer (ART) for corporations : a passing fashion or risk management for the 21st century?, *sigma*, 2/1999, Swiss Reinsurance Company Economic Research.

―――― [1998 a], *Special issue of "impulse"*, Swiss Reinsurance Company.
―――― [1998 b], *Corporate risk financing : the emergence of a new market*, Swiss Reinsurance Company.
―――― [2001], Capital market innovation in the insurance industry, *sigma*, 3/2001, Swiss Reinsurance Company Economic Research.
―――― [2005], Innovating to insure the uninsurable, *sigma*, 4/2005, Swiss Reinsurance Company Economic Research.
社会保障事典編集委員会編 [1979]，『社会保障事典』第4刷，大月書店。
小学館ランダムハウス英和大辞典第二版編集委員会編 [1994]，『小学館ランダムハウス英和大辞典』第2版，小学館。
田畑康人 [1989]，「保険経営論」庭田範秋編『保険学』成文堂。
橘木俊詔 [2005]，『企業福祉の終焉――格差の時代にどう対応すべきか』中央公論新社。
高島道枝 [1995]，「資本主義の発展と社会政策」西村豁通＝荒又重雄編『新社会政策を考える』初版第11刷，有斐閣。
滝本豊水編 [1994]，『図説　日本の損害保険』平成6年版，財経詳報社。
田村祐一郎 [1977]，「19世紀アメリカの生保経営者」『保険学雑誌』第479号，日本保険学会。
―――― [1979]，「保険本質論と生保史における保険加入者」『保険学雑誌』第485号，日本保険学会。
―――― [1980]，「原始的共済施設における保険的活動の性格」『所報』第50号，生命保険文化研究所。
―――― [1990]，「保険の歴史性と社会性」田村祐一郎＝高尾厚編『現代保険学の展開』（水島一也博士還暦記念論文集）千倉書房。
―――― [1991]，「相互会社の理念と現実」『経営情報学論集』創刊号，姫路獨協大学経済情報学会。
―――― [1995]，「助け合いとは何か？――保険と互酬性」『保険学雑誌』第549号，日本保険学会。
―――― [2006]，『掛け捨て嫌いの保険思想――文化と保険』千倉書房。
谷山新良 [1956]，「商人保険について――イギリスにおける前資本主義的保険の基本的特性」『保険学雑誌』第396号，日本保険学会。
辰巳憲一 [2005]，『ストラクチャード・ポートフォリオ・マネジメント入門』有斐閣。
Tobin, James [1967], "Commercial Banks as Creators of 'Money'", in Hester, Donald D. =James Tobin *eds., Financial Markets and Economic Activity*, New Heven, Yale University Press.
富永健一 [1996]，『近代化の理論――近代化における西洋と東洋』講談社。
東京大学社会科学研究所編 [1993]，『転換期の福祉国家 [上]』第3刷，東京大学出版会。
Trescott, Paul B. [1960], *Money, Banking and Economic Welfare*, New York, McGraw-Hill.
Trieschmann, James S., Sandra G. Gustavson and Robert E. Hoyt [2001], *Risk Management and Insurance*, U. S. A., South-Western College Publishing.
鶴直明 [2001]，「生命保険相互会社の株式会社化傾向について」『保険学雑誌』第571号，

日本保険学会。
内田浩史 [2000]，「金融機関の機能」筒井義郎編『金融分析の最先端』東洋経済新報社。
植草益 [2000]，『産業融合——産業組織の新たな方向』岩波書店。
運営委員会 [1984]，「福祉国家をどう把えるか」東京大学社会科学研究所編『福祉国家第 1 巻——福祉国家の形成』東京大学社会科学研究所。
Whittlesey, Charles R. [1954], *Principles and Practices of Money and Banking*, Revised ed., New York, Macmillan.
Winter, Ralph A. [2000], "Optimal Insurance under Moral Hazard", in Dionne, Georges ed., *Handbook of Insurance*, Boston, Kluwer Academic Publishers.
藪下史郎 [2002]，『非対称情報の経済学——スティグリッツと新しい経済学』光文社。
山口光恒 1998]，『現代のリスクと保険』岩波書店。
山中宏 [1986]，『生命保険金融発展史』増補版第 1 刷，有斐閣。
山下友信 [2005]，『保険法』有斐閣。
柳瀬典由 [2004]，「保険の経済分析」下和田功編『はじめて学ぶリスクと保険』有斐閣。
安保則夫 [1994]，「転換期の福祉国家と社会保障の改革」『経済学論究』第 48 巻第 3 号，関西学院大学経済研究会。
安井信夫 [1963 a]，「生命保険資産の運用と景気循環」『保険学雑誌』第 419 号，日本保険学会。
────── [1963 b]，「生命保険会社における貸手の選択」勝呂弘博士還暦記念論文集刊行会編『保険理論の新展開』保険研究所。
────── [2000]，『これからの生命保険——安心して契約するために』中央公論新社。
横尾登米雄 [1965]，「被保険利益の分類について」久川教授退官記念論文集刊行委員編『保険の近代性と社会性』（久川武三教授退官記念論文集）久川教授退官記念論文集刊行会。
米山高生 [2001]，「相互会社の論理と歴史的教訓——企業形態選択の分水嶺」『保険学雑誌』第 572 号，日本保険学会。
吉川吉衞 [1985]，『保険事業と規制緩和』同文舘。
Young, J. Brady [1991], "Risk Financing Alternatives: Size and Impact on the Commercial Insurance Market", *Risk Management Reports*, September/Octorber 1991.

初 出 一 覧

1. 「高度成長期の生命保険金融」『保険研究』第44集，慶應義塾保険学会，1992年6月，pp. 207-232.　……第7章
2. 「保険の歴史と分類——自助・互助・公助の保険経済学」『経済学研究』第63巻第2号，九州大学経済学会，1996年10月，pp. 57-71.　……第3章
3. 「保険事業の自立化と発展」『経済学研究』第63巻第6号，九州大学経済学会，1997年8月，pp. 25-39.　……第3章
4. 「経済的弱者の保険——その保険史的意義」『経済学研究』第64巻第3・4号，九州大学経済学会，1998年1月，pp. 57-73.　……第3章
5. 「保険経済学の課題と方法」『西南学院大学商学論集』第47巻第2号，西南学院大学学術研究所，2000年10月，pp. 95-130.　……第1章
6. 「Alternative Risk Transfer の理論的考察」『西南学院大学商学論集』第48巻第1号，西南学院大学学術研究所，2001年6月，pp. 53-102.　……第8，9章
7. 「ファイナンシャル（再）保険の理論的考察」『西南学院大学商学論集』第48巻第3・4合併号，西南学院大学学術研究所，2002年2月，pp. 301-317.
　　　　　　　　　　　　　　　　　　　　　　　　……第8，9章
8. 「保険代替現象について」『保険学雑誌』第578号，日本保険学会，2002年9月，pp. 123-148.　……第8，9章
9. 「社会保障の保険学的考察」『西南学院大学商学論集』第49巻第3・4合併号，西南学院大学学術研究所，2003年3月，pp. 145-186.　……第5章
10. 「相互会社の現代的考察」『西南学院大学商学論集』第51巻第3・4合併号，西南学院大学学術研究所，2005年3月，pp. 233-258.　……第6章
11. 「保険学と隣接科学——社会保障論・社会政策学の社会保険」『西南学院大学商学論集』第52巻第1号，西南学院大学学術研究所，2005年6月，pp. 99-123.
　　　　　　　　　　　　　　　　　　　　　　　　……第5章
12. 「現代における保険の本質」『西南学院大学商学論集』第52巻第2号，西南学院大学学術研究所，2005年9月，pp. 101-136.　……第2章
13. 「保険の相互扶助性について」『西南学院大学商学論集』第52巻第4号，西南学

院大学学術研究所, 2006年2月, pp. 59-98. ……第4章
14. 「保険・金融のイノベーション」『西南学院大学商学論集』第53巻第3・4合併号, 西南学院大学学術研究所, 2007年2月, pp. 155-190. ……第8章
15. 「保険における偶然性とリスク」『西南学院大学商学論集』第54巻第1号, 西南学院大学学術研究所, 2007年6月, pp. 81-98. ……第10章
16. 「金融論的保険分析の批判的考察」『西南学院大学商学論集』第54巻第2号, 西南学院大学学術研究所, 2007年9月, pp. 107-142. ……第5章

著者紹介

小川浩昭（おがわ・ひろあき）

1960 年　東京都生まれ
1982 年　日本大学商学部卒業
1982 年　日産火災海上保険株式会社入社
1995 年　九州大学客員助教授
　　　　　（日産火災社を休職して出向，1997 年まで）
2000 年　西南学院大学商学部助教授
2005 年　西南学院大学商学部教授

現代保険学──伝統的保険学の再評価──

2008 年 3 月 10 日　初版発行

　　著　者　小　川　浩　昭

　　発行者　谷　　隆　一　郎

　　発行所　(財)九州大学出版会
　　　　　　〒812-0053　福岡市東区箱崎 7-1-146
　　　　　　　　　　　　　　　　　　　九州大学構内
　　　　　　電話　092-641-0515(直通)
　　　　　　振替　01710-6-3677
　　　　印刷／九州電算㈱・大同印刷㈱　製本／篠原製本㈱

© 2008 Printed in Japan　　　　　ISBN 978-4-87378-960-6